澳门高等教育
法学系列教材

总主编◎许少波

本系列教材受福建省高等学校特色专业法学国际化人才培养项目资助

U0950389

商法

SHANGFA

彭春莲 主编

知识产权出版社
全国百佳图书出版单位

图书在版编目（CIP）数据

商法 / 彭春莲主编. —北京：知识产权出版社，2014.4

澳门高等教育法学系列教材

ISBN 978-7-5130-0911-9

Ⅰ. ①商…　Ⅱ. ①彭…　Ⅲ. ①商法-中国-高等学校-教材　Ⅳ. ①D923.99

中国版本图书馆 CIP 数据核字（2014）第 074380 号

内容提要

本书是专为澳门本科学生编写的中国商法教材。在坚持教材的通俗性和规范性的基础上，本书在体系结构和内容编排上，更简练化，力求贴近澳门学生的实际情况和需要。本书每章开头设“导读”，结尾有“思考题”，书后还有参考文献，其目的是加强教材的导学和助学功能。

本书分为商法总论和商法分论两篇。商法总论部分主要介绍了商事主体、商事行为、商业名称、商事代理等五大部分。商法分论部分主要介绍了公司法、票据法、保险法和破产法等商事单行法，并总结和评价了这些法律修改的成果，对比和分析了澳门相关法律制度。

责任编辑：龚　卫　　**责任校对**：董志英

装帧设计：张　冀　　**责任出版**：刘译文

澳门高等教育法学系列教材

商　法

SHANG FA

彭春莲　主编

出版发行：知识产权出版社有限责任公司	**网　　址**：http：//www.ipph.cn
社　　址：北京市海淀区马甸南村 1 号	**邮　　编**：100088
责编电话：010-82000860 转 8120	**责编邮箱**：gongwei@cnipr.cn
发行电话：010-82000860 转 8101/8102	**发行传真**：010-82000893/82005070/82000270
印　　刷：北京市凯鑫彩色印刷有限公司	**经　　销**：各大网上书店、新华书店及相关专业书店
开　　本：720mm×960mm　1/16	**印　　张**：18.25
版　　次：2014 年 5 月第 1 版	**印　　次**：2014 年 5 月第 1 次印刷
字　　数：334 千字	**定　　价**：56.00 元

ISBN 978-7-5130-0911-9

《澳门高等教育法学系列教材》

《商　　法》

彭春莲　周　勤　江　眺
张剑芸　李士林

总序

法治是人类当代文明社会的基本生活规则。20 世纪 80 年代以来，中国致力于全面建设社会主义法治国家和法治社会。法律和法学教育是达成法治文明和法治社会的基本途径之一。

澳门是中国不可分离的一部分，1999 年 12 月 20 日回归祖国怀抱，从此进入“一国两制、澳人治澳”的新的历史发展时期。法治应当成为澳人治澳、高度自治、实行社会管理和治理的普遍基础。因此，回归之后，实施以《澳门基本法》为基础和框架的法律、法学教育，对于一直适用葡萄牙法律、法治传统、法律文化的澳门社会来说，具有重大的政治意义和现实意义。

“面向海外，面向港澳台”是国立华侨大学的办学方针。早在澳门回归祖国成立特别行政区之前，秉承“为侨服务”“汇通中外，并育德才”的办学理念和宗旨，1997 年华侨大学法学院（时名法律系）就开拓了在澳门的教学和办学工作。历经 14 年的积累和努力，华侨大学法学院为澳门特别行政区培养了 7 届法律专科、5 届法律本科和 1 届法律硕士专门人才，为澳门特别行政区警务、法务和政务等部门的人力配备提供了有力的支持，得到了澳门特别行政区政府和社会各界的充分肯定和广泛赞誉。

2007 年开始，华侨大学法学院迎来了历史性的发展机遇，华侨大学和中国社会科学院法学研究所进行战略合作，共建华侨大学法学院。先后于 2007 年和 2010 年，由中国社会科学院法学研究所选派知名学者、著名法学专家担任华侨大学法学院院长，充分发挥法学所综合实力雄厚、位居法学研究核心和前沿等综合优势，校、所合作共赢，进一步增强华侨大学法学院的办学水平和科研实力。经过 3 年多的努力，双方共建法学院的战略合作已取得显著成效。本套教材的组织编写和出版，也是校、所合作，共建法学院的重要工作和成果之一。

根据澳门教学不断发展的实际情况，为满足广大学员日益增强的需求，在掌握内地法律知识的同时，也能够了解澳门相关法律知识的需求，由澳门镜海学园提供专项经费资助，从 2009 年起法学院成立专门机构，组织编写这套澳门高等教育法学系列教材，规划出版共计20余种。由我国著名侨务活动家、著名法学家、华侨大学前任校长、华侨大学首届法律系主任庄善裕教授亲任编委会主任。庄善裕先生不仅是法学院的创始人，也是华侨大学境外法学教学、澳门办学的创始人和奠基者，对澳门的法学教学和本套教材的编写出版，都倾注了大量心血。经过广大教师和多方人士的共同努力，特别是知识产权出版社编辑团队的精心工作，今天，这套系列教材得以面世。

在境外开展法律教育并组织编写专门的系列教材，这在中国法学教育史上，还是前无古人的“创举”。这套教材的出版，也是我们鼓足勇气，并竭尽努力进行的一种尝试，力图探索我国进行境外法律、法学教育与交流的途径和方式。但澳门学员本身的情况和需求，决定了实施教学和组织教材编写的难度。这套教材不仅要求提供内地法律的基本知识和基本原理，还需要结合澳门地区的文化观念、法律知识甚至语言习惯，并结合两地的司法实例进行阐述、讲解。特别是澳门特别行政区实行的具体部门法律，多数由葡萄牙文本翻译编撰而来，同时杂糅了其他国家和地区的立法成果，文本的翻译、理解和资料搜集都面临难以想象的困难。这些困难也阻碍了人们对澳门法律制度的研究和对澳门法律制度的准确把握。可资借鉴的成果和资料都相当有限。加之我们本身的水平不高，因此，这套教材的编写，从组织到内容和形式，都难免存在这样那样的问题和不足，诚望广大读者和专家、学者及有关人士，不吝指正，以便为共同促进我国海外、境外法学教育、交流事业，不断提高发展水平，作出更大贡献。

是为序。

澳门高等教育法学系列教材编委会

2011年6月

前言

商法是历史悠久的民事法律制度，它起源于古代地中海沿岸国家商人活动的惯例。随着商事规则的不断成熟与完善，以及人类贸易活动的发展和扩张，各国纷纷制定商法典或单行商事法规。商法在朝着国际化方向发展的过程中，逐渐成为民法的日益成熟的特别法。

中国长期处于封建社会，自给自足的自然经济占据主导地位，重农轻商的传统使得商品经济极不发达，造成了商法的极不发达。中国真正意义上的商事立法始于清朝末年。1908 年清政府颁布了《钦定大清商律》，这是我国第一部单行的商法，体例上模仿日本商法，内容上主要采德国商法的体例。民国政府成立后，对《钦定大清商律》进行修改，以《中华民国商律》之名颁布施行。此后，民国政府又先后颁布了《票据法》《海商法》《保险法》等商事法律。

中华人民共和国成立后，废除了“六法全书”，实行高度集权的计划经济，使商法失去了存在的基础。改革开放后，随着经济的发展，特别是确立发展社会主义市场经济以来，国家开始高度重视商事立法工作，制定了大量规范企业、市场及商事活动的单行法律法规。中国的商法研究也取得了许多重大突破，商法原理和学说更为充实和成熟。

中国的商法理论是在不断的探索和尝试中发展的，各种商法教材在体系、结构和内容上存在较大的差异，这是本书编写的难点所在。在坚持教材的通说性和规范性的前提下，本书在体系结构和内容排列上，尽量做到更简练，更贴近澳门学生的实际情况和需要。为了便于学生学习和使用，本书在每章设“导读”和“思考题”，本书的最后还有“参考文献”，加强了教材应有的导学和助学功能。

本书主要由华侨大学法学院长期从事商法教学和研究的学者和骨干教师合作完成，承担各篇编写任务的作者尽管多数都较年轻，但却都有丰富的教学经验和研究成果。具体写作分工如下（以撰写章节先后为序）：

周勤：法学博士，华侨大学法学院讲师，硕士生导师。撰写第一篇第一至第五章。

江眺：法学博士，华侨大学法学院副教授，硕士生导师。撰写第二篇第一章。

张剑芸：法学硕士，华侨大学法学院讲师。撰写第二篇分论第二章。

李士林：博士研究生，华侨大学法学院讲师。撰写第二篇分论第三章。

彭春莲：法学博士，华侨大学法学院副教授，硕士生导师。撰写前言、第二篇第四章。

全书最后由彭春莲统一修改定稿。

编写组

2013 年 9 月 10 日

目录

第一篇

商法总论

第一章 商法概述

导读

商法，是指调整有关商事关系的一系列法律规范的总称。它以商事关系为调整对象，并有其独特的体系，是法律体系中的一个重要部门。商法起源于地中海沿岸国家的商人习惯法。随着经济贸易活动的发展以及商事规则的丰富，大陆法系国家纷纷制定了商法典及其他商事单行法规，形成了民商分立的格局。此后，由于商人身份的弱化及商事活动的扩大化，逐渐出现了民商合一的趋势。商法的体系包括商事主体法和商事行为法。商法区别于其他部门法的特点在于，它兼具私法性与公法性，兼具国内性与国际性，兼具实体性与程序性，兼具冲突性与协调性，兼具伦理性与技术性，兼具稳定性与进步性。同时，商法强调促进交易自由、维护交易公平、诚实信用、情事变更、提高交易效率等原则。

学习本章，在熟悉商法概念和调整对象的基础上，应重点掌握商法的性质和特点以及商法与民法的关系，了解商法的基本原则和历史发展。

第一节 商法的概念和特征

一、商法的概念

商法，又称为商事法（Commercial Law/Business Law），是指调整有关商事关系的一系列法律规范的总称。对商法的这一定义，可以从两个方面来分析：一方面，说明商法是以商事关系作为自己调整对象的法律部门；另一方面，说明商法是由一系列法律规范所构成的一个法律体系。

（一）商法的调整对象是商事关系

商法的调整对象是商事关系。商事关系（commercial relationship），是指商事主体按照商事法律的规定从事各种以营利为目的的营业活动所发生的财产关系。这一定义又具有如下几层含义：

1. 商事关系是一种财产关系

传统上，法律有公法与私法之分。公法调整的是公共管理关系，私法调整的是平等主体即私人之间的关系。其中，私人关系包括私人财产关系和私人人身关系。商法是一种私法，自然它所调整的关系是一种私人关系，但商法不调整全部私人关系，它只调整私人财产关系，而私人人身关系属于民法的调整范畴。

私人财产关系，是指人们在物质资料生产、分配、交换和消费过程中所形成的经济利益关系。私人财产关系具有平等性、自愿性和有偿性。所谓平等性，是指在此种关系中，当事人之间的法律地位是平等的，不存在一方当事人支配或者命令另一方的问题。所谓自愿性，是指当事人之间的一切交易关系必须建立在自主自愿的基础之上，任何一方均不得强迫他方与之进行交易。所谓有偿性，是指任何交易的进行都必须遵守等价交换的原则，不得无偿剥夺他人财产。私人财产关系的这些特征反映了商品经济关系的客观要求。

一切商事主体均享有一定范围的人身权，譬如，商事主体的名誉权等。但商事主体的人身关系并不为商法所调整，而由民法来调整。商法之所以不调整人身关系，是因为商法所调整的商事关系是以营利为目的的经营关系，人身关系不具有营利性特征。

2. 商事关系是一种经营性财产关系

商法所调整的商事关系是一种私人财产关系，但商法并不调整全部私人财产关系。那么，商法所调整的财产关系究竟是一种什么性质的财产关系呢？或者说，区分的标准在哪里呢？

区分商事财产关系和非商事财产关系的标准在于这种财产关系是否具有营利性。营利性是商事关系的本质特征，是商事关系与非商事关系的根本差别之所在。商法所调整的商事关系是商事主体以追求利润为目的而营运其财产所形成的财产关系，是一种商事经营关系，这种商事经营关系的核心特征在于它的营利性。

所谓营利，是指以金钱、财物、劳务等为资本而获取经济上的利益。譬如，投资关系，是投资者为了追求资本的再生而利用其财产所形成的一种财产关系，这实际上是一个财产的资本化过程。所有的活动都体现为一种商事主体所从事的经营性活动，其目的都在于获取利润。

商事关系的营利性特征使得商事财产关系不同于非商事财产关系，进而使得这种财产关系由特殊的法律调整。譬如，商事主体要从事商事经营活动，必须首先取得商事主体资格。又如，商事主体从事特殊的营业，如金融行业，需要获得许可。再如，法律规定，凡是以从事经营活动为职业的商事主体必须设置商业账簿等。

3. 商事关系是一种独立的社会关系

商事关系是否为一种独立的社会关系涉及商法能否成为一个独立的法律部门。要说明商事关系的独立性，主要在于廓清它与民事关系。至于商事关系与刑法所调整的社会关系、行政法所调整的社会关系，甚至与经济法所调整的社会关系，其区别则相当明显，无须专门讨论。

（1）商事关系与民事关系的联系性。商法与民法的关系最为密切，以致人们常常以“民商法”称之。这是因为商法与民法同属于私法，由此导致商法与民法所规范的社会关系具有共同性，即私人之间的财产关系。但是，民法还调整私人人身关系。

由于商事关系与民事关系同属于私人关系，这就决定了民法上的一些基本原则必然同时也是商事主体实施商事行为所应遵守的基本行为准则，如自愿原则、等价有偿原则、公平原则以及诚实信用原则等。

在具体商事法律制度中，商法与民法也有着紧密的联系。譬如，商法中的公司制度与民法上的法人制度、保险制度与民法上的合同制度、破产制度与民法上的法人解散制度、海商制度与民法上的货物运输制度等，前者均为后者的细化和特别化之制度。

由此观之，商法与民法的关系，在某种意义上也可以说是一种特别法与一般法的关系，是对民法所调整的社会关系的再调整或者分工调整。

因此，在法律适用上，商法具有优先的效力，但民法仍然起到一般和补充的作用。即是说，商法有规定的，首先应当适用商法的规定；商法没有规定的，应该适用民法的规定。

(2) 商事关系与民事关系的差别性。商事关系具有其自己的本质特性。商事关系是一种独立于民事关系的社会关系。概而言之，商法有着自己独立的调整对象，有着自己固有的规则内容和调整方法。应该说，商法与民法调整着共同但却有差异的社会关系。

商法的独立性表现在：民法是关于一般市民社会关系的共同行为规范，而商法则是对这种一般市民社会关系的进一步调整。民法调整的是相对静态的财产关系，如财产所有关系；商法调整的则是营运中的财产关系，是一种动态中的财产关系。静态中的财产关系是一种财产权利的确定状态；动态中的财产关系是一种财产的变动状态。[1]可以说，民法是权利法，是确认权利归属的法律。而商法则是财富法，是促进财富增长的法律。

(二) 商法是由一系列法律规范所构成的一个法律体系

所谓"一系列法律规范的总称"，是指商法是由各种商事法律所构成的一个体系。在采用民商合一的体例下，除了有关商法的一般性规则纳入民法典之外，其他具体商事法律均采用单行法形式。在采用民商分立的体例下，在商法典之外，仍然有许多商事单行法存在。此外，无论是民商合一还是民商分立，都存在着相关商事法律的实施细则，这些都是商法的有机构成。

1. 商法的不同含义

应当注意的是，商法这一概念在不同的场合使用时其意义有所不同。具体有广义的商法与狭义的商法、实质意义的商法与形式意义的商法之区分。

广义的商法，是关于商事法律的总称，它包括国际商法和国内商法。

国际商法是指国际间关于商事的法律规范，如国际商事条约和国际商事惯例。国内商法是指国内法上关于商事的法律规范，又可分为商事公法和商事私法。商事公法是指公法上关于商事的法律规范。公法上有关商事的规定散见于各种公法之中，其本身并无完整的体系，如行政法、刑法、诉讼法中有关商事的规

[1] 关于民法与商法之区分的这种认识虽然具有相对性，但确实也构成它们各自的显著特性。即便是传统民法中的债法，其本身也只是对一般民事流转关系所作的规定，与以调整商事交易为中心的商法相比，商法的动态性特征显然更为突出。

定等。商事私法，是指私法上关于商事的法律规范。

狭义的商法，仅指商事私法，通常所说的商法仅针对这种狭义的商事私法而言。关于商事私法，在民商合一和民商分立的国家，其表现形式不同。前者如民法典中关于商事的规定，商事特别法的规定以及有关商事习惯法；后者如商法典、商事特别法以及商事习惯法。

形式意义的商法，是指在民商分立的国家所制定的以“商法典”命名的商法。商法典是经过制定法程序而颁布的法典化的商法，如法国、德国、日本、韩国等国家的商法典。1999 年 11 月 1 日，《澳门商法典》正式实施，这是澳门地区商法的主体部分。

实质意义的商法，是指一切以商事关系为其规范对象的各种法律法规，就法律形式而言，不采用专门的“商法典”形式，凡是有关商事关系的规定，或者分别编入民法典，或者另行制定商事单行法规。这是民商合一的国家所采取的商事立法形式。

本书所称商法指的是商事私法，包括形式意义和实质意义的商法。澳门地区由于特殊的地域性和历史文化基础，其私法体系实行的是不纯正的民商分立模式，其民法典中也存在着商事法律规范，如《澳门民法典》第 310 条之 b 项规定了商人因出卖物品予非商人或予不利用有关物品作贸易之人所生之债权，及从事工业者因提供货物或产品、执行劳务或管理他人业务所生之债权，亦包括垫款所生之债权诉讼时效为两年；第 1030 条规定了商业企业的租赁；第 1047 条规定了商业企业的转让。这些都是澳门商法的构成部分。

2. 商法体系的结构

既然商法是由一系列商事法律规范所构成的一个体系，那么，这个体系是如何构成的呢？

商法体系的构建服从于商法所调整的社会关系。前面我们将商法所调整的关系界定为商事关系，而商事关系则由商事主体、商事行为两大要素所构成。因此，商事法律体系相应地就由商事主体法和商事行为法两大部分构成。

商事主体法是关于商事主体资格的取得、变更或者消灭的规则。在现代社会，商事主体主要表现为某种形态的商事组织。因此，商事主体法主要是关于各种商事组织，包括商事公司、合伙企业、个人独资企业以及各类金融机构的设立、变更、治理结构、解散等方面问题的规定。目前在我国，有关商事主体方面的法律主要有：《公司法》《合伙企业法》《个人独资企业法》《外商投资企业法》等。

破产法也应当属于商事主体法的范畴，因为，破产法是解决商事组织在资不抵债或者支付不能的情况下如何解散与清算的规则，由于商事主体的破产将会使得众多的利害关系人受到影响，因此，必须依照特别的程序在法院主持下进行清算。可以说，破产法是一种关于商事主体的解散与清算的特殊规则。

商事行为法是关于商事主体从事各种商事经营活动的行为规则。由于商事行为又体现为各种形式的商事交易，所以又称为商事交易法。目前，我国调整商事交易方面的法律有合同法、证券法、证券投资基金法、信托法、保险法、票据法、商业银行法以及海商法等。此外，期货交易法也正在起草过程中。

关于商事行为法，内地和澳门地区有比较大的区别：内地的商事立法具有明显的民商合一特征，即有关一般性的商事行为都被规定在合同法之中。在我国《合同法》所规定的15种有名合同中，除赠与、无偿性保管、委托、居间以及个人消费买卖等合同外，其他均具有商事合同性质。由于在我国的法学概念中，合同法属于民法的一部分，所有的合同均被视为民事合同，人们往往容易忽略合同也是商事行为的一种，而且是一种基本的商事行为。在《澳门商法典》中则不存在这一问题，其第三卷十八编详细规定了各种商事合同，这种立法体例与《美国统一商法典》有异曲同工之妙，体现了《澳门商法典》博采众家之长的特色。但是由于本套丛书中有专门的合同法教材的规划，故其商事合同部分内容不纳入本教材。

上述关于商事主体法和商事行为法的区分只是一种逻辑上的分析。实际上往往商事主体法中有行为内容，如公司购并交易、公司发行证券等行为。但这些交易行为必定与商事组织本身有着密切的联系。

3．商法的渊源

商法的渊源是指商事法律规范借以表现的形式。行为规范只有表现为某种形式的法律规范时才具有法律效力，因此，商法的渊源就是指能够通过执法程序予以执行的法律规范形式。

商法的表现形式多种多样。下面我们只介绍商事制定法、判例法、司法解释、自治规则以及国际条约与国际惯例这几种与商法有着重要关系的法律渊源。

(1) 制定法。在大陆法系国家，制定法（或称为成文法）是其商法的重要表现形式。这种制定法或者表现为商法典形式，或者表现为商事单行法形式。在我国，制定法同样是最为重要的商法渊源，澳门地区表现为《商法典》，而内地则表现为商事单行法形式。

上述制定法是针对基本法律而言，即从法律的效力层次上看，属于国家制定的法律，如在我国，由全国人民代表大会或者其常务委员会通过的法律。除了这些基本法律之外，在我国还存在着大量的行政法规以及地方法规等形式。

根据《中华人民共和国澳门特别行政区基本法》第8条的规定，澳门原有的法律、法令、行政法规和其他法律文件基本保留。故《澳门商法典》属于制定法的范畴。

在适用上述商法渊源时，应注意不同层次的商法渊源的效力。地方法规不能与中央法律相冲突，下级法规不能与基本法律相冲突。

（2）判例法。判例法是英美普通法系国家最为重要的商法渊源。虽然在英美普通法系国家的商事法律体系中，其制定法的地位越来越重要（尤其是在商事法领域），但是判例法仍然是其法律的基本渊源。如在美国，各州都有成文公司法，但是法院在处理公司案件中，主要援引的仍然是先例规则，甚至有些领域完全由判例法决定。例如，公司法中的“经营判断规则”（Business Judgement Rule）本身就完全由判例规则构成。又如，美国的证券法是联邦制定的成文法律，但适用判例法的情形同样显著。澳门与香港有着独特的地缘联系，故而香港的判例法往往对于澳门的商事活动产生着巨大的影响。

（3）司法解释。在大陆法系国家，司法解释是对制定法的重要补充和阐释。在我国，最高人民法院所发布的有关商事规则的解释意见或者指示也是重要的商事法律渊源。如最高人民法院于2003年发布的《关于审理证券市场因虚假陈述而引发的民事赔偿案件的若干规定》就是对我国证券法上关于证券民事责任有关规定的具体化规定，是指导各级法院审理证券市场上因虚假陈述而发生的民事赔偿案件的重要依据。

由于现阶段我国商事立法尚不完善，许多商事法律较为原则化，不利于执行，所以司法解释对于我国商法的实施起着重要的补充作用。

（4）自治性规则。商法本身是一种高度的自治性法律。早期的商人法完全是一种商人自治法。在商法成为国家法律之后，虽然其国家强制性特征上升到主要地位，但商法的自治性依然是商法的重要特征。

商法的自治性规则表现在两个方面：一方面是由商事组织制定的自治性规则。譬如，证券交易所对证券市场的管理就是一种自律性管理，证券交易所制定的规则也是一种自律性监管规则。而各种商会、行会的章程与规则对于其成员也有着约束性作用。另一方面是法律赋予了商事主体一定的自主权。如在公司法中，公司章程就是公司治理的重要自治性规则。只要不与强行法律相冲突，公司章程可以记载任何有关公司治理的内容，并对公司、股东、董事、监事、经理具有拘束力。

(5) 国际条约与国际惯例。当今，国际贸易日益频繁，国际经济一体化程度越来越高，相应的，国际社会制定了越来越多的国际条约，以使规则统一化。这样，国际条约就成为又一重要的商法渊源。如果一个国家加入了某一国际组织或者加入了某一国际条约，就必须首先遵守该条约。譬如，我国加入了 WTO，那么，我国的法律就应该与 WTO 规则保持一致（但我国声明保留的条款除外）。

在解决相关纠纷时，如果既没有加入国际条约，国内法律又没有相关规定时，可以适用国际惯例。国际商业社会中形成和使用的商业惯例一直是商法的重要渊源。早期的商人法是自治法，而这种自治法又主要表现为商业惯例。商业惯例对商法具有重要影响，许多商事法律规则就是由商业惯例演变而来的。

二、商法的特征

（一）商法的私法性与公法性

商法本质上属于私法，对于它所调整的私人关系主要采用的是自由主义。譬如，在商事交易中，基本上就是由当事人自己决定交易对象、交易条件和交易内容，法律在这里采用的是合同自由原则。再如，在企业实践中实行的所有权与经营权相互分离，企业自身享有独立自主的经营管理权，法律在这里采用的是企业自治原则。

虽然现代商法以私法规定为其中心，但为了保障其私法之规定的实现，又多采取强制干涉主义，从而导致了商事法的公法化倾向。这种公法化倾向既可能体现在商事组织方面，又可能体现在商事行为方面。

在涉及商事组织方面，其公法性倾向较为明显。譬如，《澳门商法典》规定，有限公司之资本，不得少于澳门币 2.5 万元；有限责任公司之股东，不得超过 30 名，任何使有限公司的股东超过 30 名的行为，在公司未经股东决议变更为股份公司之前，对公司不生效；公司在分配盈余之前必须提取法定公积金等。涉及商事组织方面的强制性规范很多，不胜枚举。但即使从上述例子中，也可以看出商法，尤其是商事组织法，具有较强的公法性。

在涉及商事行为方面，原则上法律采取自由主义，但强制性规范也随处可见。譬如，公司章程本属于自治性规则，但是法律却规定了章程中必须记载的事项；同理，法律对票据的记载也规定了必须记载事项。这些必须记载事项必须记载，如有缺漏，可导致章程或者票据无效。

现代各国在其商事立法中兼采自由主义和强制主义，所以，在商事法律中，随处都可以发现两种主义的对峙。由此可见，商法具有二元性，它是兼具自由与严格的特性，是该特性极为突出的法律。

但是，总体来说，在涉及商事组织方面，强制性规范居多，而在涉及商事行为方面，则任意性规范居多。究其原因，是由于在商事内容，亦即商事交易行为本身方面，所追求的是交易的简便、敏捷和弹性。在这种商业活动中，特定人相互之间的法律行为所产生的后果，其利害关系仅及于当事人本身，在这种情况下，应当由当事人自治自决，所以，法律采取自由主义而多做任意性规定。但是，在商事交易的基础方面，其营业组织是否健全，直接或间接地与第三人发生利害关系，影响及于社会公众利益，所以，为了追求交易安全，法律采取干涉主义而多做强制性规定。

（二）商法的国内性与国际性

商法属于国内法范畴，自无疑问。但是，自近代社会以来，交通的发达，尤其是航海技术的提高，使得国际贸易往来频繁，各国在长期的经济贸易交往中逐渐形成了一些普遍接受的贸易惯例和习惯做法。商法的国际性在各种商事法律中均有不同程度的体现，尤其是在海商法、票据法领域更为明显。

与此同时，商事法律的国际法统一运动自 20 世纪以来就一直没有间断过。尤其是 20 世纪 60 年代以后，商法的国际化倾向更加明显。“二战”后，随着世界生产力的增长，各国之间的经济联系日益密切，经济生活越来越国际化，互相依赖的程度大大增强。国际经济的这种新发展，在客观上要求建立一套调整国际经济贸易关系的统一法律，为国际经济交往提供一个良好的法律环境。因而，各国制定了一系列有关商事的国际条约或公约。

（三）商法的实体性与程序性

法律规范有实体规范（substantive law）和程序规范（procedural law）之分。实体法是关于法律主体所享有权利和应履行义务的规定；而程序法则是关于如何实现或者保障这些实体权利的规则。商法当然是实体法，但同时亦具有非常强烈的程序性。为了保障民事权利的实现，商法中存在着大量的程序性规则。可以说，在商法中，实体规范与程序规范并重，几乎每一个实体权利都会跟进相应的程序规范。

商法中的程序规范有诉讼程序规范和非诉讼程序规范之分。

商法中的诉讼程序规范最为典型的体现在破产程序（bankruptcy procedure）中。在破产法中，相当多的内容都是关于司法程序上的规定，如破产宣告、债权人会议、破产清算以及破产和解与破产整顿等。商法中另一个典型的诉讼程序规范是公司法中的股东派生诉讼（shareholder derivative litigation）。再一个体现诉讼程序规范的制度就是证券集团诉讼（class action）。由于证券欺诈所引起的民事损害赔偿诉讼的原告往往人数众多，所以这类诉讼常常采取集团诉讼的方式。证券法往往对这种集团诉讼程序予以专门规定。此外，票据法中关于票据丧失后的救济也涉及诉讼程序规则。

商法中的非诉讼程序规范则更是随处可见。譬如，公司法中的公司设立程序、股东会议程序、董事会议程序、分立与合并程序、解散与清算程序等。证券法中的证券发行与交易程序等。票据法中的票据承兑程序、见票程序、付款程序、行使追索权程序以及票据丧失后的挂失止付等。保险法中的索赔与理赔程序等。商业银行法中的各种银行业务的办理程序，如银行贷款程序、结算程序以及客户账户的查询、冻结、扣划程序等。

商法之所以如此重视程序性要求，无非在于确保当事人权利的实现。如果没有这些程序规则作为保障，商法上所规定的实体权利有可能就会落空。

（四）商法的伦理性与技术性

一切法律，就其规范本身的性质而言，可区分为两大类：一类是伦理性规范，另一类为技术性规范。

伦理性规范的制定本诸恒理、基乎常情，如杀人者受刑、欠债者还钱，这都是任何普通人都知道的道理。民法、刑法等属于这类法律。而技术性规范的制定则完全出于立法专家的精心设计，其内容并非仅凭一般常识所能了解。商法、诉讼法等属于这类法律。尤其是商法，其技术性最为浓厚，其大多数规则宛如一部精巧的机器，如果不熟悉其内容，实难运用自如。

就票据法而言，其目的在于如何确保在一定的时间、一定的处所、支付一定的金额以及在票据不获付款时，如何能够获得稳健简便的救济方法。因此，票据法采取的票据的文义性、定型化、票据行为的独立性、票据抗辩之限制、持票人的追索权以及参加承兑等措施都无不表明票据法是一种高度的技术性规范。

在保险法方面，关于保险合同的订立，无论是财产保险还是人身保险，都是依照数学上及统计上的定律及原理，运用缜密的计算方法来测定保险事故发生的概率，以使将来所支付的保险金总额与所收取的保险费总额得以保持平衡。很显然，保险法亦具有较强的技术性。

在公司法方面，法律的技术性也有所体现。譬如，在采用累积表决权的情况下，其表决权的统计与计算较为复杂，所以，一般情况下，公众公司不宜采用这种表决方式。又如，公司法上关于股东会的召集程序与决议方法、公司财务、会计以及公司股份与公司债务的规定，都不同程度地体现了法律的技术性。

此外，证券法关于损害赔偿的计算的规定，海商法上关于共同海损的认定及理算的规定等无不具有强烈的技术性色彩。

但是，伦理性与技术性规范的划分并不是绝对的，商法中也存在着伦理性规范，只不过与其他法律相比较，商法的技术性更加突出。如公司法中对有限责任公司出资转让的限制就是基于对该种公司的人合性考虑而设置的一种人性化关怀措施。又如保险法上的道德危险不保原则、保险利益原则等均是伦理性规范的体现。

第二节　商法的基本原则

一、促进交易自由的原则

交易自由原则是自由经济主义在商法中的体现。交易自由的规范性特征表现为法律中的任意性规范，即赋予当事人自由选择的规范或者仅具有指引性的规范，通常表现为，只要不违反强制性法律规范或者公共政策，当事人可以自由决定其商业事务。私法自治原则反映在商法中的各个方面和各种制度中，譬如，在公司法中，可以通过公司章程进行公司治理安排，票据法中的任意记载事项，保险法中当事人对保险价值的约定等。

归纳起来，交易自由在商法中主要反映在三个方面：即合同自由、企业自主和市场自律。

所谓合同自由原则，又称为契约自由原则，是指在当事人是否订立商事合同以及在订立商事合同的过程中，其内容、形式，得依当事人的意思自行决定，除违背法律强行性规定和公序良俗外，国家法律不加以干涉。合同自由原则是私法自治原则在商事交易法中的具体体现。合同自由原则的内容具体表现在如下几个方面：(1) 决定是否订立合同的自由。(2) 选择相对人的自由。(3) 决定合同内容的自由。(4) 选择合同形式的自由。

经济自由主义在商事组织法中的反映就是企业自治。现代企业的一个重要标志就是它的自治性。这种自治性反映在如下几个方面：(1) 企业设立自由；(2) 企业的自主经营；(3) 企业自我管理。

市场自律指的是由市场的参与者自己组织起来并对自己进行监管。市场自律的方式就是由商人自己组织起来，自己制定规则，自己约束自己。如由证券经纪商组成证券业协会，对证券行业进行自我管理。由期货经纪商组成期货业协会，对期货行业进行自我管理。此外，证券交易所和期货交易所本身也是自律性管理机构，并对证券交易和期货交易进行监管。

应当说明的是，私法自治原则在现代商法中得到了较大程度的修正，同时受到商法中其他原则的影响和冲击。如前所述，商法采取的是综合协调的调整方法。这将意味着，商法中各种原则都在同时发挥作用。因此，在掌握商法的原则时，不应将它们孤立起来对待，而应当从整体上来考量商法原则的适用。

二、维护交易公平的原则

在商业社会中，一切交易行为都显露出纯粹的利己主义色彩，因此，法律有必要采取措施以维护交易的公平竞争。交易公平原则主要体现在商事交易的主体方面。

（一）当事人的法律地位一律平等

在商事交易活动中，首要的是法律应保障交易主体处于平等的地位，只有当事人的主体地位平等，才可能发生平等交易和进行公平竞争。平等原则具有如下几个方面的要求：

1. 商事主体须具有独立的人格

商事主体具有独立的人格是平等原则的前提和保障。只有商事主体各自具有独立的人格，他们才能独立地进行意思表达，这样才可能在他们之间平等地发生交易。

在商法中，各种商事主体均具有独立的人格。如公司是法人，具有自己的人格。合伙企业和个人独资企业则以其合伙人或者其投资者的人格为其人格。各种商事主体之间享有平等的权利能力。

2. 商事主体在交易活动中的地位平等

商事主体在具体的交易活动中，无论其身份如何，其经济实力如何，其国籍如何，他们的法律地位一律平等。一方不得凭借其特权欺压另一方或者操纵交易。比如，在关联交易中，控制股东凭借其控制地位，无偿或者以低于市场价格的条件购买其从属企业的货物或者原材料，或者以高于市场价格的条件向其从属企业出售货物或者原材料，就属于不平等交易，其结果可能引起从属企业的少数股东对该控制公司提起诉讼。

3. 商事主体的合法权益平等地受到法律的保护

这里包含着两层意思：第一层意思是说，在商事法律制度中，往往存在着对弱势群体的特殊保护措施，并藉此对抗强势群体。譬如，公司法中对少数股东的保护就是为了对抗大股东的权利滥用；“人格否认”（disregard the corporate entity）原则的适用则是为了给公司债权人以特殊保护。在保险法中，对于保险合同的格式条款，保险人与投保人、被保险人或者受益人有争议时，法院或者仲裁机关应当作出有利于被保险人或者受益人的解释。这种规则就是一种平衡保险人优势地位的措施。因为，保险合同总是由保险人事先拟定好的，即所谓的“格式合同”。保险人在准备这种合同条款时，假设它已经将自己的利益给予了充分的考虑。第二层意思则是指各种商事主体享有平等的获得司法救济的权利，即通常所说的“法律面前人人平等”。就是说，当出现商事纠纷时，法院或者仲裁机构在适用法律时，必须对诉讼当事人平等对待。

（二）当事人应当依照诚实信用原则从事交易活动

1. 诚信原则的意义

所谓诚实信用原则，简称为诚信原则，是指商事主体在从事商业活动时，应当以“善意的方式”（in good faith）行为，不得有欺诈行为或者滥用权利。广义的诚信原则还包括立法或者司法对商事主体之间的利益的平衡。

诚信原则本来是一种道德观念，后经法律确认为一种法律准则而为各国立法所采用。诚信原则是现代私法上的最高指导原则，被奉为“帝王规则”。诚信原则是商人从事商业活动所应遵守的一项重要原则，其适用面相当广泛。

2. 诚信原则在澳门商法中的适用

（1）诚信原则在合同法上的适用。《澳门商法典》第573条规定：“在履行因经营商业企业而生之债务时，债务人有义务以善良商业企业主之注意行事。”这一条是诚信原则在商事合同法领域的体现，该原则还体现在其后各种具体合同的订立、履行等的多个环节中。如第627条“代办商应以善意履行义务，并有权限维护他方利益及进行有利于完全实现合同目的之活动”；第661条“被特许人应以善意履行义务，与特许人合作，以便完全实现合同目的”；第666条“特许人有义务以善意作出行为，以完全实现合同目的”；第671条“即使于合同终止后，特许人亦不得向第三人披露他方所托付之秘密或因特许合同而知悉之秘密，但职业道德规范所容许者除外”；第873条“履行保理合同时，双方当事人应依诚信原则行事，以完全实现合同目的”等。

（2）诚信原则在公司法中的适用。诚信原则在公司法上主要体现为受信义务（fiduciary duties）。如在设立公司的过程中，发起人相互之间以及发起人对将来公司负有受信义务。在公司成立后，公司董事、监事、高级管理人员以及股东、控股股东、实际控制人对公司负有受信义务。在公司解散后，清算人在执行清算事务时对公司负有受信义务。受信义务的内容包括注意义务（duty of care）和忠实义务（duty of loyalty）。如《澳门商法典》第212条规定，控股股东本身单独或者透过其所控制当选的公司行政管理机关成员行使控制权以损害公司或其他股东时，须对公司或股东所引致之损害负责。第234条规定，公司之行政管理机关成员，应常以公司利益及善良管理人之注意为行为。第245条规定了公司机关据位人即公司的高级管理人员违反对公司的受信义务时该承担的责任。

（3）诚信原则在票据法中的适用。诚信原则在票据法上的体现主要有：

《澳门商法典》第1098条规定："即使证券持票人已将灭失、遗失或失窃通知债务人，但如债务人向（无记名）证券之持有人付款时并无恶意或重大过失，亦获免除责任。"

《澳门商法典》第1110条规定："一、指示式证券之持票人并非证券受款人本人时，如以背书之连续证明其权利，则即使最后背书为空白背书，亦有行使证券所载权利之正当性。二、在连续之背书中，已涂销之背书视为无记载。三、如空白背书后又接另一背书，推定后续背书人以该空白背书取得证券。四、有实质权利者，方得按本条之规定涂销有必要涂销之背书，以获得形式上之正当性，但不得因此而妨碍第三人之权利，且以法律另无规定者为限。五、连续之背书应载于证券上，证券之文字应符合交易之一般习惯。六、正当性之连续不因虚拟之名称或伪造之签名而中断。七、非以背书方式取得指示证券之人，得透过宣告其拥有该证券之判决取得背书所生之正当性。"

《澳门商法典》第1123条规定："一、如属指示式证券全部或部分灭失，遗失或失窃之情况，持票人得请求法院禁止债务人付款；如证券已到期，则请求许可将证券之金额提存，并指定提存地方。二、关于无记名式证券之禁止付款之规定之适用部分，延伸适用于上指禁止付款。三、即使证券持票人已将证券之灭失、遗失或失窃通知债务人，如债务人向证券持有人作出清偿时无恶意或重大过失，亦获免除债务。"

《澳门商法典》第1140条规定："如汇票上有无承担能力之人之签名、伪造之签名、虚拟之人之签名，或因任何其他理由不能使签名人或被代签人承担义务之签名，其他签名人应负之责任，仍然有效。"

《澳门商法典》第1141条规定："无权代理而以代理人名义在汇票上签名之人，应自负汇票上之责任，如该人付款，即与其所声称之被代理人具有同样权利；此规则亦适用于越权代理。"

《澳门商法典》第1150条规定："因汇票而被诉之人，不得以基于其与出票人或前手持票人间之个人关系之抗辩对抗持票人，但持票人在取得汇票时明知其行为有损债务人者除外。"

《澳门商法典》第1202条规定："汇票文义如有变造，则签名在变造之后者，依变造后文义负责，签名在变造之前者，依原有文义负责。"

《澳门商法典》第1221条规定："如支票上有无承担能力之人之签名、伪造之签名、虚拟之人之签名，或因任何其他理由不能使签名人或被代签人承担义务之签名，其他签名人应负之责任，仍然有效。"

《澳门商法典》第1222条规定："无权代理而以代理人名义在支票上签名之人，应自负汇票上之责任，如该人付款，即与其所声称之被代理人具有同样权利；此规则亦适用于越权代理。"

《澳门商法典》第1223条规定："付款由出票人保证，任何免除出票人保证付款之责任之声明，均视为无记载。"

《澳门商法典》第1232条规定："不论一人如何失去支票，亦不论其为来人支票或可背书支票，如持票人系以第1230条所指方式证明其权利，则无义务将支票返还该人，但取得时有恶意或重大过失者除外。"

《澳门商法典》第1233条规定："因支票而被诉之人，不得以基于其与出票人或前手持票人间之个人关系之抗辩对抗持票人，但持票人在取得汇票时明知其行为有损债务人者除外。"

《澳门商法典》第1262条规定："支票文义如有变造，则签名在变造之后者，依变造后文义负责，签名在变造之前者，依原有文义负责。"

（4）诚信原则在保险法中的适用。保险合同是最大诚信（utmost good faith）合同，诚信原则贯彻于保险法的始终。《中华人民共和国保险法》第5条规定，保险活动当事人行使权利、履行义务应当遵循诚实信用原则。诚实信用原则在《澳门商法典》保险合同中的具体体现主要表现在如下几个方面：

在保险合同的订立环节，《澳门商法典》第973～980条规定了投保人的说明义务，第1032条规定了人寿保险中可以订立保险合同之人的范围，以期尽可能地预防道德风险的产生。

在保险合同的解释环节，由于商业保险合同一般均为保险人提供的格式合同，为了避免保险人利用起草保险合同的便利损害投保人和被保险人的利益，《澳门商法典》第970条规定在保险合同条款的解释存在疑义时，按照不利于保险人的原则进行解释。

在保险合同的理赔环节，《澳门商法典》第 982 条确立了被保险人或受益人故意制造的保险事故不保原则；第 1003 条排除了重复保险的保险责任；第 1006～1007 条规定了保险事故发生时被保险人的救助义务；第 1047 条规定了被保险人在人寿保险合同生效的首年自杀的，保险人不负赔偿义务。

由于保险是一种特殊的金融行业，起到了安定社会、长期融资等多重社会功效，往往涉及广泛的公众利益，在其中，诚信原则发挥了极其重要的作用。

（三）情势变更

1. 情势变更原则的意义

商事合同成立后至履行前，如因情势变迁或不可归责于当事人的事由而导致发生非当事人所能预料的情事，该当事人得请求对方将该合同内容为适当的变更或由法院判令加以变更，从而使交易获得公平的效果，这就是所谓的情势变更原则。一般认为，情势变更原则是诚实信用原则的下位概念，基于诚实信用原则之公平理念而立论，不仅是债法的重要原则之一，于其他法律领域，如民法、刑法、行政法等领域，均有适用之空间。[1]

情势变更（rebus sic stantibus）原则的本质是赋予法院以直接干预合同关系的“公平裁量权”，使法律能够适应社会经济情况的变化，更好地协调当事人之间的利益冲突，维护经济流转的正常秩序。

情势变更原则在理论上的最新进展，主要表现在强化合同订定的过程，突出合同的柔性、继续性，对合同当事人施加“再交涉义务”，合同缔结后，赋予当事人重新商议合同的权利，以维系、提升私法自治的精神。另外，作为一项法律原则，情势变更原则在司法运用中必须依赖法院的裁量权以达到案件处理结果的妥当性。

2. 情势变更原则的构成要件

情势变更须由如下要件构成：（1）须有情势之变更。这里所谓情势，是指合同成立时可以作为其基础或者环境的一切情况。（2）须情势变更发生在合同成立后至合同履行完毕之前。（3）情势变更须非当事人所预料，且不具有可预料的性质。（4）情势变更须因不可归责于当事人的事由而发生。情势变更如为可归责于当事人的事由时，则应该由当事人自己承担其风险。（5）须情势变更后仍然履行合同则显失公平。如果仅仅为某种程度之得失，乃是现代经济竞争条件下的当然结果，是当事人本应承担的风险，不足以适用情势变更原则。

---

[1] 林诚二. 民法债编总论（下）[M]. 台北：瑞兴图书股份有限公司，2000：16－17.

3. 情势变更原则的效力

情势变更原则适用的目的在于排除法律关系因情势变更所生的显失公平的结果，所以，它的效力首先在于维持既存的法律关系，而仅仅变更其内容即可。如增减给付、延期或者分期给付、拒绝先为给付等。如仍不能排除不公平结果时，才能采取使合同解除、终止或者消灭的办法。所以，其第二次效力在于解除或者终止合同，除去责任、拒绝履行。

三、提高交易效率的原则

商事交易以营利为目的，时间和机会就是金钱，交易越迅速敏捷，获取利润的机会就越大。然而，商事交易错综复杂，交易机会瞬息万变，如果法律程序和方式过于繁杂，势必影响交易效率，增加交易成本。有鉴于此，法律尽量简化交易程序，弱化交易方式，以求交易的简便、易行、迅速、敏捷，以此提高交易的效率，保障当事人的营利时间和机会。商事法律在这方面的措施主要有：交易定型化和时效短期化。

（一）交易定型化

交易定型化包括交易形态定型化、交易客体定型化和交易方式定型化。

1. 交易形态定型化

交易形态定型化是指预先将交易形态予以定型安排，使任何人或任何集团无论在任何时候发生交易都可以获得同样的效果。例如，《中华人民共和国合同法》中关于货物标定卖价的规定，就是使交易当事人一方先行陈列各种定型的货物，标明价格，并以此作为“要约邀请”，使他方对此要约之货物及价格可以迅速作出是否购买的“要约”决定，以此促进交易的敏捷进行。

2. 交易客体定型化

交易客体定型化又包括交易客体商品化和交易客体证券化。

（1）交易客体商品化。如果交易客体属于有形物品，则使之商品化而予以划一的规格或特定的标记，这样，在交易上就能对同质标的物提供批量供应。例如，商标法上所规定的商标就是使交易当事人表彰自己商品的标识，它使顾客对于该商品容易识别并可以大量交易、迅速成交。

（2）交易客体证券化。如果交易的客体属于无形权利，则使之证券化，以促进其流通。例如，公司法上关于股票和债券的规定、票据法上关于各种票据的规定、保险法上关于保单的规定、海商法上关于载货证券的规定等，就是使各种证券上所表彰的权利得以定型，从而方便辨认和交易。又因为其可以背书转让，所以其流通非常方便，这就使得交易非常敏捷。

3. 交易方式定型化

交易方式定型化，是指在交易中由交易当事人一方事先拟定出一般交易条款，对方只能表示全部同意或者不同意的一种交易方式，亦即他方当事人要么从整体上接受交易条款，要么交易就不成立，这在合同法上叫做定型合同（或者标准合同，或者格式合同，或者附合合同，或者定式合同）。例如，保险人对保单的拟定、公用事业单位所拟定的一般交易条款等都是为了方便交易，提高交易效率。

（二）时效短期化

所谓时效短期化，是指将交易行为所生债权的时效期间予以特别的缩短而从速确定其行为的效果。商法为了谋求交易的敏捷，颇多采取短期时效主义，最典型的莫过于票据行为采用的特殊时效。

四、确保交易安全的原则

虽然商事交易贵在敏捷，但亦须注意安全。如果只图敏捷而不求安全，当事人的利益也得不到保障。商法上为了维护交易的安全所采取的措施主要有强制主义、公示主义、告知或通知主义、外观主义以及严格责任主义和禁止诈欺或不正当行为主义。

（一）强制主义

商法虽然属于私法，但却有公法化倾向。商法为了维持社会公共利益与保护交易安全，往往采用强制性措施，因而使得商法具有浓烈的强制主义色彩。所谓强制主义，是指法律对商事组织和商事交易予以强行干涉，其规范特征表现为强制性法律规则。

商法中采用强行性规定的地方较多：在有关商事组织方面，例如，在公司法中，其关于公司设立程序的规定，股东和董事会议的法定人数、表决规则以及相关程序的规定；公司组织机构职权的规定，董事、监事、秘书、高级管理人员义务的规定等。

在有关商事行为的内容方面，各种商事法律均规定，从事交易活动不得有欺诈行为，不得违反法律、行政法规以及公共利益或者公共政策。

在有关商事行为的形式方面，例如，公司法上关于公司章程必须记载事项的规定，票据法上关于票据绝对记载事项的规定，保险法上关于保险合同应记载事项的规定，海商法上关于海上货物运输合同及载货证券的规定以及合同法上关于托运单、提单、仓单的规定等都体现了强制要式主义。

（二）公示主义

所谓公示主义，是指有关营业上的一定的事实如与交易利害关系人有关系时，则必须公告周知后才能发生法律上的效力。例如，在公司法上，公司决议合并或减少资本时应向各债权人公告；公司召集股东会时，应将其召集事由予以公告；公司招募股份时，应将各事项予以公告；公司募集公司债时，应将各事项予以公告；清算人就任后，应催告债权人申报债权的公告。

公示主义在证券法上体现为信息披露。所谓信息披露（information disclosure），是指证券发行人或上市公司按照法定要求将自身财务、经营等情况向证券管理部门报告，并向社会公众投资者公告的活动，又叫做信息公开。信息披露的内容包括招股说明书、债券募集办法、股票上市报告书、债券上市报告书，年度报告、中期报告和临时报告等。

在商业登记法上有关商业登记（如商事企业的创设、变更、合并、增资、减资、解散等事项，非经登记不发生法律效力）的规定，就是借助于当事人的登记行为以达到公示的目的。

（三）告知或通知主义

所谓告知或通知主义，是指交易当事人一方应将特定的交易事项告知或通知对方当事人，否则有可能发生不利的效果。

根据《澳门商法典》第 1178 条的规定，在票据法上，持票人应在拒绝证书或其他有关部门证明做成后 4 个工作日内，将被拒绝事由书面通知其前手；其前手应当自收到通知之日起 2 个工作日内通知其再前手，否则，可能因此而承担损害赔偿责任。

在保险法上，如投保人不履行如实告知义务，则可能使得保险人有权解除合同；保险事故发生后，投保人、被保险人或受益人应当尽快通知保险人；当危险增加时，投保人也应及时通知保险人。

在海商法上，海上保险的投保人或被保险人自接到货物之日起一定时间内，如不将货物损害通知保险人或其代理人的，视为无损害。

在合同法上，有关瑕疵担保责任的规定，亦是告知义务的体现。

（四）外观主义

所谓外观主义，是指以交易当事人行为的外观为准而认定其行为所发生的效果。外观主义的采用主要是为了谋求交易的安全而赋予行为外观上的优越性。此在德、日称为外观主义，英美称为禁反言（estoppel by representation）。例如，《中华人民共和国合伙企业法》第 38 条规定，合伙企业对合伙人执行合伙事业以及对外代表合伙企业权利的限制，不得对抗不知情的善意第三人。此外，在票据法上，关于票据的文义性与要式性、背书连续性的证明力等规定都是外观主义的体现。

（五）禁止诈欺主义

所谓禁止诈欺主义，是指交易行为当事人相互之间的意思表示应坦诚相见，不容许有诈欺或不正当行为，凡因诈欺或不法之胁迫而为意思表示的行为，得予以撤销。商法上不乏关于禁止诈欺或不正当行为的规定的例子。

例如，在公司法上，违反公司法规定，办理公司登记时虚报注册资本、提交虚假证明文件或者采取其他欺诈手段隐瞒重要事实取得公司登记的，情节严重的，撤销公司登记。票据法规定，持票人以欺诈、偷盗或者胁迫等手段取得票据的，或者明知有前列情形，出于恶意取得票据的，不得享有票据权利，债务人得为恶意之抗辩。保险法规定，保险金额超过保险标的价值的合同，如因当事人一方的欺诈而订立者，他方得解除合同。海商法规定，托运人故意虚报货物的性质或价值，运送人或船舶所有人对于其货物的毁损或灭失不负赔偿责任。这些规定都是为禁止欺诈或不当行为而设，其目的在于增进交易上的信用，谋求交易的安全。

第三节　世界范围内的商事立法

真正具有现代意义的商法出现在17～19世纪。资本主义制度的确立和完善为自由商品经济的发展提供了可靠的制度保障，为了适应和保护这种商品经济的发展，商法在西方各国得到了前所未有的大发展。其中，以商法的法律渊源为成文法抑或是判例法为标准，可将近现代西方商法区分为大陆法系商法体系和英美商法体系。自近代以来，欧洲大陆国家制定了大量的商事法规，有的国家甚至专门制定了商法典，如法国、德国以及受其影响的其他一些国家。从而形成了欧洲大陆法系的商事立法模式。而英美国家则属于普通法系国家，以判例为其法律之根本，从而形成了英美普通法系的商事立法模式。

一、大陆法系的商事立法

（一）民商分立的立法模式

所谓民商分立，是指民事商事分别立法，在民法典之外，另行制定商法典，民法典、商法典分别独立存在。其中，依其商事立法的理念是采用客观主义或者主观主义，又可分为法国商法法系和德国商法法系。前者以商行为法作为其立法基础，后者以商人法作为其立法基础。影响所及，一些国家或者仿效法国做法，或者仿效德国做法，形成两种不同的法系。更有一些国家兼采客观主义和主观主义，因而，又有折中法系。但法系的区分是早期的现象，现在存在着较大的趋同现象。

1. 法国商事立法

法国早期以国家立法形式颁布的商法当以 17 世纪的路易十四于 1673 年颁布的《商事条例》（*Ordonnance LouisXIV sur le Commerce*）以及 1681 年的《海事条例》（*Ordonnance sur le Marine, du mois d'Aout*）为代表。

法国资产阶级革命成功之后，野心勃勃的拿破仑不以其一系列的军事成功为满足，而希望以其法典的制定和传播流芳百世。也许他的确做到了。在他的主持和亲自过问之下，《法国民法典》（*Code Civil des Français*），（该法典又曾以拿破仑本人名字命名为《拿破仑民法典》）于 1804 年问世。对此，他不无自豪地夸耀道："我的光荣不在于打胜了四十几个战役，滑铁卢摧毁了那么多的胜利……但不会被任何东西摧毁的，会永远存在的，是我的民法典。"在法国，皇室的利益要求反映在商法上就导致了早在 17 世纪末期便有了相当程度的法典化历史，而国王建立商事法院（Commercial Courts）这一举动更加促动了商法自普通法分离出来的进程。所以，在拿破仑一世时代，商法已经成就了其作为法律的一个分支的独特地位，这随之被 1807 年通过的《商法典》（*Code de commerce*）所确认，自彼时起，商法典与新民法典并肩而立。❶该法典在很大程度上保持了对上述《商事条例》和《海事条例》的继承性。

《法国商法典》（*Code de Commerce Napoléon*）共分四篇，包括商法总则、海商、破产、商事法院。《法国商法典》采取客观主义，以商行为观念为其立法基础。依照这种立法思想，只要行为的性质属于商行为，就适用商法。

《法国商法典》开近代商事立法之先河，其贡献在于，它首次打破了中世纪商人法只适用于商人阶层的特权而使得商法具有普适性，在商事立法史上，具有划时代的意义。许多国家仿而效之，如卢森堡、比利时、西班牙、葡萄牙、希腊、埃及、土耳其、阿根廷、乌拉圭、墨西哥、秘鲁等，从而形成了以法国为代表的法国法系。

然而，该法也存在着相当的局限性，如公法与私法不分，实体法与程序法不分，重海商、轻陆商等。与法国民法典相比较，法国商法典要逊色得多，其影响

---

❶ JOHN BELL, SOPHIE BOYRON, SIMON WHITTAKE. Principles of French Law [M]. Oxford University Press, 1998: 432.

也要小得多。

法国商法典现在仍然有效，但许多规定已经失去了现实意义，同时，该法典对于现实中出现的许多新的现象又无法适应，因此，在法国商法典之外，尚存在着大量的单行商事法规，以资补救。

2. 德国商事立法

德国在统一之前，亦存在着一些商事法律，其中重要者如1861年的《普通商法典》（*Das Allgemeine Deutsche Handelsgesetzbuch*）。德国统一后，开始制定其商法典。《德国商法典》于1897年公布，并于1900年与《德国民法典》同时生效，共同构成了德国的两大私法支柱。文献上为将德国商法典与其先前的普通商法典区分开来，通常将前者称为新商法，将后者称为旧商法。

《德国商法典》共分四篇，包括商人、公司及隐名合伙、商行为以及海商。与法国商法典及德国旧商法相比较，德国新商法在技术上显得更加成熟一些。德国旧商法仿效法国商法典模式，采用客观主义，而新商法则改而采用主观主义，即以商人观念为其立法基础。依照这种立法思想，同一行为，商人为之，适用商法；非商人为之，则适用民法或者其他法律规范。商人的概念在《德国商法典》上弥足重要，德国波恩大学的Johannes Köndgen教授与鲁尔波洪大学的Georg Borges教授在谈到商法、民法双轨制（The Duality of Commercial Law and Civil Law）问题时说："无论如何，在德国商人（或者就此而言的企业）这个概念标识了商法区别于民法的门槛。"❶

但应当注意的是，德国新商法上所谓的商人，与商人法中的商人有所不同。商人法中的商人实际上是一个阶层或者阶级，其商人法只适用于这个阶层或者阶级。而德国商法典中所谓的商人，是指凡是经营商业的人均为商人。这种商人概念具有普遍性，其与客观主义商法的区别在于其所选择的法律适用的标准不同。因此，又称之为新商人主义或者商业法主义。❷

《德国商法典》亦产生了相当影响，许多国家仿效德国做法而制定其自己的商法典，从而形成了以德国为代表的德国法系。属于德国商法系的在当时有奥地利、土耳其（原从法国法系，后改从德国法系）等。而《澳门商法典》也采用了德国体系，在第一条中规定了商主体即商业企业主，而根据商业企业的概念推导出商行为的定义。

---

❶ J. ZEKOLL, M. REIMANN. Introduction to German Law [M]. 2nd edition. Kluwer Law International, 2005: 123.

❷ 张国键．商事法论［M]．台北：三民书局，1980：14.

3. 折中商事立法模式

所谓折中商法法系，是指兼而采用商行为观念和商人身份观念作为其商事立法基础。由于无论是法国的客观主义立法模式或者是德国的主观主义立法模式，均有其不足之处。因而，一些原先追随法国模式或者德国模式的国家改而采用折中主义。属于这种模式的国家在当时有比利时（原从法国法系，后改采折中法系）、意大利等国家。

（二）民商合一的立法模式

所谓民商合一，是指民事商事统一立法，民法典之外没有一个单独存在的商法典，有关商事的内容，或者编入民法典之中，或者颁布单行法规予以规定。因此，民商合一又有两种做法：一是将商法内容完全纳入到民法典中去，这种模式可以称为完全式民商合一。二是将商法的一些基本问题纳入民法典中，而对一些具体商事制度则分开立法。这种模式可以称为相对式民商合一。前者如瑞士、意大利；后者如我国台湾地区。

瑞士于1872年制定了《瑞士债务法》(*Obligatiuenrecht*)。该法第一篇为总则，第二篇为合同分则，第三篇为公司、有价证券及商号、商业合伙、票据、商业登记、商业账簿。瑞士于1907年又制定了《民法典》，并于1911年将债务法纳入其民法典之中而成为第五篇。前四篇内容依次为人法、亲属法、继承法以及特权法。瑞士商事立法的特点是其首创了民商合一的商事立法模式。

意大利于1942年颁布了它的《民法典》。其中，序编是一般原则，余下六编的内容依次为人与家庭、继承、所有权、债、劳动、权利的保护。有关商事的内容分散在相关编章之中，如有关公司及其他商事组织被编入第五编劳动之中，有关商事交易及银行业务、保险、有价证券被编入第四编债之中。

我国台湾地区采用的则是相对式民商合一模式。早在国民政府时期，国民政府就曾颁布了很多商事方面的法律，现在仍然在台湾地区实施。民国商事立法的特点是，民商统一立法，但有关商事法律却又保持着独立存在，即在其民法典中，将通常属于商法总则的经理人（即代办商）、商行为中的交互计算、行纪、仓库、运送营业及承揽等并入债法，其他商事则分别制定单行法，如公司法、票据法等。

二、英美法系商事立法

与欧洲大陆法系商事立法形成鲜明对比的是，英美法系的商事立法则独树一帜。在英美法系国家，既不存在所谓的民法概念，也没有所谓的商法概念，既无民法典，也不存在大陆法系意义上的商法典。因此，在这些国家，也就不存在民商合一或民商分立这样的问题。

在英美国家，其商事法以习惯法和判例法为其渊源，称之为普通法或者不成文法，同时辅之以衡平法，从而形成了自成体系的普通法系的商法模式，与大陆法系并称为世界两大主流法系。

自19世纪以来，英美国家因应商业发展的需要，制定了一系列商事单行法，作为其判例法的补充。

在英国，以制定法形式存在的有关商事单行法主要有：1882年的《票据法》、1885年的《载货证券法》、1889年的《行纪法》、1890年的《合伙法》、1893年的《货物销售法》、1894年的《商船法》及《破产法》、1960年的《海上保险法》、1907年的《有限合伙法》、1824年的《海上货物运输法》、1862年的《空中运输法》以及1862年的《公司法》等。

在美国，根据其宪法，涉及商事方面的立法权力属于各州所享有，联邦没有商事立法权。由于各州立法颇不统一，因此，自19世纪以来，美国的一些非官方机构，如美国法学会和美国律师协会，发起并推动了一场持续的法律统一运动，并致力于法律的统一事业，先后制定了一系列统一法律。其中重要者如1896年的《统一流通票据法》、1906年的《统一买卖法》、1909年的《统一载货证券法》以及《统一股份转让法》、1922年的《统一信托收据法》。上述法律经过整理修正合编为《统一商法典》，并于1952年公布。此外，还有1928年的《统一商事公司法》，该法经1951年修正，改为《示范商事公司法》。《统一商法典》和《示范商事公司法》均为示范性质，供各州自行采用，没有强制施行的效力。

除此之外，还有《代理法重述》《信托法重述》《统一合伙法》《统一有限责任公司法》等。

应当注意的是，在美国，上述示范法或者统一法虽然仅仅具有示范性质，不具有实施的效力，但是，如果一经为各州采用，就具有实施效力。事实上，上述示范法或者统一法对州法均产生了重大影响。譬如，美国各州都有自己的制定公司法，而绝大多数的州公司法都是直接采用的或者经修正后采用的示范公司法。

前面说过，在美国，有关商事立法的权力归属于各州，联邦没有统一的立法权力。但是，如果某种商业涉及跨州交易，联邦则享有统一立法的权力。

三、澳门的商事立法

长期以来，澳门地区实施葡萄牙的法律和法律制度。澳门商事立法的历史与

葡萄牙商事立法的发展有密切的关系。大体上可以分为以下四个阶段:

第一，自葡萄牙 1888 年商法典延伸至澳门起至 1976 年澳门享有立法权止；第二，1976 年澳门享有独立立法权起至 1987 年 3 月中葡签署《联合声明》止；第三，1987 年中葡签署《联合声明》起至 1999 年 12 月中国恢复对澳门行使主权时止；第四，1999 年《澳门商法典》颁布迄今。

1. 自葡萄牙 1888 年商法典延伸至澳门起至 1976 年

澳门享有立法权如同其他大陆法系国家一样，葡萄牙法律主要渊源是成文法律，其中又以法典为主。继 1807 年法国商法典和 1861 年德国颁布第一部商法典之后，葡萄牙议会于 1888 年 6 月 28 日通过了葡萄牙商法典，于同年 8 月 23 日正式公布，并规定从 1889 年 1 月 1 日起在葡萄牙本土和离岛生效。根据颁布商法典的法令第 7 条的规定，“在听取管治机构的意见及根据各海外省的特殊情形作出修改之后，政府有权将商法典延伸至海外省”。而根据葡萄牙 1894 年 2 月 20 日法令第 2 条，商法典已经延伸至各海外省。因此，从 20 世纪末起，葡萄牙商法典实际上已延伸适用于澳门，成为澳门商事法律的主要渊源。

从内容上看，1888 年葡萄牙商法典汲取了法国商法典的精髓，而更多的是受到德国商法典的影响。法典全文共四编：第一编商事总论，内容主要是商法的基本概念，包括商事能力和商人、商业名称、商业账簿、登记、经纪人和商业场所。第二编则是商法典的重点，内容是各种商业合同的规定，包括公司法、票据法、银行、贷款、担保、抵押、保险、商业证券的转让。在公司的种类方面不仅包含两合公司、无限公司、股份有限公司和合作社公司，而且对一般公司的性质、特点、公司合同的形式、股东的权利和义务、公司的解散、公司的合并、公司存续期的延长、公司的清盘与分割以及股票等都一一作了规定。保险方面也已分为人寿险和非人寿险，后者又分为火险、农作物险及运输险。第三编和第四编分别是海商法和破产法。

1888 年商法典的不少内容，特别是其总论部分，确立了现代商业社会中商人和商业行为的一般规范和基本制度，体现了商品经济活动的基本原则，成为关于公司、票据、保险、海商等具体规范的基础。这些一般规范和基本制度一直在澳门实施。此后，葡国颁布的一些法律法令，例如 1901 年的有限公司法、1959 年的商业登记法、1976 年的公共企业法等也都延伸至澳门适用。但是，葡萄牙商法颁布以后一个多世纪内社会经济情况发生了重大的变化，商法典的许多内容显得陈旧过时。而在葡国本国，20 世纪 70 年代以来，颁布了大量的法律和法令对商法典作了大幅度的修订和补充。例如，第 4/73 号关于企业集团的法令，第

454/80 号法令合作社法典，第 132/93 号关于企业重整和破产的法令，第 403/86 号法令商业登记法典，关于合作经营和隐名合伙的第 231/81 号法令，以及关于代办商业合同和商业代理的第 176/86 号法令和关于一般合同条款的 446/85 号法令等，这些法律法令大部分都只在葡国适用，而未延伸至澳门。

2. 1976 年澳门享有独立立法权起至 1987 年 3 月中葡签署《联合声明》止

1974 年葡萄牙"四·二五"革命以后，1976 年葡萄牙宪法规定澳门是葡国管治期间按照一个特殊的章程进行管治的地区。这个章程就是 1976 年 2 月 10 日颁布的《澳门组织章程》，按照《澳门组织章程》，澳门立法会和总督享有立法的权力。从 1976 年起，澳门立法会和总督颁布了许多关于商业方面的法律法令，作为葡国商法典等商业法律的补充，其中主要有：1982 年 8 月 3 日的第 35/82/M 号法令即新银行法；1989 年 2 月 20 日第 6/89/M 号法令即保险活动管制法；1991 年 7 月 29 日修订的土地法；1985 年 4 月 13 日第 31/85/M 号法令即关于分层楼宇的法令；1980 年 12 月 30 日第 50/80/M 号法令即新对外贸易法；1983 年第 15/83/M 号法令即财务公司活动管制法；1988 年第 64/88/M 号法令即在澳门设立国际船舶注册中心的法令；1987 年第 40/87/M 号法令即关于修改工业产权法典的法令；1978 年第 28/78/M 号法令即旅行社及旅游社章程；1982 年第 6/82 号法律即幸运博彩法等。这些法律法令在规范澳门的商业活动方面起了重要的作用。

3. 1987 年中葡签署《联合声明》起至 1999 年 12 月中国恢复对澳门行使主权时止

1987 年 3 月 26 日中葡两国签订了关于澳门问题的《联合声明》，澳门进入一个政权交接的过渡时期。澳门政府开始了一系列法律本地化的工作，包括起草澳门的几个大法典的工作。

在商法方面，澳门行政当局于 1989 年 6 月委托葡萄牙里斯本大学法学专家若·里贝罗（José António Pinto Ribeiro）起草澳门公司法。里贝罗组织了一个起草小组，经过半年多的工作，于 1990 年 1 月完成草稿，该草稿译成中文后于 1991 年初起在澳门社会公开征询意见。后来，政府为了健全澳门地区的商事法律，又聘请了法律专家以葡国现行商法典为蓝本，参照德国、韩国、奥地利等国家的商法典及意大利民法典，并结合澳门的实际，起草澳门的商法典。1999 年 8 月 2 日，澳门总督韦奇立签署了《澳门商法典》，于 8 月 3 日以澳门政府第 40/99/M 号法律颁布，于 1999 年 11 月 1 日起生效。

《澳门商法典》分四卷，共 1268 条。

第一卷是经营商业企业的一般规则，当中第一编（商业企业主、商业企业及商行为）规范了商业企业主的定义，商行为的规定，商事能力，经营商业企的障碍及抵触，已婚商业企业主对企业的处分权，商业企业主的义务；第二编（商业名称）规范商业名称的一般原则，针对自然人商业企业主及法人商业企业主的特别规定，商业名称的取消；第三编（商业记账）规范商业记账中的必要簿册及认证，记账方式及保存，年度账目或营业年度账目；第四编（登记）规范商业活动的登记及公布；第五编（账目的提交）规范提交账目的时间；第六编（经营企业的代理）规范企业中的经理及其他辅助人员的制度；第七编（因经营企业而承担的责任）规范商业企业主的商业债务与一般民事债务；第八编（商业企业主的民事责任）规范生产商的严格责任制度，此制度源自葡国1989年11月6日第383/89号法令有关生产商民事责任制度；第九编（商业企业）规范与商业企业有关的法律行为，包括对商业企业的保护，商业企业存在的客观标准，商业企业的转让，商业企业的租赁，商业企业的用益权，商业企业的质权；第十编（企业主之间的竞争规则）规范企业主竞争的一般制度及不正当竞争的制度。

第二卷（合营企业的经营及企业经营的合作）分三编，第一编是公司制度，这一编建基于前述若·里贝罗教授于1989年应澳葡政府邀请所起草的《澳门公司法》草案；第二编是经济利益集团，此制度源自葡国的企业补充集团以及欧洲共同体施行的欧洲经济利益集团的制度；第三编是合作经营合同，其主要部分是由现行葡国第231/81号法令（1981年6月28日颁布）所移植过来的；第四编是隐名合伙合同，它仅是对1888年《商法典》第224～229条规定的账目合伙合同制度的一种调整和说明。[1]

第三卷（企业外部活动）主要规范各类商事合同，共十八编。第一编是各种商业债；第二编是寄售合同，这种合同对于零售贸易（特别是书商）非常重要，但以前法律并未作出规定；第三编是供应合同；第四编是行纪合同，主要是规范买卖行纪，但第615条规定可扩充至其他种类的行纪，如同《德国商法典》第406条；第五编是承揽运送合同；第六编是代办商合同，此制度与1986年7月3日由葡国第178/86号法令（后由4月13日第118/93号法令修改）设定的制度相同；第七编是商业特许合同，立法者设定此制度，希望藉此制度使所有参与有关行为的人得到有明确的法律指引，但这丝毫不影响按照行为自治原则作出变

---

[1] 刘耀强．浅谈澳门《商法典》的沿革及困惑［EB/OL］．［2010-12-07］．http：//www.dsrjdi.ccrj.gov.mo/cn/research _ content.asp? id=1&page=1.

更；第八编是特许经营合同，这种规定源自北美的比较法学说；第九编是居间合同；第十编是广告合同，此制度又分为一般规定，广告传播合同，广告创作合同及赞助合同；第十一编是运送合同，除一般规定外，该制度分为旅客运送及物品运送两类；第十二编是一般仓储寄托合同；第十三编是旅客住宿合同；第十四编是交互计算合同；第十五编是回购合同；第十六编是银行合同，包括银行寄存、保管箱租赁、银行信贷开立、银行预付、往来账户、银行贴现、保理合同及融资租赁合同；第十七编是担保合同，包括商业质权、信托让与担保、浮动担保、独立担保；第十八编是保险合同，此制度共分四章，第一章为一般规定，第二章是损害保险，包括火险，信用险及民事责任险，第三章是人身保险，可分为人寿保险，人身意外保险及疾病保险，第四章是集体保险。

第四卷（债权证券）分两编，包括一般债权证券及特别债权证券两编，前者又分为无记名式证券，指示式证券及记名式证券，后者则分为汇票，本票及支票，而有关制度是转载日内瓦的《统一汇票本票法》及《统一支票法》的附件一。

4. 从 1999 年《澳门商法典》颁布迄今

澳门《商法典》自公布之日起，就受到社会及商界人士的猛烈批评，纷纷要求特区政府予以修订或暂缓实施，特区政府于是在 2000 年 2 月 28 日成立一个由行政法务司负责协调，且由九名成员组成的跟进《商法典》适用情况关注委员会，以便收集或制作有关《商法典》及补足法例适用情况的数据及信息，且从澳门特别行政区的法制及经济体系的角度分析及讨论收集的数据及信息，并就该法典及补足法例的适用情况编制定期报告，尤以透彻了解此等法规是否迎合企业界的变化，如有不合适的情况，应建议采纳属立法性或组织运作性的有利措施。

经过约一个月的时间，委员会作出修改《商法典》的建议，而有关建议就成为现行的第 6/2000 号法律。在法律中，按照修订性质分类，主要有：为减少《商法典》造成商业活动中的不便，而将强制性规定改为选择性（任意性）规定的调整有第 23 条及第 103 条；因不合时宜，不符合澳门社会现实，删除或修改的条文有第 39 条第 1 款及第 4 款、第 41 条第 1 款及第 4 款、第 130 条、第 131 条、第 143 条、第 179 条、第 186 条、第 233 条第 4 款及第 5 款、第 235 条第 3 款及第 4 款、第 359 条第 2 款至第 4 款、第 366 条、第 367 条、第 383 条第 2 款、第 383 条第 2 款及第 3 款、第 386 条第 3 款至第 8 款、第 388 条、第 389 条增加一款。

2009 年澳门立法会通过了第 16/2009 号法律，对《澳门商法典》的第 10 条、

第 16 条、第 17 条、第 38 条、第 39 条、第 41 条、第 42 条、第 47 条、第 49 条、第 54 条、第 55 条、第 58 条、第 59 条、第 62 条、第 76 条、第 125 条、第 126 六条、第 127 条、第 179 条、第 183 条、第 192 条、第 201 条、第 209 条、第 210 条、第 214 条、第 217 条、第 218 条、第 222 条、第 228 条、第 230 条、第 231 条、第 232 条、第 233 条、第 234 条、第 239 条、第 241 条、第 244 条、第 252 条、第 328 条、第 341 条、第 355 条、第 360 条、第 363 条、第 379 条、第 390 条、第 392 条、第 430 条、第 431 条、第 454 条及第 467 条作出了修改，此即为现行的《澳门商法典》。

思考题

1. 商事关系与其他一般民事关系的区别是什么?
2. 如何理解商法的私法性和公法性?
3. 商法的基本原则主要内容有哪些?
4. 谈谈对情事变更原则的理解。
5. 简述澳门商事立法的四个阶段。

第二章 商事主体

导　读

商事主体，是指以自己的名义实施商行为并能够独立享有和承担民事权利义务的人。它是各种商业行为的承载者，是商法中的基本范畴，是整个商事法律制度得以存在的基础，其类型主要包括商法人、商个人和商合伙。商事主体首先具有民事主体的一般特性，同时它又区别于一般民事主体，例如营利性。

学习本章时，应重点理解和掌握商事主体产生背景和主要特征、商事主体的概念和分类，商业辅助人的涵义以及各类商事主体的特征，进而深刻理解我国内地和澳门两个法域现行法律对商事主体的相关规定。

第一节　商事主体概述

一、商事主体的概念和特征

（一）商事主体的概念

商事主体，又称为商人，是指以自己的名义实施商行为并能够独立享有和承担民事权利义务的人。[1]

这一定义包含了构成商事主体的三个要素：一是商事主体必须是能够独立享有和承担民事权利义务的人；二是商事主体必须是实施商行为的人；三是商事主体必须以自己的名义实施商行为。

第一个要素解决的是商事主体的人格问题；第二个要素解决的是商事主体与非商事主体的关系问题；第三个要素解决的是商事主体与商业辅助人的关系问题。

为了进一步深入地了解商事主体的意义，下面我们将对这些要素作为商事主体的基本特征和属性进行进一步分析。

（二）商事主体的特性

第一，商事主体是能够独立享有和承担民事权利义务的人。商事主体是商事法律关系中的重要构成因素，是民事权利义务的享有者和承担者。这意味着，商事主体必须是具有独立人格的人，是具有权利能力和行为能力的人。只有具有权利能力和行为能力，才能独立享有和承担民事权利和义务。这一点可以说是法律对于私法主体的普遍要求，是民事主体和商事主体所具有的共同特征。

第二，商事主体是实施商行为的人。商事主体必须是实施商行为的人，不实施商行为的人不属于商事主体。这是区分商事主体与非商事主体的根本标准。

首先，商事主体必须依法取得商人资格。商事主体是依法取得从事商事经营活动资格的人。如《澳门商法典》第 6～9 条就规定了成为商业企业主的限制情形。

---

[1] 在有单独的商法典的法律中，立法上均有对商人概念的界定。如《德国商法典》从主观主义出发，将商人定义为“从事商事营业的人”。《法国商法典》从客观主义出发，将商人定义为“以实施商行为作为其经常职业的人”。而《日本商法典》则采取所谓折中主义的方法，将商人定义为“以自己的名义，以实施商行为为职业的人”。本书所谓“商人”只是作为商事主体的简称而已，并没有赋予其法典意义上的商人概念。

其次，商事主体实施商行为具有营利性。商事主体实施商行为的目的在于获取利润。非商事主体的行为目的不在于营利。如民事主体所能实施的行为虽然具有广泛性，但却是非以营利为目的，不能成为商事主体。党政机关、军队以及其他社会团体的设立和存在，同样不具有营利性，因而不能成为商事主体。《澳门商法典》第 9 条规定，不以物质上之利益为目的之法人不得成为商业企业主。

最后，商事主体以实施商行为作为其经常性职业。《澳门商法典》第 2 条规定，商业企业是指以持续及营利交易为生产目的而从事经济活动之生产要素的组织。以实施商行为作为其经常性职业是商人的外观表现。这就是说，不是任何实施了商行为的人都是商人，只有以实施商行为作为其经常性职业的人才是商事主体。因而，偶尔实施商行为的人不能成为商事主体。现代商事主体基本上表现为某种形态的商事组织，如公司企业、合伙企业、个人独资企业。这些商事组织均有固定的生产经营场所，并以长期从事某种商业活动为职业。

第三，商事主体是以自己的名义实施商行为的人。商事主体不仅是实施商行为的人，而且必须是以自己的名义实施商行为，并在实质上享受民事权利和承担民事义务。由此可将商人与商业辅助人区分开来。

商业上那些经商事主体委任或者雇佣而实施商行为的人实际上是在不同程度上代理商事主体实施商行为或者为商人提供特定服务的商业辅助人。他们不是以自己的名义实施商行为，而是以他人，即商人的名义实施商行为。因而，他们所实施的商行为所产生的法律后果，即民事权利义务，并不归属于他们自己，而是归属于委任或者雇佣他们的商人。

二、商事主体与商业辅助人

（一）商事主体的分类

以商事主体的组织形态为依据，可以将商事主体区分为商法人、商合伙与商个人三种类型。

商法人，是指具有法人资格的商人，在内地其主要类型为公司、国有企业、集体企业等；而在澳门地区，因为其法人定义不一样，包括公司与合伙等合营组织。

商合伙，是指不具有法人资格的二人以上从事商行为的合伙组织如内地的合伙企业。而《澳门民法典》中将合伙规定为法人之一种商个人，是指由一人投资设立的商事组织，典型者如《中华人民共和国个人独资企业法》中的个人独资企业。

(二) 商业辅助人

所谓商业辅助人，又称为商业使用人，是指基于委任或者雇佣合同关系而从属于商事主体以辅助其营业的人。日常生活中，人们所谓的“商人”，往往就是针对这种商业辅助人而言的。商业辅助人主要包括经理人、职员和劳务人员。

第二节 商 法 人

一、商法人概述

(一) 商法人的概念

商法人是指依照商事法律设立的以营利为目的的具有法人资格的商事组织。在现代社会，商法人是一种最为重要和最为普遍的商事主体。

法人有公法人与私法人之分。以公共利益为目的而依照公法设立的法人为公法人，如国家机关等。

关于公法人是否得为商事主体，有的国家明文规定国家和地方政府得为商法人，如德国商法典；有的国家则明文规定国家不得为商事主体，如意大利早期商法典。日本商法典则对公法人经营商业设有专门规定，即关于其营业上之行为，除特别法律另有规定外，应适用商法的规定。我国法律上对公法人得否为商法人没有明文规定，但理论上通说认为，国家得为商事主体。

但应当特别说明的是，只有在特定情况下，公法人才可能成为商法人。如以国家名义发行国家债券或者以地方政府名义发行地方债券时，国家或者政府就是作为商法人身份出现的。

私法人是指以私人利益为目的依照私法设立的法人。私法人又可区分为依照商事法律而设立的私法人和依照民法设立的私法人。依照商事法律设立的私法人具有营利性，如公司，是为商法人；依照民法设立的私法人则不具有营利性，如非营利性社会团体组织，不是商法人。

关于法人的分类，有着久远拉丁（主要以法国和意大利为代表）血统，又急于体现欧共体最新立法成果的《澳门民法典》和《中华人民共和国民法通则》的规定有相当大的差异。

《澳门民法典》根据法人成立的基础及设立宗旨，将法人分为社团、财团和合营组织三种形式，其中，合营组织是商法人。根据《澳门民法典》的规定，社团系指以人为基础、且非以社员之经济利益为宗旨之法人；财团系指以财产为基础且以社会利益为宗旨之法人；合营组织则指以人为基础之法人，其成员有义务提供财产或劳务，以共同从事某种非以单纯收益为内容之经济活动，谋求达到分配从该活动所获得之利润之目标或积聚资金。其中，合营组织又可分为合伙和公司。凡以非经营商业企业为从事活动之目的，亦不表明采用某种公司模式之合营组织均属合伙；其余之合营组织则属公司。

《民法通则》根据法人活动的内容和目的将法人区分为企业法人与机关、事业单位和社会团体法人。这里的企业法人相当于营利性社团法人，是为商法人；而机关、事业单位和社会团体等非企业法人不能成为商法人。

（二）商法人的分类

1. 公司型商法人与非公司型商法人

根据商法人组织形态的不同，可以将商法人区分为公司型商法人与非公司型商法人。

公司型商法人，是指依照公司法或者商事特别法而设立的以营利为目的的社团性法人。依照公司法设立的公司为普通商业公司；依照特别法而设立的公司为特殊公司，如商业银行、保险公司等。

非公司型商法人，则是指依据特别法律设立的不采取公司形式的其他企业法人，如澳门的经济利益集团、隐名合伙和合营组织。又如内地的非公司型国有企业、集体企业等。

2. 本国商人与外国商人

依据商法人国籍的不同，可以将商法人区分为本国商法人和外国商法人。

根据本国法设立的企业是本国商人；依据外国法设立的企业是外国商人。外国商人通常在东道国设立有分支机构，分支机构的设立虽然需要得到东道国的许可，但却不具有独立的法人资格，其民事责任由外国商人承担。

二、公司企业

（一）公司概述

公司（corporation/company）是依法设立的营利性社团法人。在现代商法体系中，公司是最为典型的商事主体。由于本书后面章节中对公司有相当深入的研讨，因此，这里仅就公司法上的公司与特别法上的公司之区别加以讨论。关于公司的其他问题，参见本书后文。

1. 普通公司

普通公司，是指依照普通公司法设立的从事普通商事业务的公司。这一定义包含了构成普通公司的两个要素：

一是依据普通公司法而设立的公司。普通公司法是对公司这种企业组织形式的一些基本问题进行规定的法律，结构上包括公司组织法和公司行为法两个部分。公司组织法部分主要涉及公司的设立、变更、消灭以及公司治理结构等问题。公司行为法非指一般意义上的行为而言，而是指与公司组织有着密切关系的一些交易。何谓有密切关系？如为设立公司而融资所涉及的证券的发行与转让，基于公司合并、分立、减资等而涉及的股份回购以及公司为了调整公司资本结构而发生的购并交易等。

二是从事普通的商事业务。何谓普通的商事业务？普通的商事业务的范围极其广泛，它涉及普通工商业务，如商品的制造、批发、零售，或者从事普通的服务行业，实际上，它包括了全部第一产业和第二产业以及部分第三产业。

2. 特殊公司

特殊公司，是指依据商事特别法而设立的从事特别业务的公司。这一概念同样包含了构成特殊公司的两个要素：

一是依据商事特别法而设立。如根据澳门金融体系法律制度成立的金融机构和信用机构，根据我国商业银行法设立的商业银行，根据保险法设立的保险公司，根据证券法设立的证券公司，根据证券投资基金法设立的基金管理公司等。

二是从事特别的业务。唯因为特殊公司从事的是特别业务，所以，才需要通过特别法的形式对这类公司专门规定。

（二）普通公司与特殊公司的共同性

无论是普通公司还是特殊公司，均为公司形式（但有的特殊公司可能并不以“公司”名之，如商业银行、投资银行、招商局等），自然在许多基本点上是相同的。以我国法律为依据，这些相同点主要表现在：

第一，公司形式。无论是普通公司还是特殊公司，都可以并且仅限于采用法律所规定的公司形式（澳门地区为五种，内地为两种）。这是公司形式法定主义的体现。

第二，公司地位。无论是普通公司还是特殊公司，均为独立的法人，并对公司企业财产享有所有权。这是公司独立性和自治性的体现。

第三，出资形式和出资方式。无论是普通公司还是特殊公司，法律对其出资形式和出资方式的要求基本上是相同的。这里仅仅指的是形式和方式而言，至于具体的法定最低出资数额的要求则可能并不相同。

第四，股权形式。无论是普通公司还是特殊公司，其有限责任公司的资本称为出资；其股份有限公司的资本称为股份。

第五，股份转让。无论是普通公司还是特殊性质的公司，其股权转让规则是相同的。譬如，像银行这种金融机构如果是股份有限公司，只要符合上市条件，其股份当然可以上市交易，股份在证券市场上流转的规则与一般的股份公司并无差别。

第六，公司治理机构。无论是普通公司还是特殊公司，均需要依照普通公司法或者特别法的规定，建立健全的公司管理机构。往往特别法只针对特别要求作出规定，而一般要求则仍然需要符合普通公司法的规定。

第七，合并与分立。无论是普通公司还是特殊公司，其合并与分立的基本法律方式相同。

第八，解散与清算。无论是普通公司还是特殊公司，其解散与清算的基本方式是相同的。

（三）普通公司与特殊公司的差别性

普通公司与特殊公司具有如下区别：

第一，设立公司所依据的法律不同。普通公司是依照公司法设立的。特殊公司则是根据特别商事法律设立的。但在设立特殊公司时，同时还需要符合普通商事公司法的规定。

第二，法律适用不同。普通公司适用公司法的规定即可。特殊公司首先应当适用特别法，特别法没有规定的，适用普通商事公司法的规定。

第三，设立目的不同。普通公司是为从事普通商事业务而设立。特殊公司则是为了特别目的。

第四，设立要求不同。由于法律的自由化和现代化，一些发达国家的法律对于普通商事公司设立的管制越来越放松。其基本法律政策是政府采取不干预态度。如在公司的设立审核方面，放弃核准主义改而采用准则主义，最大限度的简化设立程序；在公司设立融资方面，放弃法定资本制改而采用授权资本制。

对于特殊公司，唯因为其从事业务的特殊性，尤其是这类公司主要从事的是金融业务，所以，世界各国毫无例外地对这类公司的法律管制都比较严格。当然，各国法律管制的程度又有所不同。譬如，在我国，金融机构的设立均需要取得主管机构或者部门的批准。

第五，在公司行为方面，虽然我国法律仍然坚持对普通商事企业的经营范围的限制，但从发达国家的法律来看，已经放松了对公司经营范围的管制，允许商事企业从事任何合法营业，并扩大公司的权力范围。

对于特殊公司，其业务经营范围则需要得到主管机关的许可或者受到一定限制。此外，我国法律原则上坚持金融业务实行分业经营管理模式。即是说，在业务经营上，不允许银行业、保险业、证券业、信托业混业经营。在企业管理上，也是分别设立机构进行管理。同时，政府在监管上也是分开的，如设立银监会负责对商业银行以及其他非银行储蓄、信贷等金融机构的监管，证监会负责监管证券业，保监会负责监管保险业。目前信托业仍然由银监会负责监管。但国外现在对混业经营的限制也在放松，我国也有松动的迹象。而澳门地区的金融产业主要由银行和保险两大行业组成，其金融机构包括银行、离岸银行、保险公司、财务公司、邮政储金局等。金融监管机构是澳门金融管理局。其前身为 1989 年 6 月 12 日成立的澳门货币暨汇兑监理署（AMCM），主要职能是负责统筹和监管货币金融事务。

第六，在公司治理方面，普通公司享有高度的自治权利，而且法律对企业的经营管理人员和从业人员的业务水平和从业经验没有特别限制。

对于特殊公司，企业受到监管机构的监管，而且法律对金融机构的经营管理人员以及从业人员具有较高要求，如要求具有相应的业务水平和从业经验等。

第七，对于普通公司，法律除了要求公司依法提取公积金之外，并无其他风险防范的特别措施。法律对特殊公司的风险防范则具有较高要求，除了必须依法提取公积金外，还要求各种金融机构均必须依照法律规定提取各种风险防范基金。

第八，对于普通公司的破产，只要出现了破产原因，利害关系人即可直接向法院申请破产。对于特殊公司，依据我国法律，其破产申请必须得到主管机关的同意。因为，金融机构的破产不仅会影响到债权人利益，而且会对整个社会经济造成影响。通常，主管机关会采取一些前置性防范和缓解措施，如由主管机关先行接管或者整顿。

三、经济利益集团

（一）经济利益集团概述

《澳门商法典》第二卷第二编将“经济利益集团”作为一类法人商主体进行了规定。所谓经济利益集团（Economic Interest Grouping，EIG）又称为“经济利益联合组织”，指一种自然人与法人混合组成的新型法人组织。这一概念起源于法国 1967 年的 821 号法令[1]，是一种比较灵活的合法组织，它允许企业和提供服务的专职人员联合进行经济活动，有实现其权利能力所必须的机关，但是其成员却可以保留各自独立的身份，并对集团的债务承担连带责任[2]，经济利益集团不一定以营利或分享利润为目的。这一新型的商事组织在欧洲较为盛行，1985 年 7 月 25 日，欧洲理事会正式通过了《欧洲经济共同体关于欧洲经济利益集团（EEIG）的 85 年第 2137 号规定》（以下简称《EEIG 规定》），是经济利益集团在欧共体进行经营活动的主要法律依据。《澳门商法典》在制定时吸取了欧共体的最新立法成果。

根据《澳门商法典》第 489 条的规定，经济利益集团是指两个或两个以上商业企业主在不影响其法人资格之情况下组成的一个经济利益组织，其目的是促进或发展彼等之经济活动，或改善或扩展彼等之经济活动之成果。

（二）经济利益集团的特征

经济利益集团具有以下特征：

第一，不以获得及分享盈余为主要目的。《EEIG 规定》第 3 条第 1 款就明文规定，EEIG 不应为其自身谋利益，而应该对其成员具有较好的附属辅助作用。《澳门商法典》第 491 条规定，经济利益集团仅于设立合同明示许可时，才得以获取及分享盈余为附属目的。经济利益集团如从事合同未许可之直接营利附属活动或主要从事获许可为附属活动之直接营利活动，则受规范无限公司之规则约束。

第二，经济利益集团的活动对于其成员起补充作用。经济利益集团所开展之活动，应与其成员之经济活动相关联，且仅限于对成员之经济活动作出补充。但是，经济利益集团不得直接或间接对其成员之本身活动，尤其在人员、财务及投资方面行使领导权及控制权；也不得直接或间接以任何名义持有任一成员之任何形式之出资或股份；不得成为另一经济利益集团之成员或担任任何公司、社团或经济利益集团之机关职务（见《EEIG 规定》第 3 条、第 32 条；《澳门商法典》第 490 条）。

第三，经济利益集团是独立的法人，澳门的经济利益集团在商业登记局作登记后，即取得法人资格，该法人资格维持至清算时止（《澳门商法典》第 495 条）。

---

[1] 葛夕良．欧洲经济利益集团的税收方面 [J]．扬州大学税务学院学报，1999（3）.

[2] 蒋恩慈，侯放．澳门商法典概论 [M]．澳门：澳门基金会，2000（1）：88.

第四，经济利益集团成立时可以没有其本身的资本，而且，不论经济利益集团是否有本身资本，成员均不得以可流通之证券作为对集团之出资（《澳门商法典》第492条）。

（三）经济利益集团的设立

经济利益集团是由两个以上的商事主体组合而成，为了明确其各自的权利义务，经济利益集团的设立必须订立书面合同。除了因成员用以对集团出资之财产之性质而必须采用其他方式的外，该合同以私文书为之即可。在集团合同中必须载明的事项有：（1）商业名称；（2）集团住所；（3）所营事业；（4）集团每一成员的名称或商业名称、法律上的类型、住所或公司住所、登记编号；（5）如果有，集团的存续期；集团成员对集团负担的分担及对集团资本的出资（如果有的话）。

经济利益集团合同及其修改，必须用书面的方式并按法律对公司的设立的要求作出公布（《澳门商法典》第493/494条）。

（四）经济利益集团的机关

作为一种法人，经济利益集团应该有其自身的机关。经济利益集团的法定机关为成员大会和行政管理机关。经济利益集团可以在合同中规定设立其他机关，但是必须在合同中为其设定有关权力。经济利益集团成员大会中，每一成员具有一票，集团合同可以规定某些成员一人数票，但是前提是任何成员不得持有多数票（《澳门商法典》第498条）。

下列决议须获经济利益集团成员一致同意方可通过：（1）更改集团所营事业。（2）更改赋予每一成员的票数。（3）更改作出决议的条件。（4）延长集团存续期。（5）更改每一成员或若干成员在集团融资中的份额。（6）更改每一成员的其他义务。

对于法律没有规定必须一致通过的决议，集团合同可以规定作出所有决议或某些决议时所需的法定人数及多数的规定；如果合同中没有规定，决议必须由多数通过（《澳门商法典》第501条）。

经济利益集团的行政管理由集团合同或集团成员的决议所指定的一名或多名自然人执行。法律规定不得成为公司行政管理机关成员或不得经营商业企业的人，不得成为集团行政管理机关的成员。作为集团成员的法人，可以成为行政管理机关成员，但是应该指定一名自然人为其代表，该法人须对被其指定为代表的人的行为承担连带责任。成员大会有权任免非经合同指定的行政管理机关成员，并订定他们的应得的报酬（如果有的话）。非集团成员的行政管理机关成员，即使透过合同委任，也可以由成员的多数决议随时解任。行政管理机关必须每年提交账目。对外时仅可由行政管理机关成员代表集团；如果有多名行政管理机关成员，则各行政管理机关成员均可代表。集团须就各行政管理机关成员以集团名义作出的行为对第三人负责，即使其行为不属该集团所营事业亦从此规定。但集团证明第三人明知该行为超出集团所营事业的范围，或按情况不可能不知道的除外。集团合同或成员的决议对行政管理机关成员的权力作出的任何限制，即使已经公布了，也不得对抗第三人（《澳门商法典》第499/500条）。

若合同对集团事务管理的监察没有规定的，成员大会可以指定一人或多人负责监察管理及就账目作出意见书，其任期最长3年，并可续期（《澳门商法典》第502条）。

（五）经济利益集团成员的权利和义务

在经济利益集团内部，各成员之间的地位是平等的。如果集团的附属活动产生了盈利，则视为成员的盈利，并按照集团合同规定的比例进行分派；如果合同没有规定，则平均分派。如果集团收入不足以支付开支，集团成员按集团合同所定的比例支付不足的数额；如果合同没有规定，则平均支付（《澳门商法典》第505条）。

经济利益集团与一般的法人相比，具有较强的人合性。任何集团成员均可以将其对集团的出资或部分出资让与另一成员或第三人，但是必须获得其他成员的一致同意。集团成员仅于获得其他成员的一致许可后，才可以其出资设定担保，担保的权利人在任何时候均不得因该担保而成为集团成员。各成员均有权向行政管理机关成员取得关于集团业务的资讯，并查阅商业记账簿册及业务文件。集团成员对集团任何性质的债务负无限连带责任。集团清算完成前，债权人仅在集团未于适当期间内清偿时，才可以要求成员清偿上述债务（《澳门商法典》第506/507/509条）。

（六）成员的退出、除名和死亡

经济利益集团的成员可以按照合同的规定退出，如果合同没有规定的话，就必须获得其他成员的一致赞同才可退出。如果有合理理由，任何集团成员均可随时退出。除此之外，任何成员如果反对变更集团合同或加入集团逾10年且已履行其所承担的义务，也可以退出。成员的退出在以附收件回执的挂号信通知行政管理机关20日后产生效力（《澳门商法典》第510条）。

经济利益集团的成员除因合同所定理由外，可在下列情况下被除名：(1) 严重违反其义务或对集团运作造成威胁或造成严重干扰。(2) 不再从事集团能起补充作用的经济活动。(3) 被宣告破产。(4) 行政管理机关以挂号信通知成员在不少于 30 日的指定期限内偿付其应支付的集团开支后迟延缴付。

此外，必须由法院在其他多数成员提起的诉讼中作出裁判，才可以将成员除名，但是集团合同另有规定的除外（《澳门商法典》第 511 条）。

集团成员死亡或消灭后，任何人均不得取得其成员地位，但集团合同另有规定的情况除外；如果合同没有规定，则必须其他成员一致同意方可取得其地位（《澳门商法典》第 512 条）。

任何脱离集团的成员仍需对终止其成员资格前的集团活动所生的债务负责。集团成员按集团合同的规定或成员一致同意的决议脱离集团后，集团以余下成员继续存在，但集团合同另有规定的除外（《澳门商法典》第 514/515 条）。

(七) 经济利益集团的解散和清算

除了法律规定的情况外，经济利益集团还可以在下列情况下解散：(1) 如果合同无另行规定，成员一致同意的决议。(2) 存续期届满。(3) 所营事业已经实现，或嗣后不可能实现。(4) 发生合同规定的任何解散原因。(5) 集团所营事业违反法律。(6) 破产。

若经济利益集团的解散是因为上述第 (2)(3) 或 (4) 种情形，则成员必须作出确认解散的决议；发生上述任一情况 3 个月后，若成员仍未作出确认解散的决议，则任何成员均得向法院请求宣告解散。

如果只剩下一名成员，集团也可由该成员的决定解散（《澳门商法典》第 516 条）。

若集团违反关于经济利益集团法的规定，法院须应任何利害关系人或检察院的请求，宣告将集团解散。法院也得于下列情况下宣告集团解散：(1) 任一成员以合理理由提出请求。(2) 集团违反规范竞业的法律规定，或坚持从事直接营利活动并以此作为主要目的。(3) 应已为集团到期的迟延债务作出偿还的成员的请求（《澳门商法典》第 517 条）。

经济利益集团解散后必须按照关于公司的规定进行清算。集团清算后的结余，必须按照集团合同所规定的比例由成员分配，如合同没有规定，则按照成员在组成集团资本时的出资比例进行分配（《澳门商法典》第 519 条）。

对经济利益集团活动所生的债务对成员追究责任的诉讼时效期间为 5 年，自该成员脱离集团时起算。如集团清算，自完成清算时起算，规范无限公司的规定，适用于经济利益集团（《澳门商法典》第 520 条）。

第三节　商　合　伙

一、商合伙的概念和特征

商合伙（business partnership），一般来说，是指二个以上的人基于合伙协议的安排而共同投资、共同经营、共享收益、共担风险的商事组织。澳门地区与内地法律关于合伙的地位的规定迥异，澳门采取了与世界上绝大多数国家法律不同的做法，承认合伙为法人。但是由于澳门商法中仍保有无限公司、两合公司与股份两合公司的规定，故其商法人仅限于隐名合伙。如无特别指明，本节的内容以大陆法系通说为依据。商事合伙的特点如下：

（一）合伙是一种法人组织

按照大陆法系一般国家的法律通说，合伙不具有法人资格。合伙的人格仍然以其合伙人的人格为其人格，但是根据《澳门民法典》第184条的规定，澳门的合伙是一种法人，具有独立的法人资格。对其类推适用关于无限公司的制度。就外部关系而言，合伙人须对合伙债务承担无限责任；又因为合伙为二人以上设立的组织，因而合伙人之间还需要承担连带责任。在合伙内部，合伙债务由合伙人按照出资比例或者协议的约定以各自的财产承担清偿责任。这样，合伙人对合伙债务承担连带责任后，偿还合伙债务超过自己应当承担数额的合伙人，有权向其他合伙人追偿。

（二）合伙是一种独立的商事主体

由于传统理论认为，商事主体仅包括自然人与法人两种类型，因而，将合伙视为商个人或者商自然人。合伙虽然不具有法人资格，但又明显的不同于自然人或者个人。

第一，合伙中的合伙人并不一定都是自然人或者个人。法人也可以成为合伙人，如《民法通则》中就有合伙型联营的规定，这里的联营各方都是法人组织。如此看来，如果将合伙归入自然人或者个人之列，则存在着逻辑上的矛盾。

第二，合伙具有自己的权力机关。合伙的权力机关就是全体合伙人，合伙事务的决定均须经过合伙人同意。合伙人在对合伙事务进行决策时须遵守一定的规则和程序，如采取“一人一票”的表决方式。

第三，合伙可以具有自己的事务执行机关。虽然各合伙人对合伙事务的执行享有同等的权利，但也可以委任专门的合伙事务执行人。这种合伙事务执行人对内执行业务，对外代表合伙企业。

第四，合伙财产具有一定程度的独立性。虽然合伙财产在终极意义上属于合伙人所有，但在合伙存续期间，合伙人的出资以及基于经营合伙事业的收益形成具有一定独立性的合伙财产，这种合伙财产由合伙人共同管理和使用，在合伙企业进行清算之前，合伙人不得请求分割。

第五，合伙可以有自己的字号或者名称，并可以自己的名义对外发生交易，如签订合同。

（三）合伙是一种共同经营商业的实体

合伙不同于公司。公司的经营方式基本上采取的是一种委托——代理经营制，即投资人负责出资，并委托专门的经营管理机构进行经营管理。所有权与经营权是分离的。

合伙也不同于个人独资企业。个人独资企业基本上是投资者自己负责经营管理，其所有权与经营权完全结合在一起。

而合伙则是由合伙人共同投资、共同经营、共享收益并共担风险。其方式就是通过合伙协议来进行安排。这种协议安排较之于公司具有灵活性，较之于个人独资企业又具有合作性。

二、合伙的种类

在现行法制体系下，主要存在着普通合伙、隐名合伙和有限合伙三种合伙形式，普通合伙是最通常形式的合伙。《民法通则》规定的个人合伙是普通合伙。《合伙企业法》规定的合伙企业包括普通合伙和有限合伙。其中，普通合伙又规定了特殊责任的普通合伙。

（一）普通合伙

普通合伙（general partnership），是指全体合伙人全部出名并且由全体合伙人承担无限连带责任的合伙。通常所谓合伙即指普通合伙而言。普通合伙的特征有两个：一是全体合伙人全部出名；二是全体合伙人共同承担无限连带责任。

所谓合伙人出名，是指将全体合伙人及其合伙关系对社会予以公示。所以，普通合伙又是一种显名合伙。

所谓无限连带责任，是指在合伙财产不足以清偿全部债务时，合伙人须以自己财产承担无限责任，而且合伙人之间对合伙债务承担连带责任，所以，普通合伙又是一种无限合伙。

至于合伙人是否必须参加全部合伙事务，一般并不为法律所强行要求。《民法通则》要求个人合伙必须由全体合伙人合伙经营、共同劳动。这种合伙又被称为全业式合伙。而内地《合伙企业法》虽然也将合伙定义为“共同经营”，但是却允许合伙人委任合伙事务执行人，这种合伙是一种非全业式合伙。

（二）隐名合伙

隐名合伙（silent partnership），是指在合伙关系中，一部分合伙人仅仅作为匿名合伙人存在，匿名合伙人不出名参与合伙事务，而另一部分合伙人则作为显名合伙人存在，显名合伙人出名参与合伙事务。欧洲许多国家，如德国、法国的法律中都规定了隐名合伙。内地法律目前不承认隐名合伙，而《澳门商法典》在第二卷第四编规定了隐名合伙。隐名合伙的特征如下：

第一，隐名合伙中的隐名合伙人为不出名合伙人。所谓不出名，是指对隐名合伙人的姓名或者名称不予以公示，包括不进行登记注册。

第二，隐名合伙人的出资由合伙统一支配，实际上由出名合伙人支配。隐名合伙人丧失对包括其自己出资在内的合伙财产的支配权。

第三，隐名合伙人对外不得代表合伙与第三人发生关系。隐名合伙人既然为不出名合伙人，自然没有资格对外发生交易。只有出名合伙人才有资格对外代表合伙事业。

第四，隐名合伙人对内不得参与合伙事务的管理。合伙事业的内部管理由出名合伙人负责，但是出名合伙人承担对于隐名合伙人的受信义务，应依隐名合伙人的愿望保存隐名合伙的主要基础，保护隐名合伙人的利益（《澳门商法典》第556条）。

第五，一般而言，隐名合伙人对合伙债务只承担有限责任，即只在其出资的范围内承担责任，而出名合伙人对合伙债务承担无限或者无限连带责任，这体现了权利义务对等的观念。但是根据《澳门商法典》第553条之二，隐名合伙可以在合伙合同中特别约定隐名合伙人分担合伙企业亏损，也可以约定隐名合伙人承担无限责任，但须以书面证明。

第六，隐名合伙人享有分配合伙利润的权利，并在营业终止时享有请求营业人返还其出资或者剩余财产的权利，这一权利为《澳门商法典》第551条所确认。隐名合伙人只与合伙营业人发生关系，这实际上仅仅是一种内部关系。这种内部关系是通过隐名合伙合同来安排的。

第七，隐名合伙人享有知情权和监督检查合伙营业的权利（《澳门商法典》第557条）。

第八，隐名合伙人的退伙不影响合伙营业的继续存在。

（三）有限合伙

有限合伙（limited partnership），是指在合伙关系中，一部分合伙人承担无限责任，而另一部分合伙人则承担有限责任。许多国家承认有限合伙，如德国、法国、美国等。我国《合伙企业法》引进了有限合伙制度。

有限合伙具有其自身的优势。这种优势体现在，它将有限责任引入合伙制度，为合伙企业融集资金提供了方便。与普通合伙相比，有限合伙具有资本的优势（有限合伙人享有有限责任特权）；与公司相比较，有限合伙又具有信用的优势（普通合伙人对合伙债务承担无限或者无限连带责任）。所以说，有限合伙将资金与管理有机地结合起来了，尤其有利于高风险企业的融资。

具体而言，有限合伙具有如下特征：

第一，通常资金的提供者为有限合伙人，并对合伙债务只承担有限责任，即只在其出资范围内承担责任；而合伙企业的管理者则承担无限或者无限连带责任。

第二，有限合伙人一般不参与合伙企业的管理。但是，这也不是绝对的。如美国《统一有限责任合伙法》（*Uniform Limited Partnership Act/ULPA*）规定，有限合伙人可以享有对合伙事务的表决权，但是，有限合伙人不得控制合伙企业。如果有限合伙人控制了合伙企业，则有可能丧失其享有的有限责任特权，而与普通合伙人一样承担无限连带责任。

第三，由于有限合伙人在一定程度上可以参与合伙事务的经营管理，所以，其对合伙财产，包括其出资在内也相应地享有一定的支配权。

第四，有限合伙人对外不得代表合伙与第三人发生交易。

第五，有限合伙人享有知情权和对合伙营业的监督检查的权利。

第六，有限合伙人负有出资的义务。有限合伙人作为资金的提供者负责对合伙企业提供资金，一般合伙人负责对合伙事务的经营管理。

第七，有限合伙人享有合伙利润分配请求权以及在合伙终止时享有出资返还请求权或者剩余财产分配请求权。

第八，有限合伙人退伙后，合伙可以继续存在。

第四节 商 个 人

一、商个人概述

商个人是指以营利为目的从事商业活动的自然人。自然人要成为商人必须符合两个条件：

从实质意义上说，自然人要成为商人须具有权利能力和行为能力。自然人具有权利能力和行为能力的，可以从事商业活动。无行为能力或者限制行为能力人虽然也可以从事商业活动，但是应当由其法定代理人代理。

从形式意义上说，自然人要成为商人原则上须依法经核准登记。自然人从事商业活动，法律规定必须进行登记注册的，应当依法登记注册。一般来说，自然人从事工商事业的，应当依法进行登记注册，如澳门地区的个人企业主，内地的个体工商户、个人独资企业。但是，从事非工商事业的，则可能不必进行登记注册，如内地农村承包经营户。

二、个人企业主

个人企业主，又称自然人商业企业主，是澳门商法中的独资商人。是指一人出资，以自己名义自行或者透过第三者经营的商业企业。

与公司、合伙等法人企业主相比，个人企业主设立相当简便、快捷。凡具民事行为能力的自然人或其代理人均可在其开业前或者开业后 30 天内向财政局申请登记，个人企业主没有注册资本的限制，并且其登记立等可取。在登记时，个人企业主须在商业名称上加注“个人企业主”，而以葡文书写时，加上“Empresario Individual”或词首字母“E. I.”，以使得交易相对人明确知悉其为商个人。

个人企业主的责任承担方式为无限责任，使得个人企业主相较于法人企业主具有更强的人身属性，往往更适用于商业起步阶段。

三、个人独资企业

（一）个人独资企业概念与特征

个人独资企业，又称为个人企业（sole trading concerns or individual proprietorship)，是指个人单独出资所经营的企业，或者说，它是由一个人单独拥有和控制的非法人企业。[1]个人独资企业的特征如下：

第一，个人独资企业的非法人性质。个人独资企业不仅具有成员的单一性，而

[1] 个人独资企业是一种古老的企业形态，同时又是一种新的企业形态。说它古老，是从它存在的历史意义而言的，可以说，最早的企业形态就是个人独资企业了；说它又是一种新形式，是从它在我国的产生和发展而言的。在我国，直至 1988 年个人独资企业才有了正式的法律上的名分，即 1988 年的《私营企业暂行条例》（国务院令［1998］第 4 号）。把它作为与合伙企业、有限责任公司并列的一种企业形式作出了规定。此后，1999 年 8 月 30 日全国人大又通过了《中华人民共和国个人独资企业法》（以下简称《个人独资企业法》），并于 2000 年 1 月 1 日起施行。

且其成员具有自然属性。即是说，这里所说的个人独资企业仅指由单一自然人出资设立的企业，因而，个人独资企业属于商个人。在这一点上，个人独资企业又与具有法人性质的独资企业（如国有独资公司、国有独资企业、集体独资企业以及具有法人资格的外商独资企业等）有所不同。这类独资企业属于商法人范畴。

第二，个人独资企业是由一人出资组织的企业。个人独资企业由一人出资组织设立，个人独资企业成员的单一性构成了它和其他商业组织的重要区别之一。它不同于合伙企业和公司企业。合伙企业须二人以上成员组成，公司在本质上就是由多数成员构成的团体组织（但我国公司法也承认“一人公司”。同时，我国公司法上还存在着“国有独资公司”）。即使如此，个人独资企业 与“一人公司”和“国有独资公司”也是不同的。“一人公司”和“国有独资公司”是公司，具有独立人格，其股东仍然享受有限责任特权，而个人独资企业则是非法人企业，其业主对企业债务承担无限责任。

第三，个人独资企业是一种自己所有的企业。个人独资企业不具有独立的法人人格，即是说，个人独资企业本身没有独立的法律地位。个人独资企业的单一性、自然性决定了它只能以其营业主人的人格为其人格，其营业上的一切活动均以个人独资企业的业主的个人人格或身份来进行，而不是以个人独资企业本身的人格或身份来进行的。个人独资企业的无人格性与合伙企业相同，而与公司等法人企业相异。由此决定了个人独资企业本身没有自己所有的财产，个人独资企业所使用的财产完全由其业主一人所有和一人控制的。但这并不妨碍个人独资企业设置单独的商业账簿，这种商业账簿的用途是便于其业主了解企业的经营状况和财务状况。

第四，个人独资企业是一种自己控制的企业。个人独资企业的业主享有决定企业一切事项的权利。在经营上由业主自己管理业务。当然，在事务处理上，业主也可能聘任管理人员，但这种经营管理人员的权限来源于业主的委托和授权。

第五，个人独资企业是一种自己承担责任的企业。个人独资企业由投资者个人单独拥有和控制，同时，亦由其个人单独承担营业上的一切后果。即是说，不管其营业是否盈利，概由营业主人自己负责。此所谓个人独资企业业主的自己责任，实际上是由营业主人承担无限责任。

（二）个人独资企业的设立[1]

1. 设立条件

设立个人独资企业应当具备下列条件：（1）投资人为一个自然人。（2）有合

---

[1] 以下除非特别说明，所述内容皆以《个人独资企业法》的规定为依据。为了阅读方便，一般情况下均不标示具体条文。

法的企业名称。(3) 有投资人申报的出资。(4) 有固定的生产经营场所和必要的生产经营条件。(5) 有必要的从业人员。

2. 设立程序

(1) 申请。申请设立个人独资企业，应当由投资人或者其委托的代理人向个人独资企业所在地的登记机关提出申请。

(2) 审批。个人独资企业不得从事法律、行政法规禁止经营的业务；从事法律、行政法规规定须报经有关部门审批的业务，应当在申请设立登记时提交有关部门的批准文件。

(3) 登记注册。登记机关应当在收到设立申请文件之日起 15 日内，对符合本法规定条件的，予以登记，发给营业执照；对不符合本法规定条件的，不予登记，并应当给予书面答复，说明理由。

(4) 个人独资企业的成立。个人独资企业的营业执照的签发日期，为个人独资企业成立日期。在领取个人独资企业营业执照前，投资人不得以个人独资企业名义从事经营活动。

(5) 分支机构。个人独资企业设立分支机构，应当由投资人或者其委托的代理人向分支机构所在地的登记机关申请登记，领取营业执照。分支机构经核准登记后，应将登记情况报该分支机构隶属的个人独资企业的登记机关备案。分支机构的民事责任由设立该分支机构的个人独资企业承担。

(6) 个人独资企业存续期间登记事项发生变更的，应当在作出变更决定之日起的 15 日内依法向登记机关申请办理变更登记。

(三) 个人独资企业的事务管理

个人独资企业投资人可以自行管理企业事务，也可以委托或者聘用他人负责企业的事务管理。投资人委托或者聘用他人管理个人个人独资企业事务，应当与受托人或者被聘用的人签订书面合同，明确委托的具体内容和授予的权利范围。受托人或者被聘用的人员应当按照与投资人签订的合同负责个人独资企业的事务管理。投资人对受托人或者被聘用的人员职权的限制，不得对抗善意第三人。

(四) 个人独资企业的解散和清算

1. 个人独资企业的解散原因

个人独资企业有下列情形之一时，应当解散：(1) 投资人决定解散。(2) 投资人死亡或者被宣告死亡，无继承人或者继承人决定放弃继承。(3) 被依法吊销营业执照。(4) 法律、行政法规规定的其他情形。

2. 个人独资企业的清算

个人独资企业解散，由投资人自行清算或者由债权人申请人民法院指定清算人进行清算。投资人自行清算的，应当在清算前15日内书面通知债权人，无法通知的，应当予以公告。债权人应当在接到通知之日起30日内，未接到通知的应当在公告之日起60日内，向投资人申报其债权。

3. 清偿顺序

个人独资企业解散的，财产应当按照下列顺序清偿：(1) 所欠职工工资和社会保险费用。(2) 所欠税款。(3) 其他债务。

4. 注销登记

个人独资企业清算结束后，投资人或者人民法院指定的清算人应当编制清算报告，并于15日内到登记机关办理注销登记。

（五）个人独资企业的债务承担

1. 无限责任

个人独资企业的债务由其投资人承担无限责任。具体而言，个人独资企业对其债务，应先以其全部企业财产进行清偿。个人独资企业财产不足以清偿债务的，投资人应当以其个人的其他财产予以清偿。

2. 债务消灭时效

个人独资企业解散后，原投资人对个人个人独资企业存续期间的债务仍应承担偿还责任，但债权人在5年内未向债务人提出偿债请求的，该责任消灭。

思考题

1. 简述商事主体的概念和范围。
2. 简述商个人的涵义和特征。
3. 普通合伙和隐名合伙有何区别？
4. 商事辅助人的含义和主要内容。
5. 谈谈对经济利益集团的理解。

第三章　商事行为

导　读

商事行为是指商事主体基于一定的意思表示旨在发生所预期的法律效果的法律行为。商事行为，是商法上与商事主体并列的核心制度，同时也是商法的基本范畴。商法规则除了少部分外，都是对商事主体和商事行为的规范。无论是商事立法还是商法理论都是把商事行为作为一项核心制度予以规制和研究。本章详细介绍商事合同、证券交易、期货交易、投资基金等具体商事行为。

学习本章，应重点理解和掌握商事行为的特征、结合内地和澳门现有的法律对各种具体商事行为进行学习。

第一节　商事行为概述

一、商事行为的概念和特征

商事行为，亦称商行为，是指商事主体基于一定的意思表示旨在发生所预期的法律效果的法律行为，它是使商事法律关系得以产生、变更、终止的一种法律行为。这一定义表达了法律行为的一般属性，说明了商事行为隶属于一般法律行为的概念，具有一般法律行为的共性。

但是，商事行为除了具备法律行为的一般属性外，它还具有其自身的特性。商事行为的这种特性可概括为：商事行为是商事主体为实现其商业目的而进行的以营利为目的的商事营业行为。

第一，商事行为的实施必须是以营利为目的。所谓以营利为目的，是指行为人的目的在于通过其营业行为而获取私利，而非为了公益事业。商事行为目的的营利性是区分商业行为和非商业行为的本质特征。

第二，商事行为的表现形式是营业。所谓营业，是指商人以营利为目的而反复不间断地实施某种商业活动的行为。由此可见，构成一项营业必须具备两个要素：一是以营利为目的。二是行为的连续性，偶尔所为的行为，尽管其目的也可能在于营利，但仍然不属于商事行为。

第三，商事行为须体现为特定形态的商业活动。这里所谓“商业”，其范围极其广泛，现代社会可以说“无业不商”。大致来说，商业的范围主要涉及如下行业：制造业、加工业、建筑业、运输业、水电煤气业、买卖业、出租业、仓库业、承揽业、打捞业、出版业、印刷业、广告业、传媒业、娱乐业、饮食业、行纪业、居间业、代办业、典当业、服务业、担保业、银行业、证券业、期货业、信托业、投资基金业、保险业、国际贸易、海上贸易以及农业、林业、牧业、渔业、矿业等。

《澳门商法典》第 3 条规定：“一、商行为系指：a）法律视乎商业企业之需要而特别规范之行为，尤其本法典所规范之行为以及类似行为；b）因经营商业企业而作出之行为。二、商业企业主所作之行为，视为因经营企业而作出之行为，但该等行为及作出行为之情况显示出有关行为并非因经营企业而作出者除外。”

二、商事行为的分类

与商业的范围一样，商事行为的种类同样极其广泛，现代商事行为的概念几乎覆盖了一切以营利为目的的营业行为。这里仅仅以商事行为发展的大致顺序以及以买卖商行为作为参照依据将商事行为归纳为如下几类：❶

（一）买卖商行为

买卖商行为，是指直接沟通生产经营者与消费者之间的购销关系的商事经营活动，即通常所说的“固有商行为”或者“买卖商行为”，如货物买卖等，属于第一种商行为。

（二）辅助商行为

辅助商行为，是指沟通商品交换的媒介行为，如仓储保管、运送、居间、行纪、代办、代理等中介、中转行为，属于第二种商行为。

（三）生产制造加工商行为

生产制造加工商行为，是指与商品买卖有着密切联系并为之提供交易物的商品的生产、制造、加工、印刷等商业行为，属于第三种商行为。

（四）服务性商行为

服务性商行为，是指为商品交易提供服务的经营性活动，如旅馆、旅游、饮食、娱乐以及信息广告等营业行为，属于第四种商行为。

（五）金融性商行为

金融性商行为，是指为了融通资金并提供交易安全保障而进行的商事交易行为，如信贷与担保、信托、保险、证券交易、期货交易等行为，属于第五种商行

---

❶ 在有商法典的国家的法律中，其对商行为进行了不同的分类：譬如，以行为人双方是否都是实施商行为，将商行为区分为单方商行为和双方商行为。前者是指仅有一方当事人实施商行为，另一方不实施商行为。

以商行为的性质的不同而将商行为区分为绝对商行为和相对商行为，前者是指该种客观行为为商法所直接规定的商行为，无论是商人或者非商人，只要实施了法律所规定的这种行为，均属于商行为。如买卖、证券交易以及票据交易；后者则是指只有该种行为是“作为营业而实施时”，才能构成商行为。如租赁、制造和加工、供用电或者煤气、运输、作业或者劳务的承揽、出版或者印刷或者摄影等。法国则细分为营业商行为（凭借其本质而被视为商行为）、绝对商行为（因行为的表现形式或涉及的组织而习惯性地被认为是商行为）、附属商行为（本身具有民事性而因作为商行为的辅助部分而从属于商行为）。JOHN BELL，SOPHIE BOYRON，SIMON WHITTAKER. Principles of French Law [M]. Oxford University Press，1998：432.

以营业的主次为标准，将商行为区分为基本商行为和辅助商行为。前者是指行为人从事主营业务的行为；后者则是行为人为了实施主营业务而实施的行为。如果不能区分主营业务和附属业务，则凡是商人实施的行为均推定为商行为。

为。有的学者将这一类商行为或者归为第三种商行为或者第四种商行为，本书则另为归类。这种商行为实际上也是一种服务性商行为，只不过它提供的是一种金融服务（financial services）。

第二节 商事行为各论

一、商事合同

（一）商事合同的概念和特征

商事合同（business contract/commercial contract），是指商事主体相互之间或者商事主体与非商事主体之间以商事交易为目的而成立的合同。商事合同是商行为的基本形式和重要体现。商事合同具有两个重要特征：

第一，商事合同是商事主体相互之间或者商事主体与非商事主体之间的合同。商事主体相互之间的合同，如公司之间的原材料销售购买关系、货物保管关系、货物运输关系等。商事主体与非商事主体发生的交易也属于商事合同，如商场与消费者之间的买卖关系。

第二，商事合同以商事交易为目的而成立。“以商事交易为目的”实际上就是以营利为目的。以买卖合同为例，如果是以营利为目的，则是商事合同；否则，就不是商事合同。

这里有一个问题需要讨论，即当商事主体与非商事主体发生交易时，该种合同是否属于商事合同？以前面提到的商场与消费者的买卖关系为例，商场出售货物是以营利为目的，因此，该种合同在性质上就是一个商事合同。

将该种合同确认为商事合同的意义在于，它有利于保护消费者利益，因为法律上对待商人的态度要严厉一些。譬如，根据我国消费者权益保护法的规定，经营者提供商品或者服务有欺诈行为的，应当按照消费者的要求增加赔偿其受到的损失，增加赔偿的金额为消费者购买商品的价款或者接受服务费用的一倍。

又如，当格式合同中的条款出现争议时，法院或者仲裁机关应当作出有利于消费者的解释。其理由是这种格式合同的制定者是商人，其在合同关系中处于强势地位。而格式合同的相对方往往是消费者或者社会公众，其在合同关系中就处于相对弱势的地位。

另一个问题是，当商事主体与非商事主体发生交易时，是否存在一个法律适用问题，即对这类交易是适用商法呢，或者是适用民法？既然已经明确该种合同属于商事合同，当然，在这种情况下，首先应当适用商法或者商事特别法的规定。譬如，一个人去银行存款，因而与银行发生存款合同关系，如果发生纠纷，那么，首先就要依据有关存款合同法律的相关规定解决问题，如果没有这样的特别法律，或者这样的特别法律没有此类问题的规定，这时才发生适用民法的问题。

（二）商事合同的立法体例

关于商事合同的立法体例因民商合一与民商分立而有所区别。

在采用民商分立的情况下，其商法典对于商事合同设有特殊规定。这种特殊规定表现在两个方面：一是就商事合同的种类予以特殊规定；二是就商事合同的内容设立特别规则。

就前者而言，如德国商法典不仅就商行为设立了一般性规定，而且还特别就商业买卖、行纪营业、货运营业、运输代办营业、仓库营业等进行了特别规定。《日本商法典》则在其第三编中对商行为的一般问题（总则）、买卖、交互计算、隐名合伙、居间营业、行纪营业、承揽运输业、运输营业、寄托等进行了特别规定。

就后者而言，既然在商法典中对上述合同加以特别规定，自然是为了对这些合同确立特殊的规则。譬如，《德国商法典》第 373 条规定，买受人受领迟延时，出卖人可以将标的物提存，甚至可以将商品交付拍卖。又如，《德国商法典》第 377 条规定，在买卖双方都是商人的情况下，买受人对合同标的物负有瑕疵检查的义务。买受人如果发现商品存在瑕疵，应当及时通知出卖人，否则，可能视为商品无瑕疵。

《澳门商法典》第三卷“企业外部活动”为商事合同（该法典称为“商业债”）订立了规则，并就寄售合同、供应合同、行纪合同、承揽运送合同、代办商合同、商业特许合同、特许经营合同、居间合同、广告合同、运送合同、一般仓储寄托、旅社住宿合同、交互计算合同、回购合同、银行合同、担保合同、保险合同做了特别规定。

然而，在民商合一的模式下，有关商事合同被统一规定在债法之中，或者规定在专门的合同法中，民事合同、商事合同并没有截然分开。在大多数情况下，有关商事交易的特殊规则为这种统一的立法所吸收，或者在统一法之外，另行制定特别法规则。

在我国，商事合同的立法采取的是“民商合一”的体例。这种体例的做法是将民事合同、商事合同规定在一部统一的《合同法》中。❶其中，涉及具有商事交易性质的合同有：买卖合同、供用电、水、气、热力合同、借款合同、租赁合同、融资租赁合同、承揽合同、建筑工程合同、技术合同、保管合同、仓储合同、委托合同、行纪合同、居间合同等14种合同。内地《合同法》在民商合一的体例下，大量吸收了有关商事交易的规则。譬如，同样以上述合同标的物提存和拍卖、瑕疵检查及通知为例，内地《合同法》不分民事合同或者商事合同，一概承认这些商事规则。❷

在内地，《合同法》是民商合一的一个重要领域。在这一体制下，商事合同被纳入了统一合同法之中，并在体系上属于民法范畴。但是，民商合一并不意味着商事合同被民事合同所替代，恰恰相反，从统一合同法的规则内容来看，在绝大多数情况下，其反映的都是商事交易的要求。

此外，特别值得一提的是，在内地，《担保法》是以独立于《合同法》之外的特别法形式存在的。但从其民事与商事属性上看，同样属于民商统一立法体制。

二、证券交易

这里所谓的证券交易是指包括证券发行在内的广义的证券交易，即证券的发行与证券的交易。所谓证券的发行（issue of securities），是指符合发行条件的发行人，以筹集资金为直接目的，依照法律规定的程序和条件向投资人销售证券的行为。证券交易（securities trading/securities exchange）则是指证券投资者在法定的场所依照特定的方式买卖已经发行的证券的行为。

关于证券的发行与交易，有的国家主要规定在其公司法中，如法国和英国。有的国家则由单独的证券法规定，如德国、日本和美国。在我国，则由专门的证券法予以规定，同时，公司法中对证券的发行和转让也进行了规定。证券法属于商事交易法。

在澳门，由于没有专门的证券市场，澳门居民投资的主要市场为香港证券市场和内地证券市场，适用香港和内地两部证券法。

三、商事信托

信托（trust）主要是当事人一方将财产权转移或者设定给他方，使他方依照

---

❶ 《中华人民共和国合同法》（以下简称《合同法》）于1999年3月15日由第九届全国人大第二次会议通过，并于同年10月1日起施行。

❷ 《合同法》第101条、第157条、第158条。

信托目的，为第三人利益管理或者处分信托财产的一种法律行为。

信托本来属于英美普通法系国家独特的法律制度。然而，由于信托制度本身具有的巨大魅力，一些大陆法系国家相继引入。我国也移植了这种制度。但信托法究竟属于何种性质的法律，很难简单归类。从信托行为的性质来看，信托行为既可以是民事行为，也可以是商事行为，因而信托也就有了民事信托与商事信托之分。商事信托属于私益信托之一种。一般而言，引进信托制度的国家大多都只注重信托的商业化功能。如日本则明确将信托界定为一种商事行为。从我国引进信托制度的目的来看，同样也主要在于它的商业意义，实践中也是将信托业务作为金融业务来对待，因此，本书主要是从商事信托的角度将信托法纳入商事交易法体系。

四、投资基金

（一）投资基金概述

投资基金在不同的国家有着不同的称谓。在英国称为单位信托（unit trust），在美国，则被称为共同基金（mutual funds）或者投资公司（investment company），在日本、韩国却被称为投资信托（investment trust）。在我国，则称为投资基金（investment fund）。

从商事交易的角度认识投资基金，可以将投资基金界定为一种集合投资规划（collective investment scheme）。通过这种规划安排，基金发起人通过发行基金券（受益凭证），将分散的投资者资金集中起来，交由基金托管人保管，由基金管理人经营管理，并将投资收益分配给基金券的持有人。投资基金具有以下特点：

第一，投资基金的基本法律关系当事人包括基金委托人、基金受托人（包括基金托管人）、基金受益人。其中，委托人是指委托受托人经营管理其投资基金的人。在现代商业化操作之下，委托人实际上就是基金受益凭证的购买人，是基金投资者。而受托人则包括基金管理人和基金托管人。基金管理人是经营管理基金的人，通常为基金公司。基金托管人是指负责保管投资基金的人，通常为商业银行或其他金融机构。基金受益人是指基金受益凭证持有人，通常是委托人自己。受益人有权享有投资基金的收益。

第二，投资基金是一种集合的投资方式。投资基金形成于分散的公众资金，即众多的公众投资者将资金交由专业的基金管理公司来管理和运作资金。

作为一种集合投资规划的投资基金，较之于单纯的投资行为，具有以下优点：

第一，专家管理。基金管理公司的管理人员一般都受过高等教育和专业训练，具有丰富的证券投资实践经验。而一般的投资者很难做到这一点。

第二，分散风险，收益稳定。由于基金投资比较分散，基金风险通常低于单一股票的风险，收益也比较稳定，是一种理想的中长期投资工具。

第三，投资费用低。开放式基金可以由基金公司直销，也可以由代销商代销（如商业银行），对公众投资者来说非常方便。此外，由于投资者的资金是以基金名义进行管理和运作的，可以平均摊销经营成本和佣金，从而降低个人投资费用。

第四，流动性强。封闭式基金可以在证券市场上转让；而开放式基金可以在交易日向基金管理公司申购或者赎回。

（二）投资基金的分类

根据不同的标准，可对投资基金进行不同的分类。

1. 合同型投资基金与公司型投资基金

根据投资基金的组织形态来看，可以将投资基金区分为契约型投资基金和公司型投资基金。

契约型投资基金（contractual fund），是指依据当事人之间订立的信托合同（trust deed or trust indenture or trust agreement），通过发行基金受益凭证而建立起来的投资基金。

公司型投资基金（corporate fund），就其狭义而言，是指依照公司法的规定，通过发行基金股份而设立的投资基金。此类投资基金的组建与设立公司一样。但完整的理解，此类基金应该是经济组织型基金。这类经济组织，包括公司、有限合伙、有限责任公司（LLC，区别于我国现行《公司法》中的有限责任公司）、商事信托（指作为商事组织的信托）等。美国采取的就是这种方式。

2. 开放式投资基金与封闭式投资基金

根据基金的交易方式不同，即根据基金股票或者受益凭证是否可以赎回，可以将投资基金区分为开放式投资基金和封闭式投资基金。

开放式基金（open end fund），是指基金的资本总额或者股份总额可以随时变动，即可以根据市场供求情况发行新股或者赎回股份的投资基金。由于资本总额可以随时增加，所以这种类型的投资基金又称为追加型投资基金。

封闭式投资基金（close end fund）则与开放型投资基金形成对照，它是指基金资本总额以及发行份额在发行前就已经确定下来了，在发行后和规定的时间内，基金的资本总额及发行份额都将保持不变。因而，这种类型的投资基金又被称为固定型投资基金。

3. 证券投资基金与产业投资基金

根据投资基金的投资领域或者投资对象的不同，可将投资基金区分为证券投资基金和产业投资基金。

证券投资基金，是指将基金投向证券市场的投资基金。证券投资基金是投资基金的主要形式，多数国家直接以证券投资基金为其立法内容。

产业投资基金，或者称为实业投资基金，是指将基金投向产业市场的基金。

证券投资基金与产业投资基金虽然都属于投资基金，但是二者的差别较大。因此，许多国家采取分开立法的方式。

（三）投资基金立法

在英国，直接规制有关投资基金方面的法律主要是2000年的《金融服务与市场法》（*Financial Services and Markets Bill*，FSMB）。该法将投资基金称为“集合投资计划”。在美国，投资基金被称为投资公司，并由其制定法1940年《投资公司法》（*Investment Company Act*，1940）加以规定。在香港，投资基金也采用“集合投资计划”这一方式来表述，且这一表述得到了《香港证券条例》（*the Securities Ordinance*）的确认。在日本、韩国，规范其证券投资信托的法律就是其《证券投资信托法》。我国于2003年颁布了《证券投资基金法》。《中华人民共和国证券投资基金法》于2003年10月28日由十届全国人大常务委员会第五次会议通过，并于2004年6月1日起实施。该法的颁布对于规范我国证券投资基金活动，保护投资人及相关当事人的合法权益，促进我国证券投资基金和证券市场的健康发展具有重要的意义。

五、商业票据

票据法上的票据（commercial paper/negotiable instrument），是指以支付一定的金额为目的，依照票据法发行的有价证券。而票据行为是指产生、变更或消灭票据关系的法律行为或准法律行为。票据行为是一种典型的商事行为。《澳门商法典》第四卷有具体的规定，本书后文也有详尽论述。

六、商业保险

商业保险，简称保险，是一种商业行为。作为一种商业行为，保险公司或者其他经营保险业的组织以营利为目的而经营保险业务。保险人获得投保人的保费支付作为其营业收入，如果发生保险事故，保险人须依照合同的约定向被保险人或者受益人支付保险金作为其所遭受损失的补偿。这里的运作完全采取的是商业化的手段。

保险法属于商法范畴，当然属于私法。但是另一方面，由于现代政府对金融行业监管的强化使得保险法又具有较强的公法特征。不过，私法特征仍然是保险法的本质属性，而保险法的公法特征则是政府对经济生活，尤其是金融生活，进行干预的表现。

思考题

1. 简述商事行为的概念和范围。
2. 商事行为与民事行为的区别是什么？

第四章　商业名称

导　读

商事主体在其营业活动中使用特定的名称，即商事名称。类似于自然人的姓名，使用商事名称是为了同其他商事主体相区别，所以在选用方法和具体构成方面有其特殊之处。商业名称是一种特殊的权利和市场资源。商号体现着商事主体的活动地域、营业特征，同时负载着商事主体的商誉。它是一种工业产权，代表着企业的形象，是商事主体重要的无形资产，具有重大的经济价值，可以被转让，也可以用于投资。

本章的学习重点包括：商业名称概述，《澳门商法典》关于商业名称的规定，对商业名称的相关保护。

第一节 商业名称概述

一、商业名称的概念和特征

商业名称（business name），又称为商号，是商事主体在其营业活动中所使用的名称，它是商事主体在从事商业行为时用以表彰自己营业的名称。由此可见，商业名称这一概念具有三个特征：

第一，商业名称是商事主体使用的名称，非商事主体使用的名称不是商业名称。凡是商事主体，无论是商自然人、商合伙还是商法人，均可以使用商业名称来表彰其在营业上的活动。商事主体具有主体人格性，作为一种法律上的人，与自然人一样享有使用商业名称的权利。我国法律不仅允许商事主体使用商业名称，而且将商业名称作为设立企业的条件之一。

第二，商业名称是商事主体从事商业行为时使用的名称。商事主体使用商业名称是其从事商业活动的必然需求。因为如果不是商事主体从事商业活动，则无需使用商业名称。

第三，商业名称是商事主体用以表彰自己营业的名称。商人在营业活动中需要使自己区别于其他商人，尤其是当一个企业在经营活动中已经树立起了良好的商誉时就更是如此，只有这样才能增强社会公众的识别力，维持自己的商誉。

在上述三个特征中，第一个特征表明了商业名称的属性。第二个特征将商业名称与自然人姓名以及与机关、单位、团体的名称区分开来。第三个特征将不同的商事主体区分开来。

《澳门商法典》第 14 条规定，商业企业主在经营企业时须以商用名称作为其称谓该名称即为商业名称；商业企业主应在与其企业有关之文件上以该商用名称签名。商业企业主得以其商业名称在法院起诉及被起诉。

二、选用商业名称的原则

关于商业名称的选用，立法上存在三种做法：一是真实主义；二是自由主义；三是折中主义。

按照真实主义，法律对于商业名称的选定加以严格限制，商业名称与商事主体的姓名及其营业的种类必须彼此名实相符。例如，商自然人如选用其个人姓名为商号，若其附加字样与其营业的种类和范围有足以引起第三人误会的，应一律予以禁止。

按照自由主义，商事主体如何选用商业名称，其所选用的商业名称与商事主体的姓名及其营业种类是否有关，原则上法律不加以限制。

大多数国家则采取有限制的自由主义，即折中主义。按照折中主义，最初选定商号时要符合真实主义，但在商号转让、继承时也可以不变更营业主人的姓名。

《澳门商法典》第 15 条对于商业名称的选用采取的是真实主义，其具体要求为：第一，组成商业名称所使用的要素应当真实，且不应使人对其权利人的识别资料、性质和业务产生误解。第二，组成商业名称不得使用下列要素或用语：(1) 使人联想到并非商业名称权利人所从事或拟从事的业务的特征要素，即使该商业名称是由想象的名称、缩写或复合名称组成；(2) 使人对企业主的法律性质产生误解的用语，尤其是自然人使用使人误认为其为法人的名称，或营利法人使用通常作为公共机构或非营利社团名称的用语。

三、商业名称的选用方法

商个人在选用商业名称时，可以使用其自然人的姓名，也可以在其自然人姓名之外另取一个商业名称用以表彰其营业。在早期商业活动中，商人们往往习惯于使用商个人姓名作为其商业名称。在现在的商业实践中，这种做法仍然得到了保留。但是，由于商个人的自然人姓名仅仅表彰其个人生活，而往往不足以表彰其营业，所以现在的商人们则更愿意另外选择一个商业名称来表彰自己的营业。

商合伙在选用商业名称时，可以使用合伙人的自然人姓名作为其商业名称，也可以使用一个统一的名称来代表各合伙人在营业上的活动，因为合伙组织是一个共同活动的团体。在早期的商业活动中，习惯上，商人们往往将全体合伙人或者主要合伙人的自然人姓名全部用在其商业名称中。在现在的商业实践中，这种做法仍然得到了保留。但是，由于使用这种方式来表示商业名称极其繁琐，且不利于记忆，所以现在的商人们则更愿意另外选择一个单独的商业名称来表彰自己的营业。

在商法人的情形下，其法人名称就是其商业名称，可以直接使用其法人名称，而不必另立一个商业名称来表彰其营业上的活动。

商业名称在不同的场合使用时，其称呼可能不一样，如在商个人和商合伙的情形下，一般称为字号或者商号；而在公司的情形下，则称为公司名称；在其他企业的情况下，则可能称为企业名称。

第二节 《澳门商法典》关于商业名称的规定

《澳门商法典》第一卷第二编是关于商业名称的专门规范，共计24条。

一、商业名称的构成

所谓商业名称的构成是指商业名称的组成要素以及各要素的排列顺序，商业企业主的种类不同，其商业名称的构成也有差别。

根据《澳门商法典》第22条，商业企业主的商业名称一般得由下列要素组成：（1）其民事姓名，或正确认别其身份之需要而使用全名或简名，且得在姓名后加上外号。（2）一个、若干或全体股东或社员之姓名或商业名称。（3）想象之名称。（4）关于所从事或将从事之商业活动之用语。（5）以上各项所指要素之组合。

二、对选用商业名称的标准

（一）一个企业只能使用一个名称

原则上，一个企业只能使用一个名称，这样才不致使不同的商事主体之间因商业名称而发生混淆和错乱。

（二）新颖性要求

根据《澳门商法典》第16条，商业名称的选用必须具有新颖性，具体要求如下：

（1）商业名称应不同于其他已登记之商业名称，且不得与之产生混淆或引起误解。

（2）判断商业名称是否有别于其他已登记的商业名称，又或会否与此等名称相混淆或引起误认时，应考虑商业企业主的类别以及其从事的业务与其他已登记商业名称的商业企业主所从事的业务的相似程度。

（3）常用词、地名及任何表示地理来源之词，均不属专用。

（4）如欲将已登记之识别标志纳入商业名称内，则须证明有使用此等标志之正当性。

（5）办理属同一行业的商业名称的登记时，容许将已登记的识别标志纳入商业名称内，但仅以获得该等识别标志的登记的权利人许可者为限。

(6) 办理属同一行业的商业名称的登记时，容许将已登记的识别标志纳入商业名称内，但仅以获得该等识别标志的登记的权利人许可者为限。

(三) 语文要求

澳门是一个文化多元的城市，其正式语言文字有两种：中文与葡文。根据《澳门商法典》第 17 条，商业名称必须以一种或两种正式语文书写；属后者之情况，尚得加上英文名称。如商业名称有以多于一种语文书写的文本，且由表述所从事的商业活动的用语组成，则各文本中表述有关商业活动的用语应基本对应。在特殊情况下，也可以使用不属于正式语文的情况，如该商业名称：(1) 为已登记之商业名称之组成部分。(2) 为正式语文无法适当表达之惯用词，或为普遍使用之词。(3) 完全或部分为股东之姓名或商业名称。(4) 为按照有关法律之规定属正当使用之商标。(5) 由按本条之规定允许使用之语文之词或词之部分合并组成，而此等词直接与所从事或将从事之业务有关，或取自股东之商业名称之其他要素或股东之姓名。(6) 旨在便利于拓展所从事或将从事之业务所投向之市场。

(四) 文字要求

不同类别的商事主体其商业名称的文字要求不同。

自然人商业企业主之商业名称，得加上“个人企业主”，而以葡文书写时，得加上“Empresário Individual”或词首字母“E. I.”。

无限公司之商业名称，应加上“无限公司”，而以葡文书写时，加上“Sociedade em Nome Colectivo”或词首字母“S. N. C.”。并非无限公司股东而允许其姓名或商业名称在该公司之商业名称内出现者，须与股东对公司债务负连带责任。

一般两合公司之商业名称，应加上“两合公司”，而以葡文书写时，加上“Sociedade em Comandita”或词首字母“S. C.”；股份两合公司之商业名称，应加上“股份两合公司”，而以葡文书写时，加上“Sociedade em Comandita por Acções”或词首字母“S. C. A.”。并非两合公司之无限责任股东而允许其姓名或商业名称在该公司之商业名称内出现者，须与无限责任股东对公司债务负连带责任。

有限公司之商业名称，应加上“有限公司”，而以葡文书写时，加上“Limitada”或缩写“Lda.”。

一人有限公司之商业名称，应加上“一人有限公司”，而以葡文书写时，加上“Sociedade Unipessoal Limitada”或“Sociedade Unipessoal Lda.”。

股份有限公司之商业名称，应加上“股份有限公司”，而以葡文书写时，加上“Sociedade Anónima”或词首字母“S. A.”。

经济利益集团之商业名称，应加上“经济利益集团”，而以葡文书写时，加上“Agrupamento de Interesse Económico”或词首字母“A. I. E.”。

并非公司或经济利益集团之法人商业企业主之商业名称，应加上所属法人种类之认别数据。

三、对选用企业名称的限制或者禁止

(1) 商业名称不得违背公共道德以及善良风俗。

(2) 商业名称须尊重历史、科学、机构、文化方面之原因或其他值得考虑之原因而其名称或意义应予保护之本地区徽号、人士、时期或机构。

(3) 商业名称中不得使用任何表示特点或优点而贬抑他人之词语。

(4) 在澳门以外登记之商业名称，必须在具有原登记地之登记证明，且该商业名称与在澳门已登记之商业名称不会产生混淆之情况下，方可登记。

第三节　商业名称权的保护

商业名称一经创设登记，商事主体即取得商业名称的专用权，并发生相应的法律效力。

一、商业名称权的性质

所谓商业名称权，又称“商号权”，是指商业名称经依法登记而取得的专用权。商业名称专用权是一种私权，属于一种绝对的权利。但这种商业名称专用权究竟是一种人身权或是一种财产权，理论上尚无定论。

有的认为商业名称权是一种人身权，因为商业名称是商事主体在营业中表彰自己所用的名称，商业名称专用权不外乎是商业主体人格的象征。

有的认为商业名称权是一种财产权，因为商业名称在登记注册后，由商业主体取得其商业名称专用权，该种专用权可以转让或继承，显然它是一种财产权。又由于其给付标的表现为一种无体物，所以，它又是一种无体财产权。而作为人格权的姓名权则不能成为转让和继承的标的。

还有的认为，一方面商业名称权具有姓名权的排他效力，可以专用；另一方面又具有财产权的创设效力，可以转让和继承。

根据我国法律规定，企业名称只有在经过核准登记后方可使用。使用未经核准登记注册的企业名称从事生产经营活动的，属于非法行为。

由此可见，商业名称一经核准登记注册后，即取得专用权。这种专用权只具有财产权性质而不具有人身权性质。人身权是一种与人身不可分离的，且不具有直接财产内容（但却可能与财产发生关系，譬如，发生人身侵权后所引起的金钱性损害赔偿）的权利。商业名称权不具有这一关于人身权定义的任何特征。

首先，商业名称权本身就直接体现为一种财产权，商业名称专用权人享有占有、使用、收益和处分商业名称的排他性权利。商业名称权是一种无体财产权。这种无体财产权与专利权、商标权具有同样的性质。即商业名称专用权虽然是一种绝对权，但由于其仅在同一登记管辖区域且为同一营业时才具有排他的效力，较之于一般绝对权的对抗效力又要弱一些。所以，这是一种相对的绝对权。在这一点上，其与专利权、商标权所具有的有限的空间上的排他效力是一样的。

其次，商业名称权是一种可以与商事主体发生分离的权利。这种权利可以转让和继承。而人身权则与主体不可分离、不能转让、不能继承。

二、商业名称权的效力

商业名称权作为一种专用权，具有排斥他人使用相同或者近似商业名称的效力、遭受侵害后获得法律救济的效力以及作为一种财产权应当具有的转让的效力。

（一）排他效力

排他效力是指商业名称一经登记，就具有排斥他人为同一商业名称登记的效力。按照规定，商业名称在登记主管机关辖区内不得与已登记注册的同行业企业名称相同或者近似。这说明，在同一登记主管机关辖区内不得有两个相同或者近似的商业名称。如果一家企业已经登记注册了一个商业名称，另一家企业不得再使用与其相同或者近似的商业名称。

（二）救济效力

商业名称专用权，因登记而创设，可以排斥他人使用同一商业名称为同一营业。按照《澳门商法典》第 21 条的规定，擅自使用他人已经登记注册的商业名称或者有其他侵犯他人商业名称专用权行为的，被侵权利害关系人有权要求禁止使用及要求赔偿所造成之损害，并得提起倘有之刑事诉讼。

（三）转让效力

商业名称权作为一种财产权具有可以转让性。但商业名称权的转让有一定的特殊性，即商业名称权不能单独转让。商业名称权的转让仅能与营业（包括部分营业转让）一并转让，或者在营业废止时转让。此外，商业名称转让人还负有竞业禁止义务。按照《澳门商法典》第 31 条的规定，透过生前行为或死因行为取得商业企业者，如获许可使用商业企业之商业名称，则不论在商业名称内是否加上已继受该企业之词语，均得以该商业名称继续经营。该许可由转让人作出；在死因移转之情况下，如被继承人就许可一事未以书面作出安排，则不论移转予第三人或继承人，均由继承人之多数决定有关许可。股东或社员之姓名或商业名称在法人商业企业主之商业名称内出现时，如移转商业名称，则无须该股东或社员同意，但在设立文件中另有约定的除外。在这种情况下，股东或社员自移转行为登记及公布时起不再承担移转后之企业因经营而发生之债务。自他人取得暂时经营商业企业之权利者，得无需商业企业所有人之许可使用其商业名称。

思考题

1.《澳门商法典》规定的选用商事名称的原则是什么？

2.《澳门商法典》中对于企业名称的选用有什么限制和禁止？

3. 简述商业名称的性质。

4. 简述商业名称的效力。

第五章 商事代理

导 读

在现代市场经济社会中，商事代理普遍存在，因而，商法中对商事代理制度的研究有很高的制度价值。商事代理，是指商事代理人代理商事主体实施商业活动的商事行为。从商事行为的角度来看，商事代理是一种特殊的商事法律制度而具有区别于一般民事代理的特征。例如商事代理权的产生、行使以及代理人的权利义务，都有其特殊性。从商事代理人、被代理人及第三人的关系来看，可以分为直接代理、间接代理和居间代理。

本章学习重点包括：商事代理的概念及特征，商事代理权的行使，商事代理关系的分类。

第一节　商事代理概述

一、商事代理的概念、特点和意义

（一）商事代理的概念和特征

商事代理（commercial agency），又称为商业代理或者商务代理，是指商事代理人代理商事主体实施商业活动的商事行为。商事代理的特点主要表现为：

第一，商事代理关系中的代理人应当是商人。一般情况下，商事代理人（commercial agent/business agent）应当是商人，即代理人是以从事商事代理业务为职业的人，应当以商人的身份从事代理业务。因此，代理人必须首先取得经营代理业务的资格才能从事商事代理业务。

但是，这一点也有例外。某些商业辅助人所实施的行为也是一种商事代理，如经理人和企业中特定职员基于企业的委托授权也能实施商事代理行为。经理人或者企业职员虽然无需专门取得商人资格，但却是辅助商人实施商业管理经营的人，其与商人之间同样也形成代理关系。

至于商事代理中的被代理人（principal），或者称为委托人，或者称为本人，是否为商人，在所不问。虽然，实践中商事代理中的被代理人以委托商为主，但无论被代理人是委托商还是非商人，均不影响商事代理的成立。譬如，公民委托代理商购买或者租赁房屋，对于委托人来讲，可能是一种不以营利为目的的行为。但是，对于房地产代理商而言，只要其为商人，而且其代理业务本身具有营业性，商事代理即可有效成立。再如，证券、期货经纪商代客买卖证券、期货，其所代理的客户主要是一般社会公众，但这同样不妨碍他们之间代理关系的成立。

第二，商事代理具有营业性。

商事代理本身就是一种商事行为，具备商事行为的营业性特征。商事代理的这种营业性特征体现为两点：一是其行为以营利为目的；二是其行为以代理为职业。

商事代理行为的营利性主要表现为：商事代理是一种有偿代理，代理人从事代理业务也是为了获取利润。其利润主要体现为报酬或者佣金。如经理人获得的则是报酬，保险代理人从事保险代理业务则是为了取得佣金收入。

“以代理为职业”是指商事代理人以代理业务作为自己的业务。这种业务的经营具有固定性、持续性特征。譬如，作为商业银行业务的重要构成部分的许多中介业务实际上就具有代理业务性质。在这些中介业务关系中，商业银行实际上就是以代理人的身份出现的。企业的经理人也是一种职业代理人。

第三，商事代理人既可以被代理人名义，也可以自己名义进行代理。

商事代理人从事代理业务，既可以被代理人名义进行代理，也可以自己名义进行代理。承认代理人“以自己名义”进行代理，是商法对传统代理观念的突破和扩展，反映了现实经济生活的实际需求。

（二）商事代理的意义

商事代理在现代国家的商业活动中已成为一种广泛运用和不可或缺的法律制度。尤其是在市场经济高度发达国家，它对于活跃市场、提升管理，促进经济有着极为重要的意义。商事代理的这种意义主要表现为：

第一，代理商事主体实施商事交易，从事商业活动，开拓国内、国际贸易业务。现代社会，商业发达，贸易频繁，远非商人们个人独力所能应付。事实上，在现代商业交往中，人们更多看到的是商事代理人出入其间，各种各样的商业活动几乎都是由代理人来完成的。

第二，代理商事主体进行经营管理。这种商事代理使得企业的所有权和经营权得以分开，从而使得企业的所有者可能脱离企业的经营而选择有良好经营管理才能和经验的经理人员专门从事企业的经营管理。事实上，现代社会，企业普遍地为经理人所支配和控制，并形成了所谓的经理阶层，他们主宰着商事企业，这就是人们所说的“经理革命”（managerial revolution）。

第三，商事代理的作用不仅仅在于帮助商事主体实施商事行为，更为重要的是，代理活动的发达有利于促进商品的流通和人才的流动、活跃市场、转换企业经营机制、改善企业经营状况、提高经济效益，从而为整个社会经济的发展创造条件。

二、商事代理权

（一）商事代理权的产生

一般民事代理可产生于三种情形：一是基于委托人的委任而产生，是为委托代理或者意定代理。（《澳门民法典》第 255 条）二是基于法律的直接规定而产生，是为法定代理。三是基于有关国家主管机关指定或者法院的命令而产生，是为指定代理。

商事代理是代理商事主体从事商业活动的行为，因此，商事代理主要产生于委托人的委任，即属于委托代理或者意定代理，基本上排除了上述意义上的法定代理与指定代理的可能性。但这一论断并非绝对，在特定情况下，商事代理权也可能基于法律规定而产生。这主要是指针对紧急情况而产生的必要的代理。譬如，在某一当事人根据其他法律关系受托管理他人财产的情况下，如果发生了为保护该财产而必须代理的情况，则在该当事人与财产所有人之间依法产生代理关系，这种代理在英国法上称为“必要代理”（agency of necessity）。

（二）委托授权

委托代理是基于委托人的授权而发生的代理。这种授权可以是明示行为，也可以是默示行为；可能是事先授权，也可能是事后追认。

明示授权（express authority）主要基于当事人之间的委任合同而产生。明示授权的方式可以是口头，也可以是书面。但法律规定采用书面形式的，应当采用书面形式。书面协议是代理权成立的证据。如果是口头协议，则需要另行举证。

《民法通则》第65条规定，书面委托代理的授权委托书应当载明代理人的姓名或者名称、代理事项、权限和期间，并由委托人签名或者盖章。委托书授权不明的，被代理人应当向第三人承担民事责任，代理人负连带责任。

委托人虽然没有明示授权，但是如果他的行为和语言中包含了他默许另一人代表其实施某种行为的意思，应推定他与后者之间存在代理关系。默示代理权（implied authority）还可能根据当事人之间的身份关系或者合作行为而推定产生。譬如，一般认为，经理人基于其职务和地位是公司的全权代理人，如果公司对经理人的代理权限给予了某种限制，该种限制不得对抗善意第三人。又如，根据合伙法的规定，合伙人之间实行相互代理原则，其中任何一个合伙人依照合伙协议对其他合伙人均有默示代理的效力，其内部对某一合伙人的代理权的限制同样不得对抗善意第三人。

正常情况下，授权都是事先的明示行为。但有时也可能是事后的，这种特殊的授权叫做“追认”（ratification）。譬如，在发生无权代理或者越权代理的情况下，其行为原则上不具有代理效力。但是如果委托人事后以明示或者默示的方式追认了该种行为，该种无权代理或者越权代理即可因委托人的事后批准而成立代理。

（三）代理权的行使

1. 代理权限内实施代理

商事代理产生的基础为委托人的授权，因此，代理人必须在委托人的授权范围内实施商事代理。这说明，代理人实施代理行为必须首先获得委托人的授权，没有获得授权或者代理权终止后而实施的行为，称为无权代理。一般情况下，无权代理不发生代理的效果，即该种行为不能拘束被代理人而由行为人自负责任。同时，代理人行使代理权不得超越其所获得的授权范围，否则，为越权代理。越权代理人应就其超越代理权的部分自己承担责任。

《澳门民法典》第 261 条规定，没有代理权、超越代理权或者代理权终止后的行为，只有经过被代理人的追认，被代理人才承担民事责任。未经追认的行为，由行为人承担民事责任。

2. 独立实施代理权

代理人在为代理行为时，是独立地实施代理行为。当代理人与第三人发生交易关系时，代理人有权在其代理权限范围内根据具体情况来选择交易相对人，或者决定是否与之发生交易以及如何发生交易。如果被代理人事必躬亲，或者每一具体事项均须请示被代理人，代理的功能必将不能充分发挥。

当然，代理人的这种独立的意思表示能力受到其代理权限的限制。也就是说，其独立实施代理行为的能力的大小取决于其代理权的大小。有的代理属于特定事项的代理，委托人的授权范围较小，代理人的代理权也就较小。而在有的代理中，委托人授权的范围较大，代理人的代理权限也就较大。譬如，在独家代理、总代理或者全权代理中，代理人的代理权限就相当大。而行纪商的代理权又总是大于普通代理商的代理权。

3. 不得滥用代理权

委托人授予代理人代理权的目的是让代理人代理自己办理特定事项，因此，代理人取得代理权后，在行使代理权时，应当维护被代理人的利益，不得滥用代理权。滥用代理权（abuse of authority）是指违背代理的宗旨和代理的基本准则，损害被代理人利益的行为。

滥用代理权的构成要件包括：(1) 须存在有效代理权。如代理人根本没有代理权或者超越代理权，滥用代理权则无从谈起。(2) 须代理人实际行使代理权。代理人虽然取得代理权，但尚未实际实施代理，则不可能构成代理权的滥用。(3) 须违背代理宗旨和代理准则。如滥用代理权的形式通常表现为自己代理和双方代理，或者代理人与第三人恶意串通。(4) 须损害被代理人的利益。滥用代理权可能导致代理无效，如因此行为而给被代理人造成损失的，应当承担损害赔偿责任。

4. 违法事项不得代理

代理人应当依法行使代理权，既不得进行违法事项的代理，也不得利用代理权实施违法行为。因为这是违反公共政策的。

（四）商事代理权的消灭

商事代理权可以基于如下原因而发生消灭：（1）代理期限届满或者代理事务完成。（2）委托人取消委托或者代理人辞去委托。（3）代理人死亡。（4）代理人丧失行为能力。（5）作为被代理人或者代理人的法人终止。

三、商事代理人的权利和义务

（一）商事代理人的权利

商事代理人的权利可以分为一般权利和特别权利。

1. 商事代理人的一般权利

商事代理人的一般权利主要包括两项：一是佣金或者报酬请求权；二是合理费用或者损失补偿请求权。

商事代理本身就是一种有偿代理，因而，商事代理人享有向委托人请求支付佣金或者报酬的权利。委托人有义务依照合同的约定向代理人支付佣金或者报酬。

此外，对于在正常的代理活动中所支出的合理费用和遭受的损失，代理人有权向委托人请求支付或者给予补偿。

2. 商事代理人的特别权利

商事代理人的特别权利表现为，商事代理人有权在委托人拒绝支付佣金或者报酬、拒绝支付合理费用或者拒绝支付损失补偿时，对占有委托人的财产实施留置，即所谓的代理留置权。内地《合同法》第422条规定，行纪人完成或者部分完成委托事务的，委托人应当向其支付相应的报酬。委托人逾期不支付报酬的，行纪人对委托物享有留置权，但当事人另有约定的除外。实际上代理留置权适用于所有代理情形，而不是仅仅局限于行纪合同关系。

（二）商事代理人的义务

商事代理人的义务主要表现为代理人对委托人负有受信义务（fiduciary duties）。这种受信义务的基本内容是，商业代理人应保证自己的代理行为是善意的、忠实的为被代理人谋取利益，包括注意义务和忠实义务。

1. 代理人的注意义务

代理人的注意义务（duties of care），是指代理人在实施代理行为时，应当以专业技能和应有的注意来完成代理任务。譬如，在代理人受托出售货物的情况下，他有义务尽可能替被代理人取得最好的价格。注意义务还包括代理人应当积极履行代理职责。如果代理人没有履行职责，也构成注意义务的违反。

2. 代理人的忠实义务

代理人的忠实义务（duties of loyalty），是指代理人应当将被代理人的利益置于自己利益之上，不得使自己的利益与委托人的利益相冲突。代理人的忠实义务主要表现在如下几个方面：(1) 代理人除向委托人收取佣金或者其他代理费用外，不得从代理中获取任何利润，不得接受贿赂。(2) 代理人不得为自己代理或者为双方代理。(3) 代理人不得与第三人秘密交易或者与第三人恶意串通而损害被代理人的利益。(4) 代理人不得将自己的利益置于与委托人的利益相冲突的地位，代理人不得从事自我交易或者从事与委托人营业相竞争的业务。(5) 代理人在其代理活动中，应当尽量维护被代理人的利益，不得作不利于委托人的表述或陈述。(6) 代理人原则上不得转委托，只有在法律有规定的情况下才可以转委托。根据我国《澳门民法典》第 257 条的规定，代理人只有在两种情况下才能转委托：一是事先征得被代理人的同意。事先没有取得被代理人的同意，事后应当及时通知被代理人，如果被代理人不予追认，则由代理人自己承担责任。二是按照授权的内容或导致授权的法律关系，受权人具有由他人替代自己的权能。(7) 代理人应当根据委托人的要求向其汇报或者结算账目。(8) 代理人不得将委托人交付给他的文件或者其他秘密信息泄露给他人。

（三）代理人对第三人的担保责任

代理人在行使代理权时，不仅对委托人负有代理义务，而且对第三人负有默示担保责任。这种默示担保责任主要有两项：一是对第三人担保自己享有合法而无瑕疵的代理权；二是担保其所代理的委托人具有完全的缔约能力和履约能力。如果代理人没有代理权或者超越代理权，又或者委托人没有缔约能力或者履约能力，那么无权代理人应当对第三人因此而遭受的损失承担赔偿责任。

第二节 商事代理的类型

一、直接代理

（一）直接代理的概念和特征

直接代理，即狭义的代理，是指代理人以被代理人的名义实施的代理，或者说，是公开了被代理人身份和代理关系的代理。

第一，直接代理是以被代理人的名义进行的代理。直接代理相当于英美普通法上的显名代理。显名代理（named principal）是指代理人在实施代理行为时对相对人公开被代理人身份，并以被代理人名义与第三人发生交易的代理，实际上就是直接代理。

第二，直接代理的后果直接归属于被代理人。代理的本质在于被代理人通过代理人的行为来实现自己的目的，因此，由代理行为所产生的后果也就归于被代理人。也就是说，代理人基于其代理行为所取得的权利由被代理人享有，代理人基于其代理行为所产生的义务也由被代理人承担。

第三，直接代理的业务包括商业代理业务和特种代理业务。前者如代理商在代理委托商销售其产品货物时就是以委托商的名义进行的一种代办商业务。后者是指针对特殊业务所实施的代理，如保险代理、票据代理、税务代理、专利代理、商标代理、广告代理等在内的特种商事代理。另外，像证券公司或者投资银行所从事的代销式承销业务亦属于直接代理。

（二）代理商

代理商（commercial agent），或者称为代办商，是指接受委托商的委托并以该委托商的名义为该委托商办理其全部或部分商务的代理人。代理商也可以从事居间代理业务，但这里仅针对其直接代理业务而言。

代理商具有独立的法律地位，代理商不从属于委托方，它既可以其自己独立的地位为同一商事主体办理代理业务，也可以为不同的商事主体办理代理业务，并且就每一项代理或者居间业务依照合同、习惯或者按业务的实际状况分别收取报酬和费用。

最为典型的代理商是独家代理。所谓独家代理（exclusive agency）是指在约定的地区对指定商品享有独家代理权或者专营权（exclusive right）的代理人。在独家代理的情况下，一家企业在同一地区对同一商品只能指定一名独家代理人，一般来说，即使是被代理人也不得在同一地区经营相同的产品，除非协议另有规定。这里所谓协议另有规定，是指在签订独家代理协议时，本人可以保留若干权利，如保留接受政府直接订货或某些大企业（如连锁商店）的定期直接订货的权利；保留在代理人推销不力的情况下撤回某些商品的代理权的权利；保留撤销被代理人已不再生产的产品代理业务，或者被代理人有权随时增加产品品种的代理业务的权利。独家代理商有权在指定地区代表被代理人与客户洽商交易，由代理人以被代理人名义与客户签订合同。但代理人不是合同当事人，所代理的后果归属于被代理人，代理人不承担合同责任。

独家代理与独家经销不同。所谓独家经销（exclusive sales）是指一家企业在特定地区和一定期限内，把某一种或某一类商品的独家经营权授予一名独家经销人。二者的主要区别在于：在形式上，独家代理是以被代理人的名义所进行的代理，而独家经销则是以自己的名义进行的经销。在实质上，独家代理是一种代理关系，而独家经销则是一种买卖关系。在独家代理中，代理人只是代理被代理人与买主签订合同，合同的权利义务直接归属于本人，代理人不承担合同责任。但在独家经销中，经销商是以买主的身份自行向作为卖方的企业购买指定商品，并以自己的名义在指定地区出售这种商品。经销商必须承担盈亏的风险，并直接对履行合同承担责任。

二、间接代理

间接代理是指代理人以自己的名义实施的代理行为。间接代理与直接代理的区别在于：一是间接代理是以代理人自己的名义进行的代理；二是间接代理的后果的处理方式与直接代理有所不同；三是间接代理包含了两层法律关系。

（一）间接代理是代理人以自己名义进行的代理

在与第三人进行交易时，如果是直接代理，代理人是以被代理人名义与第三人发生交易的；如果是间接代理，代理人则以自己名义与第三人发生交易。

间接代理实际上是包括了行纪在内的一种代理。应当注意的是，内地《合同法》使行纪代理的业务仅仅限于“从事外贸活动”，并使之成为单独一类的合同。但是，实际经济生活中的行纪代理的范围甚为广泛，不仅包括我国的进出口公司所从事的外贸代理，而且像诸如证券、期货经纪商代理客户买卖证券、期货等均属于行纪业务。再者，即使是普通商业业务也可以构成行纪业务。

间接代理也包含了像英美普通法上的隐名代理。隐名代理是指代理人在实施代理行为时没有向相对人公开被代理人的身份，而以自己的名义与第三人发生交易的代理。为什么会发生代理人以自己名义进行代理的需要呢？基本原因有二：

一是为了隐名需要。在某些情况下，委托人可能不愿意公开自己的身份，这在商业社会实属平常，也属于人之常情。如某人委托代理商购买一处房屋，而他又不希望包括相对人在内的其他人知道，他可能要求代理人在代购房屋的过程中替他保守秘密，不要公开他的身份。在这种情况下，代理人就只好以自己名义将该房屋购买下来，然后再将该房屋转移给真正的买主。

二是基于法律要求，如《证券法》规定，只有取得证券交易所会员资格的证券商才能上场进行交易，其他任何人不能进入交易所直接交易，所以非交易所会员的商人或者其他社会公众投资者只能委托有会员资格的证券经纪商代理交易。

再如，我国的许多企业没有直接进出口的权利，只有委托外贸公司并以外贸公司的名义办理进出口业务。

（二）间接代理的后果归属

在直接代理中，代理人所实施的代理后果直接归属于被代理人。譬如，代理人代理被代理人购买一批货物，尽管该交易是由代理人负责实施的，但真正的交易当事人却是委托人和相对方，所以，由代理人所购买的该批货物自然直接归属于被代理人，与此同时，被代理人也负有支付该批货物价款的义务。

而在间接代理中，则存在如下三种情形，并分别产生不同的效果：

第一，由被代理人直接承受代理后果。《合同法》第402条规定，受托人以自己的名义，在委托人的授权范围内与第三人订立的合同，第三人在订立合同时知道受托人与委托人之间的代理关系的，该合同直接约束委托人和第三人，但有确切证据证明该合同只约束受托人和第三人的除外。

这说明，如果第三人知道代理人与委托人之间存在代理关系，即使是代理人以自己名义订立的合同，其所实施代理的后果也直接归属于委托人，代理人不承担合同责任。但该条规定有一个例外，即有确切证据证明该合同只约束代理人和第三人的，则应当由代理人直接承担合同责任。

第二，由代理人承受代理后果，但委托人可以行使介入权，第三人可以行使选择权。《合同法》第403条规定，受托人以自己的名义与第三人订立合同时，第三人不知道受托人与委托人之间的代理关系的，受托人因第三人的原因对委托人不履行义务，受托人应当向委托人披露第三人，委托人因此可以行使受托人对第三人的权利，但第三人与受托人订立合同时知道该委托人就不会订立合同的除外。受托人因委托人的原因对第三人不履行义务，受托人应当向第三人披露委托人，第三人因此可以选择受托人或者委托人作为相对人主张其权利，但第三人不得变更选定的相对人。

这里规定的情形就是上面所说的隐名代理的情形。在所谓的隐名代理的情况下，原则上该种行为的后果由代理人自己承担，即将代理人直接作为合同的当事人对待，由代理人承担合同责任。但即使在这种情况下，代理人也负有披露的义务，委托人可以行使介入权，第三人可以行使选择权。

代理人披露义务的意义在于，如果因为第三人的原因不履行义务，便于委托人行使介入权。

委托人介入权的意义在于，本来该种合同就是为了委托人的利益而签订的，当然，最好是尽量使该种合同的后果直接归属于委托人。但委托人介入权的行使有两个条件：一是第三人不履行义务；二是假定第三人在订立合同时如果知道该委托人还会继续与该委托人订立合同，否则，委托人不能行使介入权。

第三人选择权的意义在于赋予第三人更大的灵活性。第三人选择权也有二个条件：一是委托人不履行义务；二是其行使权利的对象一经选定，即不得变更。

第三，直接由代理人承担交易后果。如《合同法》第421条规定，行纪人与第三人订立合同的，行纪人对该合同直接享有权利、承担义务。第三人不履行义务致使委托人受到损害的，行纪人应当承担损害赔偿责任，但行纪人与委托人另有约定的除外。

（三）间接代理的两层法律关系

间接代理的情形比较复杂。从上述关于对间接代理的后果处理方式来看，实际上揭示出了间接代理中存在两层法律关系：

第一层关系是委托人与代理人之间的关系。事实上，委托人与代理人之间必定存在委任关系，代理人才会与第三人发生交易。如果没有委托人的委任，则属于无权代理，须按无权代理处理。

第二层关系是代理人与交易第三人之间的关系。在直接代理中，代理人并不是交易的当事人，因而并不存在第二层关系。而在间接代理中，由于代理人是以自己的名义签订合同，从而使得代理人在形式上成为合同的当事人而获取从该交易中所取得的权利和承受基于该交易所产生的义务和责任。

在间接代理中，代理人可能直接承担交易后果。从代理的角度来看，这只是一种形式要求，主要是为了保护交易的安全。既然委托人不是交易的当事人（委托人隐名），如果代理人又不承担责任，那么第三人的权利必将失去保障。但另一方面，间接代理究竟也是代理，代理人实施交易行为不是为了他自己，而是为了委托人的利益。所以，法律在其后果归属的处理方式上是尽量考虑如何对二者进行平衡。其结果就导致了上述的复杂性，即有时使委托人直接承担交易后果；有时使代理人直接承担交易后果；有时则进行折中处理。

然而，即使是在法律规定由代理人承担交易后果的情况下，在代理人对第三人承担了责任后，代理人亦可依照他与委托人之间的委托代理关系，将该交易的后果转移给被代理人，并从被代理人处获取报酬或者佣金。所以说，间接代理也是一种代理，因为在终极意义上代理人所实施交易的后果归属于被代理人。

三、居间代理

居间代理，是指由居间商，又称为居间人，专为他人充当媒介者，报告订立合同的机会，而于成交时获取佣金的代理行为。居间代理的特征如下：

第一，居间代理也是一种商事代理。在传统的民法中，居间仅仅是被作为单独一类合同对待。然而，单纯从合同的角度来认识居间行为，并不足以了解居间行为的全貌。因为居间合同中包含了委托的意思，即它与代理、行纪行为一样，都是代理人一方接受委托人的委托并为委托人办理特定事务的合同。譬如，代理人不仅可以从事直接代理，也可能从事居间代理业务。所以实质上居间也是一种代理。这在商业实务中非常明显，通常将这种居间人称为经纪商（brokers）。譬如，保险经纪就是基于投保人的利益，为投保人与保险人订立保险合同提供中介服务，促成投保人与保险人订立保险合同，并依法收取佣金的代理行为。

第二，无论是直接代理抑或间接代理，都是由代理人亲力实施代理行为，即交易相对人的选定，交易内容的协商以及交易条款的达成等均由代理人执行。而在居间代理的情况下，居间人只负责提供信息、报告机会、居中沟通，而交易的具体协商以及交易条款的达成均由当事人自己负责。

第三，在直接和间接代理中，代理人的佣金或者报酬是确定的；但在居间代理中，居间人的佣金或者报酬却具有不确定性。根据内地《合同法》第 427 条规定，如果居间人促成了合同的成立，则可以请求委托人支付报酬；如果居间人没有促成合同成立，则不得要求支付报酬，但可以要求委托人支付从事居间活动所支出的必要费用。

第四，在直接代理和间接代理中，代理人负有将代理后果转移给委托人的义务；而在居间代理中，居间人没有此项义务，因为居间人不是交易的实施者。

思考题

1. 商事代理与一般民事代理有何区别？
2. 商事代理权行使的特点有哪些？
3. 如何理解商事代理的独立性？
4. 商事代理中的代理人的主要权利与义务是什么？

第二篇

商法分论

第一章 公司法

导　读

本章是从比较法的角度研究公司如何设立、如何组织和管理、如何规范运行，以公司法的基本概念、基本知识、基本原理和基本制度为核心内容，讲求理论性和应用性的结合。

本章要求学生比较系统地理解和掌握公司法的基本原理、具体法律制度及其相应的规范，并能够在实践中灵活地运用，分析和处理有关公司实务问题。

第一节 公司的一般理论

一、公司的特征和功能

(一) 公司的特征

公司是指由两个以上的股东依照公司法的有关规定而组建的，以营利为目的的企业法人组织。公司具有以下的本质特征：

1. 公司是一种团体或组织

按照大陆法系的传统分类，法人按其成立基础的不同可分为社团法人和财团法人。社团法人是指因人的结合而取得独立权利主体资格，以社员的结合为其成立基础。财团法人是指因财产的结合而独立享受权利和承担义务的团体，以财产之捐助作为其成立基础。公司为典型的社团法人，一般是由两个或两个以上具有不同利益的主体联合而成的。作为例外，我国的《公司法》对国有独资公司和一人公司都作了规定，这些公司的股东虽然是单一的，但公司作为组织体，有一定的财产、组织机构、人员、固定的场所和住所等特征，并没有被否定；而且，现代公司的资本或股份的流动性趋于增强，公司的单一股东随时可能变为多数股东。单一主体投资或控制的组织、团体之所以被称为公司，这是社会经济发展所导致的对公司基本内涵的引申，也可能是公司本身或其概念使用上的一种特例。[1]

2. 公司是以营利为目的的社团法人

大陆法系国家根据设立社团法人目的的不同，又将社团法人分为公益社团法人和营利社团法人，前者以公益为目的，后者以营利为目的。强调公司设立与经营的唯一目的在于获取利润，所以公司是营利社团法人。公司的这一特征，既区别于不以营利为目的的公益社团法人，又区别于以行政管理为目的的公法人。

3. 公司必须依法设立

首先，在我国，公司要取得公司法上的法人资格，不仅必须具备《民法通则》第37条规定的条件，而且必须按照公司法规定的条件和程序设立。其次，公司必须遵守法定的组织形式。投资者设立公司时，可以在法律规定的公司形式中任选其一，但不得采取法律没有规定的公司形式或自行创设某种公司形式。在我国设立公司，即只能采取有限责任公司和股份有限公司两种形式。最后，公司

[1] 史际春，温烨，邓峰. 企业和公司法 [M]. 北京：中国人民大学出版社，2003：157.

依法设立而获得独立或相对独立的法律人格。公司拥有独立的财产，并以其全部财产对外承担民事责任。股东不对公司的债务直接承担责任，而是仅以其出资额或所持股份为限对公司承担责任。

（二）公司的功能

公司作为现代社会最重要的经济组织形式，其功能主要表现在以下几个方面：

（1）聚集资本。公司做为筹集资金最为有效的企业组织形式，在聚集资本的功能在股份有限公司中表现得尤为突出。相对于向银行贷款和发行债券，股份集资的无论是在成本上，还是在融资规模上都有明显的优势。

（2）便于集中和控制。公司不仅表现为单个个体的组织和活动，它同时可以表现为多个群体的集合性组织和活动。在资本进一步集中基础上形成的控股公司和公司间的联合，使资本效益和人力、财力得到统一、集中地发挥，使生产经营更加规模化和效益化。

（3）合理的产权结构便于科学管理。公司和股东的两个主体地位使二者的权利既各自独立，又相互制约。对于公司来说，它对由股东出资形成的财产享有所有权，享有完全独立支配的权利；而股东对其出资的财产再也不享有直接支配的权利，而是转为股权，即资产受益、重大决策和选择管理者等权利。这些权利不同于法人所有权，但可以制约公司的法人所有权，使其向符合股东的利益方向发展。

二、公司性质的各种学说[1]

（一）公司实在说

公司实在说认为，公司为一种实实在在的主体，可以像自然人那样有自己的主观意思，可以从事民事活动，有自己的行为能力。

（二）公司拟制说

公司拟制说认为，民事权利义务主体，应以自然人为限，非自然人不得为权利义务之主体，系由于法律将公司拟制为自然人。公司实质上就是法律所拟制的人或拟制的实体。

（三）公司否认说

此种学说不将公司看作一种民事主体，否定其独立的人格。又分为三种观

[1] 张民安，刘兴桂．商事法学［M］．广州：中山大学出版社，2002：123－126．

点，其一为目的财产说，认为公司本质上不过是为一定目的而存在的无主体财产而已；其二为受益人主体说，以享有公司财产利益之多数人为其实质主体；其三为管理人主体说，认为公司不过是公司财产之实际管理人而已。

（四）公司契约说

这种理论认为，公司本质上不过是那些与公司有利害关系的内部主体之间的订立的一种契约，公司实际上是这些利益关系主体之间的权利、义务和责任。公司契约说为现代英美公司法学家所采取。现代经济学家也提出了一种广义的契约理论，此种理论将公司看作一个法律拟制体，包含了一系列的个人之间的网状契约关系。这些个人包括劳动所有人、财物的所有人、资本的投入者和公司产品的消费者以及其他人。根据此种契约理论，公司的管理者是主要的行为人，为了实现投资回报而将所提供的各种资源结合在一起。

三、公司的种类

（一）无限公司、有限公司、股份有限公司和两合公司

大陆法系国家的公司法按照公司及公司股东对公司债务所负责任不同，可以把公司分为无限公司、有限公司、股份有限公司和两合公司。

无限公司，亦称无限责任公司，是指两个以上股东组成的，股东对公司债务负连带无限责任的公司。有限公司，又称有限责任公司，是指由两个或两个以上的股东共同出资，每个股东以其所认缴的出资额对公司承担有限责任，公司以其全部资产对其债务承担责任的企业法人。

股份有限公司，又称股份公司，是指注册资本由等额股份构成，并通过发行股份筹集资本，股东以其所认购的股份对公司承担有限责任，公司以其全部资产对其债务承担责任的企业法人。

两合公司，是指一人以上的无限责任股东与一人以上的有限责任股东所组成，其无限责任股东对公司债务负无限连带责任，有限责任股东对公司债务仅以其出资额为限承担有限责任的公司。

此外，有些国家的公司法还规定有股份两合公司，即在两合公司中的有限责任股东以认购股份的形式出资所形成的一种公司形态。

在上述公司类型中，被普遍采用的是有限责任公司和股份有限公司，这两种公司是当代最典型的公司组织形式。而无限公司和两合公司则为数不多，在有些国家中甚至已名存实亡。我国《公司法》中明确规定了有限责任公司和股份有限公司为我国公司的两种形态，“本法所称公司是指依照本法在中国境内设立的有

限责任公司和股份有限公司”。

（二）人合公司、资合公司及人合兼资合公司

根据公司的信用标准不同，可以将公司分为人合公司、资合公司及人合兼资合公司。

人合公司是指股东个人信用为基础的公司。无限公司是典型的人合公司。人合公司的对外信用不在于公司资本的多少，而在于股东个人信用如何。资合公司是指以资本的结合作为公司信用基础的公司。资合公司的对外信用不在于股东个人的信用，而在于公司资本的总额。资合公司通常有比较健全的制度，依赖制度化的管理，有较强的独立性，其经营和公司的存续与个别股东没有直接联系。有限责任公司和股份有限公司均属资合公司，股份有限公司尤为典型。

资合兼人合公司是指同时以公司资本和股东个人信用作为公司信用基础的公司，其典型形式为两合公司和股份两合公司。在这两种公司中，有限责任股东的出资或股本为公司提供了较稳定的资本，无限责任股东则以其能力和信用从事经营活动，从而将资本信用和人的信用结合在一起。

（三）封闭式公司和开放式公司

按照公司资本筹集方式及出资转让方式的不同，可以把公司分为封闭式公司和开放式公司。这是英美法系国家对公司的基本分类。

封闭式公司，英国称“private company”，美称“close corporation”，也有译为不公开公司、私公司、少数人公司或不上市公司。是指根据公司法而成立的，并且根据其公司章程，股东人数限制在 50 人以下，限制公司股份转让、禁止吸引公众购买其任何股份或任何债务的公司。此种公司类似于大陆法系国家的有限公司。

开放式公司，英国称“public company”，美称“share corporation”，也有译为公开公司、公公司、多数人公司或上市公司。这种公司的特点是它的股票可以在股票交易挂牌并公开进行交易。这种公司类似于大陆法系国家的股份有限公司。

英国还有一种公司称为有限保证责任公司。这种公司是指，股东除以其出资额为限承担有限责任外，还另外承诺对公司的债务承担一定数额的担保责任，以增加公司的对外信用。

（四）母公司和子公司

按照一个公司对另一个公司的控制与依附关系，可以把公司分为母公司和子公司。

母公司是一种控制性公司，凡积极拥有另一公司半数以上股份并直接掌握其经营的公司就是母公司。母公司和控股公司的概念相近，亦有所区别。控股公司仅控制另一公司半数以上股份，并不一定直接参加子公司的业务活动。而母公司则是直接掌握子公司的经营业务。

子公司是指其半数以上股份受其他公司控制的公司。母公司对子公司的控制可以是实际控制，实际控制可以无需掌握到半数以上的股份。各个国家除控股性子公司外也可以有全资性子公司。就母子公司的法律地位而言，二者都是具有独立主体资格的法人，依法独立承担民事责任。

（五）总公司与分公司

总公司亦称本公司，是管辖公司全部组织的总机构。关于业务的经营、资金的配置、财产的调度、人事的安排，均由总公司统一指挥决定。总公司在法律上具有法人资格。

分公司也需要依法设立及登记，但其作为公司的一种分支机构，不具有法人资格。其特征为：第一，分公司没有独立的名称，须以总公司的名义进行活动。第二，分公司没有自己的章程和独立于总公司的组织机构，它代表或代理总公司在一定的范围内开展活动。第三，分公司没有独立的财产，其从事活动的财产是由总公司拨付的，依法列入总公司的资产负债表。第四，分公司在经营活动中产生的债权债务关系由总公司承担，并由总公司以其全部财产对该债务负清偿责任。

（六）本国公司、外国公司和跨国公司

按照公司的国籍，可以把公司分为本国公司、外国公司和跨国公司。

关于公司国籍的认定，有下列一些学说：(1) 设立准据法主义，即依公司设立所依据的法律为本国法还是外国法来确定公司的国籍。(2) 股东国籍主义，即以公司股东的国籍或过半数出资者的所属国为公司的国籍。(3) 设立行为地法主义，即依公司设立登记行为所在地为本国还是外国来确定公司的国籍。(4) 住所地国籍主义，即以公司住所所在地的国家为其国籍。对于何为公司住所，也有不同的规定和理解，如有营业中心地说、总公司所在地说及事实上总公司所在地说等。

对于公司国籍的认定，我国兼采设立准据法主义和设立行为地法主义，即凡依我国法律在我国被批准登记设立的公司，不论外资多少，均为我国公司，是我国的法人。

外国公司，即不是按其所在国的法律而设立，只是在得到该国的认许或批准，并办理必要的登记手续后，在该国进行营业活动。因此，外国公司一般均为外国总公司在他国所设立的分公司，对分公司业务活动所在地的国家来说，称为外国公司。各国公司法对外国公司的成立和活动，大都有专门的规定，允许外国公司在其境内开展业务活动，享有与本国公司相同的权利能力和行为能力，但对其业务范围加以必要的限制。

跨国公司是指以本国为基地或中心，在不同国家或地区设立分公司、子公司或投资企业，从事国际性生产经营活动的经济组织。就跨国公司的性质而言，它并非一个严格的公司法概念，实为政治经济学或国际经济法的范畴。跨国公司与企业集团或集团公司基本相同，只不过是跨国公司具有国际性，其分公司、子公司分布于不同的国家。跨国公司在法律上不是一个独立的实体，其内部关系具体表现为母公司与子公司、总公司与分公司及其他参股投资关系，并受相应的法律规范调整。在各国公司法中，都没有专门用以调整跨国公司关系的条款。因此，跨国公司实际上并不是一种公司，它表现的是公司之间所形成的一种特殊的联系。一言以蔽之，跨国公司的法律问题实质上是母公司与子公司、总公司与分公司的法律关系问题。[1]

第二节　公司法概述

一、概念和性质

公司法是规定各种公司的设立、组织、活动和解散以及股东权利义务的法律规范的总称。

公司法有形式意义上的公司法与实质意义上的公司法之分。形式意义上的公司法是指体系化地制定于一个法律文件内的公司法，世界上多数国家都有这种以制定法形式表现的公司法。我国形式意义上的公司法是指 1993 年 12 月 29 日第八届全国人民代表大会常务委员会第五次会议通过，2005 年 10 月 27 日第十届全国人民代表大会常务委员会第十八次会议修订的《中华人民共和国公司法》。实质意义上的公司法则是指公司法律规范总称意义上的公司法，作为部门法意义上的公司法。

公司法的性质如下：

---

[1] 范健. 商法［M］. 3 版. 北京：高等教育出版社，2007：103－104.

1. 公法化的私法

从民商法的发展来说，19 世纪的商法更受民法意思自治原则的影响，而 20 世纪，尤其是 20 世纪 30 年代以来商法越来越受到国家干预和强制的影响。而公司法更是其中的典型。公司法具有私法和公法融合的特点。公司法是调和自由与安全两种价值冲突的产物。自由是私法自治的核心，在公司法中体现为设立自由、营业自由、竞业自由、解散及转让股份自由等，可以说，公司法是建立在市场经济当事人意思自治这个私法原则基础上的。但是，市场经济又需要安全，安全则体现为国家的必要干预。公司法中的国家强制是指国家基于公共目的在公司法领域所施加的强制，它是一个动态的、体系性的概念，涉及公司法立法、行政、司法等环节，因此，它比公司法强制性规范的概念外延要大得多。公司法中的国家强制就应该以保护股东免受他人专断意志的强制为目的，同时亦应防阻股东滥用自由侵害利益相关者权益的行为。[1]

2. 制定法

公司法的表现形式是制定法，大陆法系国家如此，以判例法为其特征的英美法系国家也是如此，两者都有比较详尽且经常修改变化的成文公司法。不同的是，在英美法系国家中有关公司的一些判例可以作为公司法的法源，即可以与成文的公司法共同成为实质意义上的公司法。我国的公司法也是以制定法为表现形式，广义上的公司法包括是指包括公司法在内的一系列法律、法规所组成。

3. 具有国际性的国内法

公司法是具有一定国际性的国内法。一方面，公司法就其本质特征来说是一种国内法，它是本国发展经济的重要法律之一，各国都非常重视。另一方面，公司法又是国际经济贸易交往中必须考虑的重要法律。公司法所涉及的公司不仅有本国公司，还有外国公司、跨国公司。本国公司中又有本国资本与外国资本合资经营的公司。我国公司法中也有独立的外国公司的分支机构一章。这就使公司法又具有一定的国际性。

二、公司法的沿革

（一）西方公司法的发展

西方国家公司立法已有三百多年的历史。公司立法促进了公司制度的不断发展和完善，同时，公司立法也随着公司制度的发展而不断完善。

---

[1] 邓辉. 论公司法中的国家强制［M］. 北京：中国政法大学出版社，2004：1.

西方国家公司立法的一个出发点是保护资本的自由流通和安全流通，这样就必须确保股东的权利和权益。早期公司立法普遍注意规定公司中的股东的权限，特别是体现股东意志的股东会的权力。“谁出钱、谁管理”的原则让位于“谁出钱、谁决策”的原则。股东通过股东会牢牢掌握住公司重大事务决策的权力。第二次世界大战后的公司立法有了新的发展，董事会的权限不断扩大。股东会过多地干预会影响经营管理决策指挥的效率，于是许多国家立法都规定了股东的派生诉讼权，即赋予股东在董事会决议侵犯股东合法权益时提起诉讼的权利。欧洲公司法草案还规定由股东直接推选独立的审计员，该审计员不向监事会和董事会负责。所有这些都是在新条件下公司法确保股东权益的新措施。

西方国家公司立法的第二个出发点是确保公司这种经济组织能够自由经营、安全经营以及尽可能快地扩大规模经营。早期公司法都明确规定了资本不变原则，即股东不得抽回股本或变相抽走资本，以保障公司享有独立于股东的全部、完整的财产权。“二战”后公司立法有了新的发展，许多国家采取了授权资本制，公司的首期股份不必认足和缴足股款，即可成立公司，这样就加速了公司的设立。一些国家公司立法规定了法定公积金制度，规定必须提取法定公积金才能分派股利，这就加速了公司规模的扩大。一些国家公司立法规定了重整制度，使公司避免破产后对社会经济带来的震荡。这些都是公司立法扶持和保护公司的有力措施。

西方国家公司立法的第三个出发点是保护善意第三人的合法权益。早在中世纪时的商事习惯法就规定了商事交往中对善意第三人保护的原则。保护善意第三人利益在经济秩序中就是保护社会正常交易的安全，就是保护与公司进行正常业务交往的个人和经济组织的合法利益。当公司股东承担的责任从无限责任转到有限责任时，保障与公司交往的第三人利益尤为重要，公司法所确立的资本真实原则就是对此所作的法律保障。20 世纪后，尤其是“二战”后，公司立法更体现了在自由、放任主义的基础上加强国家必要的干预。严格的“公示主义”就是这一干预的重要表现，必须向社会公开披露的事项越来越多，越来越严。

（二）我国公司法的发展

19 世纪末清朝政府仿效欧美国家通过集股方式兴办轮船、电报等企业，著名的轮船招商局就是以现代集股方式成立的我国最早的公司之一。在清末的法律改革中，清政府任命沈家本和伍廷芳为法律大臣，同年成立商部，把修订商律作为主要工作，开始制定商人通例和公司律。清光绪二十九年十二月（1904 年 1 月）正式颁行公司律，共 131 条，成为我国第一部公司法。但这部公司法因为体例和内容上都存在许多问题，而且不符合中国国情和当时的实际需要，所以法律一颁布就为当时的商界所反对。1907年开始，清政府联合各地的商会，在进行普遍的商事习惯调查的基础上，重新制定公司法。同年11月，《商法调查案理由书·公司律》集全国各地商会之力，在比较各国法例，参酌传统商事习惯的基础上，对《公司律》进行了事实上的修改。这部法律草案为农工商部所采用，但未及颁布，清廷已经灭亡。中华民国北京政府在这部法律的基础上，于1914年颁布了《公司条例》，全文共6章251条。1929年12月，南京国民政府颁布了新的公司法，共6章233条，这是一部比较完整的现代中国公司立法。1946年这部公司法做了较大的修正，共10章361条。目前我国台湾地区的“公司法”就是在这部公司法的基础上经过1966年、1968年、1969年、1970年、1980年、1983年、1990年、1997年、2000年、2001年、2005年多次修订至今。

中华人民共和国成立废除了原中华民国的一切法律，包括公司法。1956年，随着社会主义改造的完成，公司作为一种组织形式在我国大陆已经基本不存在了。改革开放以后，为适应市场经济需要，公司制度重获生机。1983年，由国家经委、国家体改委开始起草公司法。但当时计划经济仍占主导地位，虽然已经有了少量比较规范的有限责任公司，但股份有限公司的实践尚无，更没有股票上市的公司，缺乏制定统一公司法的实践基础和外部环境。从1986年开始，公司法起草方案改为分别起草有限责任公司条例和股份有限公司条例。但最终在1992年的审议过程中，全国人大常委会决定制定一部覆盖面更宽一些、内容更为全面的公司法。1993年12月29日第八届全国人民代表大会常务委员会第五次会议通过，经过了1995年、2004年、2005年和2013年大幅度修订至今。

第三节　公司的设立制度

一、公司的发起和设立

（一）公司设立的概念

公司设立，是指发起人为组建公司，使其取得法人资格所进行的一系列法律行为的总称。

公司设立的本质在于使一个尚不存在或正在形成中的公司逐渐具备条件并取得商事主体资格。

公司设立与公司成立是两个完全不同的概念。公司成立是指公司经过设立程序，具备了法律规定的条件，经主管机关核准登记，发给营业执照，取得法人资格的一种状态或事实。而公司设立则是发起人创设一个具有法律人格的社会组织的过程或行为。它们主要存在以下区别：(1) 发生阶段不同。设立行为发生于公司成立之前，成立则发生于公司被依法核准登记之时，成立是设立行为被法律订可后的一种法律后果，因此，设立是公司成立的前提，没有公司设立行为，也就没有公司的成立；成立则是公司设立的继续或后果。公司设立并不当然导致公司的成立，当公司设立无效时，公司便不能成立。(2) 行为性质不同。设立行为发生于发起人或发起人与认股人之间，是一种私法行为，其要素是设立人的意思表示；而成立行为则发生于发起人与登记主管机关之间，实际上是公司设立行为与公司设立主管机关和登记机关的登记行为或认可行为的结合，是公司取得法人资格及相关权利能力和行为能力的法律事实或法律状态，此时的行为主要是登记主管机关的行政行为，具有公法性质。(3) 法律效力不同。在公司设立阶段，公司尚不具备独立的法律主体资格，其对内、对外关系视同为合伙，如公司最终未获准登记，因设立公司所发起的债权债务关系，类推适用有关合伙的规定；如公司被核准成立，发起人为设立公司所实施的法律行为，其后果归属于公司，其债务则由成立后的公司承担。(4) 解决有关行为争议的依据不同。设立过程中的争议和纠纷，一般依照发起人之间订立的协议解决。而成立过程中，因设立事实能否得到登记机关或审批机关的登记认可或批准所产生的争议，一般依照有关行政法规解决，并多表现为行政争议，当事人可以提起行政诉讼。

(二) 设立的原则

公司设立的原则是公司设立制度建立的基础，概括来说，经历了自由设立主义、特许主义、核准主义、准则主义（单纯准则主义到严格准则主义）几个阶段：

自由设立主义又称放任设立主义，指是否设立、设立何种公司、怎样设立等设立事宜，完全由当事人自由为之，法律不加任何干涉。这种原则在欧洲中世纪末自由贸易时代颇为盛行。但是，这种设立原则下的设立过程过于随便，影响经济秩序的稳定，所以后来各国或地区的公司立法很少采用这种设立原则。

特许设立主义，是指公司的设立必须经过国家元首特别许可或者经过国家立法机关颁发特别法令予以许可。这种原则带有浓厚的封建特权色彩，不能适应公司普遍发展的要求，所以，近代各国或地区公司立法除对某些特殊公司仍采取特许设立主义原则外，对一般的公司很少采用。

核准设立主义又称许可设立主义，是指公司设立除了必须具备法律所规定的条件外，还必须经过行政主管机关核准，否则不得成立。这种原则与特许设立主义的原则的区别在于将特权赋予了国家的行政机关而非特权机关。现在除了适用于设立银行等与国计民生有密切联系的行业的公司外，该原则在多数情形下也不被广泛采用。

单纯准则设立主义是指公司的设立，凡符合国家法律规定要件即可，不需经权力机关或行政机关核准。这种原则适用了公司大量出现的形势，有利于公司的普遍发展，但容易导致公司滥设和利用公司欺诈等不良后果。

严格准则设立主义是指公司的设立，不仅要符合国家法律规定的要件，还必须经过国家主管机关登记才能成立及取得独立主体资格。这种原则既无特许设立主义和核准设立主义的烦琐，又避免了自由设立主义与单纯准则主义程序过于简单和不利于管理的弊病，所以被当今大多数国家和地区的公司立法所采用。

我国修订后的《公司法》[1] 删除了原《公司法》要求股份有限公司的设立应当获得国务院授权的部门或者省级人民政府批准的规定，从而改变了原有的二元立法，实行了公司设立的一元立法体例，规定："设立公司，应当依法向公司登记机关申请设立登记。符合本法规定的设立条件的，由公司登记机关分别登记为有限责任公司或者股份有限公司；不符合本法规定的设立条件的，不得登记为有限责任公司或股份有限公司。"相对于原有的审批制，严格准则制对于简化公司设立程序，减少不合理的行政干预控制，促进资源配置有着重要的意义。

（三）设立的方式

1. 发起设立

发起设立，是指公司的资本由发起人全部认购，不向发起人之外的任何人募集而设立公司的方式。依这种设立方式，公司设立人或发起人只要认足了股份或出资额，即可登记成立公司，设立的程序较为简单，所以又称"简单设立"或"单纯设立"。设立有限公司，只能采取发起设立的方式；设立股份公司，既可采取发起设立的方式，也可以采取募集设立的方式。

2. 募集设立

募集设立是指由拟设立公司的人或发起人认购公司发行的部分股份或资本，其余部分向社会公开募集的公司设立方式。募集设立是股份有限公司设立时可以选择采取的一种方式。由于其程序比较复杂，如需要制订和公布招股说明书、需

[1] 本书若无特别指明，《公司法》是指2005年修订的版本。

要召开创立大会等，所以又称“复杂设立”。

按照2013年《公司法》第77条第3款的规定：“募集设立，是指由发起人认购公司应发行股份的一部分，其余股份向社会公开募集或者向特定对象募集而设立公司。”由此可见，我国的募集设立可以分为社会募集设立和定向募集设立两种形式。社会募集设立，是指公司发行的股份除由发起人认购外，其余股份应向社会公众公开发行。定向募集设立，是指公司发行的股份除由发起人认购外，其余部分可向特定法人或特定自然人（如内部职工等）发行，但不公开向社会发行。

各国公司法对采取募集方式设立公司时发起人认购的股份应占发行资本总数的比例，大多有限制性规定。这对于加重发起人的责任，保护广大投资者的利益是必要的。为此，我国《公司法》第85条规定，以募集设立方式设立股份有限公司的，发起人认购的股份不得少于公司股份总数的35%；但是，法律、行政法规另有规定的，从其规定。

二、公司设立的要件

取得公司法人资格，必须满足公司法规定的实质要件和程序要件。

（一）实质要件

1. 组织要件

组织要件，包括公司的名称、种类、公司章程、组织机构、法定最低资本以及经营场所。

设立公司必须确定公司的名称，制定公司章程，建立符合法律要求的组织机构，出资或股本要达到法定资本的最低限额，要固定的生产经营场所。公司的名称是公司与其他经济组织相区别的标志，是公司的法定登记事项。公司章程是公司社团法人的自治规则，是公司股东与公司意思表示一致的反映。而作为社会组织的公司，其团体意志的形成和实现均须借助于一定的组织机构，没有一定的组织机构，公司就不能作为有意志的独立主体进行活动，也不可能享有权利和承担义务。公司的注册资本则是公司运营的物质基础，是公司债务的总担保。而场所则是公司从事生产经营活动的地方，是公司组织体赖以生存的空间。因此，我国公司法要求，无论是有限责任公司还是股份有限公司，都须有公司名称，有公司章程，有注册资本，有符合要求的公司组织机构，有固定的生产经营场所。

2. 发起人要件

发起人，亦称创办人，是指订立公司发起协议，提出设立公司申请，向公司出资或认购股份，并对公司设立承担责任的人。由于发起人负有出资或认购股份的义务，在公司成立后即成为公司的首批股东。

（1）发起人的人数限制。决定公司类别之后，应依照有关法定股东人数的要求而组建公司。修订后的《公司法》允许一人公司的设立，因此有限责任公司由50个以下股东出资设立，而股份有限公司应当有2人以上200人以下的发起人。

（2）发起人的资格限制。发起人的资格限制主要包括两个方面，一方面是发起人的身份限制，另一方面是发起人的住所要求。我国《公司法》对发起人的国籍没有具体限制，即外国公司或其他组织和个人，只要符合法律规定的条件，都可以成为公司的发起人。但是，自然人作为发起人，应具有完全民事行为能力；法人作为发起人，应为法律上不受特别限制的法人。我国现行法律规定，禁止党政机关及国家公务人员作为公司的发起人。对于发起人住所的限制，我国《公司法》则要求股份有限公司的发起人须有半数以上在中国境内有住所。

3. 物的要件

物的要件，是指作为资合公司的有限责任公司和股份有限公司所应具备的必要的物质条件，其中最主要的是资本条件。我国《公司法》将股东出资应达到法定资本最低限额作为设立公司的法定条件之一，并分别规定了各类公司注册资本的最低限额。公司法中关于股东的出资方式、出资构成、出资程序、出资转让等将在后面的章节里详细介绍。

4. 行为要件

行为要件，是指公司发起人必须完成规定的设立行为，且设立行为须符合法律规定，否则公司不能成立。设立行为是公司发起人为创办公司所从事的一系列连续性的准备行为，包括签订发起人协议、订立公司章程、认缴出资、确定公司机关、申请注册登记等。

（二）程序要件

（1）申请“设立登记”。设立有限责任公司和股份有限公司的程序在后面的章节里详述，这里不重复了。

（2）登记机关审查、发照登记。登记机关对申请人报送的文件进行审查。对符合公司法所定条件的，进行设立登记，发给营业执照。营业执照签发之时，即为公司成立之时。

三、发起人对外订立合同的责任承担

在公司设立过程中，发起人对外订立的合同有的以设立中的公司名义签订，有的以自己的名义签订，导致合同相对人往往不清楚合同的责任主体。为解决发起人对外订立合同的责任承担问题，《最高人民法院关于适用〈中华人民共和国公司法〉若干问题的规定（三）》（以下简称《公司法解释（三）》）以“外观主义”为标准确定合同责任主体。

（一）发起人以自己名义对外订立合同的情形

发起人以自己名义对外订立合同，合同相对人请求该发起人承担合同责任时，该发起人应承担合同责任。公司成立后，若对该合同予以确认，或者公司已经实际享有合同权利或履行合同义务，合同相对人请求公司履行合同义务的，公司应当承担合同责任。

（二）发起人以公司名义对外订立合同的情形

发起人以公司名义对外订立合同，合同相对人请求公司承担合同责任时，公司承担合同责任。但是，如果公司有证据证明发起人是为了其自己的利益而订立的合同，且能够证明合同相对人也明知或应当知道合同最终的利益归属为该发起人，则公司不承担合同责任，由该发起人个人承担。如果公司仅有证据证明该发起人是为了自己的利益而订立合同，却没有证据证明合同相对人明知或应当知道合同的最终利益归属于该发起人，则仍由成立后的公司承担合同责任。

四、发起人的责任

发起人是公司设立行为的具体实施者。发起人的设立活动对于认股人、因设立活动而成立的公司都有直接的影响，为了增加发起人的责任感，防止滥设公司以及以公司名义进行欺诈活动，各国公司立法均对发起人规定了较为严格的民事责任。

（一）在公司成立的场合，发起人的责任

1. 资本充实责任

发起人须保证公司在登记时，其财产的实际价值不得少于章程所规定的资本额。如果公司登记时其财产不能满足章程所规定的数额时，发起人有义务填补这部分差额。这种责任又称为“差额填补责任”或“差额责任”，它是由德国公司法所确立的发起人的一项重要义务。此后，大多数国家的公司法规定，凡未能缴足首期发行股份的，以及认股人逾期不能交付股金的，发起人应负连带认缴责任。我国《公司法》第 31 条规定：“有限责任公司成立后，发现作为设立公司出资的非货币财产的实际价额显著低于公司章程所定价额的，应当由交付该出资的股东补交其差额；公司设立时的其他股东承担连带责任。”从而也确立了这一义务。其目的是保证公司资本的充实，以维护公司和债权人的利益。而我国《公司法解释（三）》对非货币财产出资是否到位采用了权属变更与财产实际交付并重的司法判断标准，并确定了由法院对未进行评估作价的非货币财产委托评估作价的程序规则。

2. 损害赔偿责任

《公司法解释（三）》规定，发起人因履行公司设立职责造成他人损害的，公司成立后受害人可以请求公司承担侵权赔偿责任。为防止发起人借设立公司之名侵害公司及第三人利益，各国公司法要求发起人须就自己的设立行为对公司负责。我国《公司法》第95条第（三）项明确规定："在公司设立过程中，由于发起人的过失致使公司利益受到损害的，应当对公司承担赔偿责任。"这一规定与国际法上的做法是一致的。

（二）在公司不能成立的场合，发起人的责任

（1）对设立行为所产生的债务和费用负连带责任。设立费用及债务应由成立后的公司承担，但当公司不能成立时，只能由实施设立行为的主体（发起人）承担。由于发起人之间的关系近似于合伙关系，因此各国立法一般准用合伙的有关规定，即由发起人对设立行为所生费用和债务负连带赔偿责任。发起人因履行公司设立职责造成他人损害的，公司未成立，受害人可以请求全体发起人承担连带赔偿责任。

（2）对已收股款负返还的连带责任。在采取募集方式设立公司的情况下，发起人对认股已缴纳的股款，还负有返还股款并加算同期存款利息的连带责任。

五、公司章程

（一）公司章程的意义

订立章程是公司设立的基本步骤，诸如确定公司的名称和住所、明确各股东或发起人及其出资或认股的份额、产生公司的机关等，都可包括在公司章程的范畴中。没有章程，就不能设立有限公司和股份公司，各国法律对其章程及条款都有较严格的要求。

我国《公司法》在第11条规定："设立公司必须依法制定公司章程。公司章程对公司、股东、董事、监事、高级管理人员具有约束力。"第12条规定："公司的经营范围由公司章程规定，并依法登记。公司可以修改公司章程，改变经营范围，但是应当办理变更登记。公司的经营范围中属于法律、行政法规规定须经批准的项目，应当依法经过批准。"这一规定表明，公司章程首先是

规范股东之间及公司内部关系的准绳，相当于公司发起人或股东间的契约，对股东和由股东利害关系派生的股东会、董事会、监事会等公司机关及其成员均有约束力。其次公司章程是规范公司与第三人关系和政府对公司进行监督管理的基本依据。为了维护第三人利益和社会交易安全，公司的住所、法定代表人、注册资本、经营范围、股东或发起人的姓名等章程主要内容，须向社会公开，以供社会查阅。工商行政管理机关亦根据依法登记的章程，对公司进行管理监督。

（二）公司章程的内容

依据法律对公司章程记载的事项有无明确规定，以及所记载事项对章程效力的影响，章程的内容可以分为绝对必要记载事项、相对必要记载事项和任意记载事项。

1. 绝对必要记载事项

绝对必要记载事项，是指依法必须在章程中记载的条款，缺少其中任何一项，章程即为无效，公司登记机关不予登记。对于章程的绝对必要记载事项，各国公司法都予以明文规定，主要是公司性质所要求的章程必备条款。通常包括公司的名称、住所地、公司的宗旨、注册资本、财产责任等。我国《公司法》第25条和第82条分别对有限责任公司和股份有限公司中章程的绝对必要记载事项作出明确的规定。

2. 相对必要记载事项

相对必要记载事项，是指在章程中未记载时不影响章程效力的条款。如果缺乏这种条款，仅该未记载的事项不发生效力，或者可以适用法律的具体规定；章程中对此加以记载时，所记载的条款则发生法律效力。我国《公司法》对相对必要记载事项没有明确列举。

3. 任意记载事项

任意记载事项，是指法律上没有规定或要求，完全由当事人根据需要，在不违反法律和社会公共道德的前提下，在章程中记载某些事项的条款。我国《公司法》第25条第（八）项和第82条第（十二）项规定来看，“股东会（或股东大会会议）认为需要规定的其他事项”当属于任意记载事项。

（三）公司章程的法律效力

1. 公司章程的对内效力

公司章程实际上是公司与股东董事等人之间的一种契约，因此任何一方均应根据公司章程享受自己的权利和承担自己的义务。如果某一方违反自己的义务并因此损害他人的权利，即应对他方承担违约责任。

2. 公司章程的对外效力

公司章程是公司第三者表明信用和相对人了解公司组织和财产状况的重要法律文件。2005 年《公司法》删除了原有的第 11 条第 3 款“公司应当在登记的经营范围内从事经营活动”的规定，规定公司只要依照法定程序修改公司章程，就能改变公司经营范围，公司应当对章程的变更进行登记，而其具有对外效力。

第四节　公司的人格与能力

一、公司的人格

（一）公司的法人格

公司作为最典型的法人，之所有具有独立的人格，一方面体现在它能够独立地承担法律责任；另一方面则表现在公司必须独立于股东之外。首先公司能够具有独立的法律人格，主要是因为它具备了团体人格独立的四大要素，即独立财产、独立名称、独立意思和独立责任。其中以独立财产为本，独立名义为表，独立意思为其动力，独立责任为其一切商事活动的最终归宿。从这个意义上讲，独立财产与独立责任是法人独立人格的两大基本支柱，而独立责任是独立财产的最终体现。

（二）公司独立人格的否认

1. 概念

公司法人人格否认，又称“刺破公司面纱”或“揭开公司面纱”，是指为了阻止公司独立人格的滥用和保护公司债权人利益及社会公共利益，就具体法律关系中的特定事实，否定公司的独立人格，责令股东对公司债权人或公共利益负责，以实现公平和正义为目标而设置的一项法律制度。

我国原有的《公司法》中没有相关的规定，2005 年《公司法》在第 20 条增加了规定：“公司股东应当遵守法律、行政法规和公司章程，依法行使股东权利，不得滥用股东权利损害公司或者股东的利益；不得滥用公司法人独立地位和股东有限责任损害公司债权人的利益。公司股东滥用股东权利给公司或者其他股东造成损失的，应当依法承担损害赔偿责任。公司股东滥用公司法人独立地位和股东有限责任，逃避债务，严重损害债权人利益的，应当对公司债务承担连带责任。”

第 64 条规定："一人有限责任公司的股东不能证明公司财产独立于股东自己的财产的，应当对公司债务承担连带责任。"

2. 公司独立人格否认制度的适用条件

（1）适用法人人格否认法理的主体要件。它包括法人人格滥用者和法人人格否认的主张者。一般而言，法人人格滥用者应限定在公司法律关系的特定群体之中，即必须是该公司握有实质控制能力的股东。而法人人格否认的主张者一般是法人人格滥用的受害者，通常是公司的自愿和非自愿的债权人或者是代表国家利益和社会利益的政府部门。只有他们有权提起"揭开法人团体面纱"之诉，通过司法途径得到事后的救济。

（2）有滥用法人人格行为的存在。这些行为的主要表现有：一是资产显著不足。资产显著不足，是指公司的资产总额与其所经营事业的性质及隐含风险相比明显不足，可判令股东承担责任。二是关联法人间的过度控制。主要表现为母公司与子公司实施了过度控制，母公司完全操纵子公司的决策过程，使被操纵的子公司完全丧失了独立性。三是公司与股东人格混同，指某公司与成员之间及其公司与其他公司之间没有严格的分别，即通常所称的"一套人马、两块牌子"。四是利用公司回避契约义务的场合。如公司独立人格成为股东回避契约义务的工具，而将契约对方当事人置于极为不利的地位。五是利用公司规避法律义务，主要是指利用公司法人人格规避税法、公司法等法律规定的法定义务。

（3）法人人格滥用行为造成了实际民事损害，并且这种滥用行为与造成损害的结果之间有直接的因果关系。

但应当明确的是，适用公司法人人格否认的效果仅为在特定的法律关系中否认公司的独立人格，从而追究滥用法人人格的股东的责任，实现利益补偿。但这个法律制度的存在，并不意味着彻底否认公司的法人人格，维护公司的独立人格仍然是公司法适用的一般原则。

二、公司的能力

（一）公司的权利能力

1. 公司权利能力的概念

公司的权利能力是公司作为法律上的主体，从事法律所允许的活动，享有权利和承担义务的资格。公司的权利能力，始于公司成立，终于公司终止。在市场经济条件下，公司的权利能力主要表现为依自己的意思从事市场经营和流转活动的能力，无论在中国或外国，公用事业公司、国有控股公司或国有资产经营公司，依法或经授权也可拥有经济管理方面的能力或职能。此外，公司在接受政府管理、在劳动和社会保障等关系中，也享有行政法和劳动法等方面的权利能力。

2. 公司权利能力的特点

公司作为法人，与自然人相比，它的特点在于：

(1) 公司不能享有专属于自然人的权利义务。这是公司由于自身性质而在能力上受到的限制。自然人基于出生，享有一些作为生命体所必需的权益，如生命权、健康权、人身自由权等公司无法享有；另外，肖像权、亲属身份权、继承权等也不能由公司享有。但是，公司可以享有非专属于自然人的名称权、名誉权和荣誉权等人身权。

(2) 公司权利能力受公司目的范围影响。自然人的权利能力是普遍的、平等的，而公司的权利能力是由法律特别赋予的，不同公司的设立宗旨不同，其权利能力的大小和范围也不同。2005 年的《公司法》删除了 2004 年《公司法》第 11 条第 2 款“公司应当在登记的经营范围内从事经营活动”的限制性规定。2005 年的《公司法》第 12 条第 1 款规定：“公司的经营范围由公司章程规定，并依法登记。公司可以修改公司章程，改变经营范围，但是应当办理登记。”第 2 款规定：“公司的经营范围中属于法律、行政法规规定须经批准的项目，应当依法经过批准。”由此，可见我国《公司法》也明确抛弃了公司经营范围构成公司权利能力与行为能力的限制。

(3) 公司权利能力须受到公司法和其他法律、法规的一般或具体的限制。为了保证公司的正常运行和活动，维护他人及社会的利益，公司法上对公司的权力能力有所限制。

① 转投资的限制。公司作为民事、商事主体应具有向其他公司或经济组织投资的权利能力，但为了保证公司的正常运行，维护公司债权人的利益，各国公司法对公司转投资均毫无例外作出了限制。这种限制主要体现在两个方面：一是对投资对象的限制，二是投资规模的限制。我国 2004 年《公司法》规定：除投资公司、控股公司外，公司向其他公司投资的累计投资总额不得超过本公司净资产的 50%。2005 年的《公司法》取消了这一规定，但明确规定除法律另有规定外，公司不得成为对所投资企业的债务承担连带责任的出资人。

② 贷放款项的限制。公司之资本是公司运营和对外承担责任的物质基础和保证，将公司资金借贷给他人，不仅违背了股东投资目的，也超越了公司的经营范围，因此为大多数国家的公司立法所禁止。我国 2004 年《公司法》规定：“董事、经理不得以公司资产为本公司的股东或其他个人债务提供担保。”对此，学

界多年来一直存在不同的看法。2005 年的《公司法》考虑到担保应为公司的自主权利，将 2004 年《公司法》的规定修改为："公司为公司股东或者实际控制人提供担保的，必须经股东会或者股东大会决议。前款规定的股东或者受前款规定的实际控制人支配的股东，不得参加前款规定事项的表决。该项表决由出席会议的其他股东所持表决权的过半数通过。"这一修订既体现了对股东投资的保护，又充分尊重了公司合法的意思自治。

(4) 设立中公司不享有法人的权利能力，解散后的公司只能在清算范围内享有权利和承担义务。在公司法理论上，设立中的公司是没有权利能力的社团，发起人只能以设立中的公司名义从事与设立活动有关的活动，其对内、对外关系均适用有关合伙的法律规定。解散后的公司，在依法进行清算的阶段，其权利能力虽仍然存在，但仅限于清算范围内的活动，不得从事与清算无关的业务活动。

(二) 公司的行为能力

公司的行为能力，是指公司以自己的意思或行为独立地取得权利、承担义务的资格。由于对法人的本质有不同的看法，因此在对待公司的行为能力问题上，也存在分歧。根据法人拟制说，法人仅在观念上成为私法主体，并不实际存在，从而也就没有意思表示能力或行为能力。董事或董事长是公司的代理人，董事在公司章程授权范围内的行为是代理行为，其法律后果依民法上的代理关系而由公司承受。根据法人实在说，法人具有团体意思，团体意思通过法人机关而对第三人表示；董事会或董事是法人机关，而不是法人的代理人，故董事会或董事的职务行为是公司自身的行为，而不是代理行为。

关于法人行为能力的立法例大致有两种：一是避免就法人有无行为能力作判断，仅确何种行为应由法人负责任。如：《德国民法典》、《日本民法典》、我国台湾地区"民法典"均未规定法人有无行为能力。二是明文规定法人有行为能力，法人透过其代表机关进行意思表示。如：《瑞士民法典》第 54 条、第 55 条规定："法人依照法律或章程设立必要的机关后，即具备行为能力"，"法人的意思，由其机关表示"。我国《民法通则》第 36 条规定，法人具有民事行为能力，因而，作为法人的公司也应该具有民事行为能力。可见，我国民法采取法人实在说，并明文规定法人有行为能力。

公司不同于自然人，其本身不能实施民事行为，是通过它的机关来实现其行为能力的。公司的机关是公司的组成部分，公司机关以公司名义对外进行的民事法律行为就是公司本身的行为。因它体现着公司的团体意志，代表的是公司的整体利益，其产生的权利和义务自然应该由公司享有和承担，所以，公司的行为能力是通过公司的机关来实现的。

（三）公司的侵权行为能力

侵权行为能力以意思表示能力为前提。法人拟制说不承认法人有意思表示能力，当然主张法人无侵权行为能力；超过法人目的范围的行为属代理人的越权行为，法人对该行为不负责任。法人实在说认为法人有意思表示能力，当然主张法人侵权行为能力。

我国民法采用法人实在说，明白无疑地确认了公司的侵权行为能力。《民法通则》第 106 条规定："公民、法人由于过错侵害国家的、集体的财产，侵害他人财产、人身的，应当承担民事责任。"《公司法》第十章更进一步明确规定了公司的法律责任，因此公司具有侵权行为是显而易见的。

公司侵权行为能力须具备下述几个要件：

（1）须属公司代表机关或者其他有权代表公司者实施的行为。对外代表公司的自然人实施与执行职务无关的行为而致人损害，则不应由公司负责。

（2）须是公司机关成员在执行公司职务时所实施的行为。机关成员本身具有独立的自然人和法人代表的双重身份，只有当机关成员行使法律或公司章程所规定的职权，或者在职权不明而以公司的名义从事经营活动时，其行为才能代表公司。相反，如果公司机关成员以自然人身份从事以自己经济利益有关的经营活动时，其行为则只能由其个人负责。

（3）须是机关成员在执行职务时所实施的侵权行为，即必须具有一般侵权行为的要件。公司因侵权行为致他人受损害时，对受害人负损害赔偿责任。公司赔偿了他人损害后，可视具体情况请求实施侵权行为的公司机关成员作出补偿，但这种补偿在性质上已非民事责任，而是根据公司章程及公司内部规章制度所承担的一种内部责任。

（四）公司的社会责任

公司的社会责任最早由美国学者 Dodd 提出，它是现代公司制度的一个特点。在现代社会，公司规模日益扩大，其影响力已经远远超出单纯经济体的范畴。开始出现大量公司滥用权力的事件——工业事故频繁，劳工缺乏社会保障，环境污染严重等。因此，公司的责任不应仅仅是对股东的，还应该对所有公司的利益相关者——职工、债权人、客户、所在社区——乃至整个社会负责，这就是公司的社会责任。公司社会责任的提出给传统公司股东利益至上和公司利润最大化理念带来了巨大的挑战。

我国 2004 年《公司法》第 14 条要求"公司从事经营活动，必须遵守法律，遵守职业道德，加强社会主义精神文明建设，接受政府和社会公众的监督”，体现了社会主义法制下对公司的要求，但该条没有明确声明公司履行社会责任的义务。2005年《公司法》第5条第1款明确规定：“公司从事经营活动，必须遵守法律、行政法规，遵守社会公德、商业道德，诚实守信，接受政府和社会公众的监督，承担社会责任。”

第五节 公司的资本制度

一、公司资本原则

为使公司拥有、维持其得以运作及从事活动的必要的资本，公司法上形成了一系列相关规定，大陆法系学理上将其概括为公司资本“三原则”。由于股份公司是典型的资合公司，因而“三原则”集中体现在股份公司制度中。但有限公司也在相当程度上具有资合关系，因此资本“三原则”同样适用于有限公司。

（一）资本确定原则

资本确定原则，是指公司在设立时，必须在章程中对公司的资本总额作出明确的规定，须由股东全部认缴，否则公司就不能成立。为大陆法系国家公司法所确认的资本确定原则，其含义有二：一是要求公司资本总额必须明确记载于公司章程，使之成为一个具体的、确定的数额；二是要求章程所确定的资本总额在公司设立时必须分解落实到人，即全体股东认缴。

（二）资本维持原则

这一原则又称“资本充实原则”或“资本拘束原则”，是指法律要求公司成立以后尽量维持与其注册资本或发行资本相当的资产。其目的旨在只保护债权人的利益和社会交易安全。资本维持原则在现代公司法上越来越重要。由于各国日益趋向于授权资本制，因此公司在动态运作中保持资本就成了立法规制的核心。英美法上的反欺诈性产权转让、对自我交易和关联交易的控制、对高级管理人员报酬的控制等，都可以看作这一原则的体现。

我国《公司法》第36条和第92条中关于不得抽逃出资的规定；第167条中关于亏损弥补的规定；第128条关于股票发行价格不得低于票面金额的规定；第143条关于公司不得收购本公司股票的规定等都是资本维持原则在我国《公司法》中的体现。为了使该原则更具可操作性，《公司法解释（三）》第13条明确规定了通过诉讼救济的途径维护公司资本充实。

（三）资本不变原则

这一原则，是指公司的注册资本或资本金确定以后，非依法定程序，不得任意减少或增加。公司随意减少资本，固然会损害债权人和社会的利益，而公司不必要的任意增加资本，减少了可供向股东分配的利润，也会损害股东的利益。

我国《公司法》第 7 条规定："公司的营业执照应当载明公司的名称、住所、注册资本、实收资本、经营范围、法定代表人姓名等事项。公司营业执照记载的事项发生变更的，公司应当依法办理变更登记，由公司登记机关换发营业执照。"换言之，当公司的注册资本发生变化时，必须在公司登记机关进行变更。再如，公司的注册资本是公司章程的必要记载事项，根据《公司法》第 44 条规定，股东会会议作出修改公司章程、增加或减少注册资本的决议，都必须经代表 2/3 以上表决权的股东通过。以上这些规定都是我国公司法在资本不变原则方面的相关规定。

二、公司资本制度的类型

国际上公司法中关于公司资本制度主要有三种，即法定资本制、授权资本制和折中资本制。这三种制度的含义和特点分别是：

法定资本制，是指公司注册资本数额必须在公司章程中予以确定，发起人在公司设立时必须一次性缴齐或募足，否则公司不能成立，注册资本即为认缴资本。

法定资本制按缴纳方式的不同，具体又可分为两种：一是一次缴纳，即投资人必须一次性全额实际缴纳所有认购的资本，公司方可成立。在此，没有发行资本与实缴资本之分，注册资本既等于发行资本，也等于实缴资本。我国 2004 年《公司法》采取的就是这种资本制度，或称严格的法定资本制。也就是说设立人必须全额认足并缴足所有的注册资本，公司方可成立。另一种是分期缴纳，即股东可以分多次缴纳所认购的资本，第一次缴纳一定比例的资本后，公司即可成立，其余部分可以之后在一定时间内陆续缴清。也就是说从认购到实际完全缴纳之间可以存在一个法定期间。这种方式下，产生了发行资本与实缴资本的概念和区别，注册资本等于发行资本，而实缴资本仅为注册资本的一部分。我国 2005 年的《公司法》即属于这一种情形，第 26 条第 1 款中规定，"有限责任公司的注册资本为在公司登记机关登记的全体股东认缴的出资额。公司全体股东的首次出资额不得低于注册资本的 20%，也不得低于法定的注册资本最低限额，其余部分由股东自公司成立之日起两年内缴足；其中，投资公司可以在五年内缴足。”第 81 条第 1 款规定，“股份有限公司采取发起设立方式设立的，注册资本为在公司登记机关的全体发起人认购的股本总额。公司全体发起人的首次出资额不得低于注册资本的百分之二十，其余部分由发起人自公司成立之日起两年内缴足；其中，投资公司可以在五年内缴足。在缴足前，不得向他人募集股份。”

授权资本制是指在公司设立时，虽然应在章程中载明公司资本总额，但公司不必发行资本的全部，只要认足或缴足资本总额的一部分，公司即可成立。其余部分，授权董事会在认为必要时，一次或分次发行或募集。授权资本制是英国和美国公司法长期发展的产物，因此采取这一制度的主要是英美法系国家。

折中授权资本制（又称认许资本制或许可资本制）是指公司资本总额在公司设立时仍为章程明确规定，但股东只需认足一定比例的资本数额，公司即可成立。其余部分则授权董事会在一定期限内发行，并且发行总额不得超出法律限制。折中资本制，是法定资本制和授权资本制基础上衍生和演变而成的，具有一定的优越性。日本和德国的公司法均采取这一制度。

三、公司的股份资本

公司的股份是指股份有限公司资本构成的最小单位，即公司的全部资本分为金额均等的股份，全部股份金额的总和即为公司资本的总额。换言之，资本分为股份，股份集为资本。关于股份的具体规定详见下面章节。

四、公司的债务资本

（一）公司债的概念

公司债是指公司以发行债券这一有价证券的方式，向社会公众公开募集筹借资金，从而形成的一种金钱债务。从本质上说，公司债当然属于对发债公司所形成的具有消费借贷性质的金钱债务。

我国 2005 年的《公司法》相比 2004 年的《公司法》在公司债的规定方面做了许多修改。一是取消了对发行公司债券主体的限制，即意味着任何类型的公司只要符合法律规定的发行条件，就可以发行公司债券；二是将发行公司债券的条件未做具体的规定，只是说明应当符合《证券法》规定的条件；三是增加了修改了公司债券募集办法中应载明的事项，规定债券募集资金的用途，债券担保情况和债券发行价格也要公开，把原公司法中载明债券的利率修改为载明债券利率的确定方式；四是取消了转让公司债券场所的规定；五是将公司债券的发行由审批制改为核准制。

（二）公司债的性质

（1）公司债的要式性。公司债虽然也是公司与其债权人之间的一种债权债务关系，但是，此种债权债务关系必须具备法定的方式始可产生法律上的效力。

（2）公司债的有价性。公司所体现的是公司债权人对公司所享有的债权关系，它是公司债权人债权的书面凭证，当债券所规定的还本付息期限到来，公司即负有按债务规定的期限向该债权人还本付息的义务，因此公司债具有有价性的特征。

（3）公司债的流通性。公司债作为一种有价证券具有可自由流通的性质。

（4）公司债的可回赎性。公司债虽规定了公司还本付息的期限，但是在此种期限到来之前，公司常常保留收回或清偿自己所承担债务的权利，这就是公司债的可回赎性。公司在回赎其债务时，往往以高于公司债票面价值的价格回赎。

（5）公司债的可转换性。我国《公司法》第 162 条规定："上市公司经股东大会决议可以发行可转换为股票的公司债券，并在公司债券募集办法中规定具体的转换办法。上市公司发行可转换为股票的公司债券，应当报国务院证券监督管理机构批准。发行可转换为股票的公司债券，应当在债券上标明可转换公司债券字样，并在公司债券存根簿上载明可转换公司债券的数额。"

（三）公司债的种类

1. 记名公司债和无记名公司债

依公司债是否在公司债券上记载公司债债权人的名称，可将公司债分为记名公司债和无记名公司债。我国《公司法》第 157 条规定："公司债券，可以为记名债券，也可以为无记名债券。"根据这一规定，发债公司既可以确定发行记名公司债，也可以确定发行无记名公司债，亦可以同时发行。

记名公司债以背书转让。背书是持券人以转让证券权利于他人为目的的单方法律行为，只要背书人签名即发生权利转让效力。但转让之后，未在公司办理过户手续的，该项转让不发生对抗公司的效力。

无记名公司债以交付转让，不必办理过户手续。凡持有证券的，就是公司的债权人，权利与证券绝对不可分离。

2. 有担保公司债和无担保公司债

公司发行债券时，以它名下的财产为抵押物，作为清偿债务的保证，为有担保公司债。这种公司债的持有人，既是公司的债权人，又是公司财产的抵押人，一旦公司未能按期还本付息，债券持有人可向法院申请变卖公司财产，并优先于其他债权人从变卖所得中受偿。不论公司今后是否亏损，债券持有人均优先于其他债权人而受偿。

无担保公司债亦称“信用公司债”。这种公司债的发行，不以任何财产作为抵押，仅以公司的信用为保证。

我国《公司法》中虽然没有对担保公司债的发行作出专门规定，但在有关公司债募集办法的规定中，规定了在募集办法中应当载明债券担保情况；在现实的公司债发行上，主管部门均要求发债公司提供债券发行的担保，以确保债券发行的信用。因而可以认为，我国的公司债发行，既可以发行现行担保公司债，也可以发行无担保公司债。从国外公司债发行的实际情况来看，绝大部分普通公司债均采用担保公司债的方式发行，仅有转换公司债等特殊种类的公司债以及经营业绩特别优良的公司发行的公司债，才可能以无担保公司债的方式发行。

3. 转换公司债和非转换公司债

依公司债是否可以转换为公司股份，可将公司债分为转换公司债和非转换公司债。前者得依公司债债权人的请求，而依事先确定的办法，将公司债转换为公司股份，后者则不能将公司债转换为公司股份。我国《公司法》第 162 条规定：“上市公司经股东大会决议可以发行可转换为股票的公司债券。”从这一规定可以看出，可以发行转换公司债的公司，仅限于上市公司，非上市公司目前尚不能发行转换公司债。

转换公司债在性质上虽为公司债，但由于这种公司债具有转换为股份的可能性，因而在经济上被视为潜在的股份，也是公司债股份化的一种表现。对于投资者来说，投资于公司债，在到期时能够取得本金和固定利息，因而具有投资上的安全性，但同时也使收益带来固定性；而投资于股份，则有可能取得更丰厚的收益，因而具有投资上的机会性，但同时也使收益带有极大的风险性。转换公司债则有可能使两者结合起来，使得投资者有可能兼收两种投资方式之利，而又同时避开两种投资方式之弊端。转换公司债的债权人，在公司股票价格下跌时，可以依本来的公司债取得还本付息，以保证固定的利益；而在公司股票价格上升时，则可以将公司债转换为股份，以获取股票增值的收益。由于转换公司债赋予了公司债债权人以转换选择权，使转换公司债在权利行使上具有了更大的灵活性，使得一般投资者乐于认购，从而使发债公司更易于进行公司债的募集。同时，对于发债公司自身来说，在发行转换公司债并可能实现其向股份的转换时，则可以在取得增资的同时，减少相应的债务负担。

对于转换公司债的发行，我国公司法规定了较非转换公司债更为严格的条件。转换公司债的发行，大体上相当于股票的发行，因而，发行转换公司债的公司，必须为股份有限公司，而且还必须为上市公司，亦即必须同时具备发行公司债和发行股票并能将其上市的条件。此外，在发行转换公司债时，必须特别报请国务院证券监督管理机构批准。

4. 实物债和登记债

依公司债是否以实物方式发行，可以将公司债分为实物债和登记债。前者为实际发行实物形态债券的公司债，后者为不发行实物形态的债券、仅通过在登记机关对公司债债权人进行登记而发行的公司债。在我国《公司法》上，仅对实物债作出了明确规定。《公司法》第156条规定："公司以实物证券方式发行公司债的，必须在债券上载明公司名称、债券票面金额、利率、偿还期限等事项，并由法定代表人签名，公司盖章。"对于登记债没有明文规定。

（四）公司债与公司股份的区别

公司债与股份均属于公司融资的方式，同时也都属于社会投资人的投资对象，因此，二者在经济功能上有共同之处。但在法律性质上，公司债与股份却有着明显的区别。

（1）从权利人的地位来看，公司债券持有人与公司处于对立地位，两者并无共同利害关系，一方权利即为另一方义务；公司股东为公司财产所有者和公司的成员和两者的利害关系是一致的。

（2）从证券性质来看，公司股票与债券分别表示不同的权利，前者为股权证券，后者为债权证券。债券持有人在债权届清偿期时，对公司有偿还本金请求权、利息给付请求权；股东无权请求公司返还出资，惟有公司解散、清算时有剩余资产分派权。公司无论盈亏，对公司债券持有人均有还本付息之义务，股东只有在公司利润用以弥补亏损、提足法定盈余公积金、公益金之后尚有盈余的情况下，实现利润分派权。因此，债权优先于股权而得到满足。

（3）公司股东的出资形成公司资本，每股面值与已发行股份总数的乘积为公司资本总额，而公司资本总额多少，又与公司净资产成正比例。但公司债的发行，导致公司资产总值与债务同时增加，而债务增加的幅度又超过资产总值增加的幅度，其结果是公司净资产比例减少。

（4）公司股份可在公司成立之前募集，而在公司成立之后交付股票；公司债的募集与债券的交付，都只能发生在公司成立之后。

但公司债与股份的差异，主要表现为理论上的区别，而在实际社会经济生活中，则存在二者相互接近的可能性。正如国外一些学者指出的那样，由于存在着一般股东对公司经营管理缺乏特别的热心，较少亲自行使表决权等经营管理参与权的情况，因而将会发生所谓“股东公司债债权人化”的现象，使得公司债与股份在事实上相互接近；而在法律上，也出现了诸如优先股、偿还股、无表决股等使“股份债权化”的制度以及转换公司债、参加分配公司债等使“公司债股份化”的制度，从而使二者在法律上的距离亦明显缩短。

第六节　公司组织结构的变更

一、公司的合并

（一）概念和特征

公司合并，是指两个或两个以上的公司依照法定程序归并为其中的一个公司或创设另一个新的公司的法律行为。

公司合并的法定形式有吸收合并和新设合并两种。一个公司吸收其他公司为吸收合并，被吸收的公司解散。两个以上公司合并设立一个新的公司为新设合并，合并各方解散。具体来说，吸收合并是指两个或两个以上的公司合并后，其中有一个公司（吸收方）存续，而其余公司（被吸收方）均归消灭的法律行为。新设合并又称创设合并，是指两个或两个以上的公司合并后，参与合并的公司均归于消灭，在此基础上另行成立一个新的公司的法律行为。

由上可见，合并有四个特点：(1) 除在吸收合并中吸收公司存续外，其他公司均归于消灭。(2) 合并后消灭的公司的股东自然成为合并后存续公司或新设公司的股东。(3) 因合并而消灭的公司的资产及债权债务，一并转移至合并后存在的公司或新设的公司，无须经过清算程序。(4) 合并是参与合并的公司之间的契约行为，不是股东之间的契约行为。合并是各方在平等自愿的基础上进行的，是一种市场行为。

我国公司法只确认有限责任公司和股份有限公司两种公司类型，所以我国公司合并的类型主要有三种情况：一是有限责任公司与股份有限公司的合并；二是母公司与子公司的合并；三是公司与其他企业组织的合并。

（二）公司合并的法律性质

对公司合并性质的认识，历来争论颇多。主要有：(1) 人格合一说。即公司合并是将两个以上的法人合为一体。具体而言，公司合并是依特殊契约形成的公司合一体，其法律效果是新设公司或存续公司对原公司权利、义务的概括承继和股东的收容。(2) 实物出资说。即公司合并的实质是在合并中消灭之公司的全部营业、资产作为实物出资移转到合并后的公司，使后者的资本增加。(3) 一般投资说。这是针对企业兼并而言的，认为企业兼并是兼并方的一种投资方式。❶(4) 契约说，即认为企业合并是参与合并的各公司间签订的团体契约。合并只须以契约为之，无须经过清算程序，各公司的股东成为合并后存续或新设公司的当然股东。❷

在上述四种主张中，实物出质说、一般投资说虽然反映了合并后各公司资产转移给存续公司或新设公司并使后者资本增加的事实，却没有揭示出合并法人主体变化这一最本质特征。契约说体现了合并须经参加合并的公司达成合意以及股东资格自然承继的特性，但是，实质上仅有此种合意并不足以构成合并。因此，比较而言，以人格合一说最为适当。一方面它反映了合并的法律效果，另一方面它概括了合并的共同本质，即使两个以上公司的法人人格合二为一。

（三）合并的程序

1. 签订合并协议

我国《公司法》规定，公司合并应当由合并各方签订合并协议，即由参加合并的各公司在平等自愿基础上就合并的有关事项达成一致协议。我国《公司法》虽然未规定合并协议的必要条款，但在实践中，合并协议一般应载明下列事项：合并各方的名称、住所；合并后存续公司或新设公司的名称、住所；合并各方的资产状况及其处理办法；合并各方的债权债务处理办法；存续公司或新设公司因合并而增资所发行的股份总数、种类和数量；合并各方认为有必要协商一致的其他事项。

2. 通过合并协议

公司的合并与股东利益关系重大，故必须经全体股东或股东会通过合并协议。根据我国《公司法》第 44 条、第 104 条之规定，有限公司的合并须有代表 2/3 以上表决权的股东通过；股份有限公司的合并须有出席会议股东所持表决权的 2/3 以上同意。

3. 编制资产负债表和财产清单

公司合并时，合并各方应编制资产负债表和财产清单以明确各方的财产状况，便于公司债权人了解。

---

❶ 王保树. 企业合并与兼并控制//［G］中德经济法研究所年刊，北京：中国大百科全书出版社，1993：150.

❷ 张国健. 商事法论［M］. 台北：三民书局，1980：139.

4. 通知和公告债权人

公司合并直接关系到债权人权利的实现，故我国《公司法》第174条规定："……公司应当自作出合并决议之日起10日内通知债权人，并于30日内在报纸上公告。债权人自接到通知书之日起30日内，未接到通知书的自公告之日起45日内，可以要求公司清偿债务或者提供相应的担保。"不清偿债务或者不提供相应的担保的，公司不得合并。

股份有限公司合并后，存续公司的董事会或新设公司的发起人，应于完成催告债权人程序后，分别履行下列手续：（1）存续公司应立即召集合并后股东会，进行合并事项的报告，必要时变更公司章程。在合并时发行新股的认购人，在该股东大会上与原有股东享有同等的权利。（2）因合并而新设的公司应立即召集创立大会，创立大会可以决议修改公司章程。创立大会的召集和表决程序、职权等准用公司设立时有关创立大会的规定。无论何种方式的合并，合并后公司章程不得违反合并协议的规定。

5. 办理合并登记

公司合并必然引起公司的消灭、新设和变更，公司应在法定期限内向登记机关办理有关登记手续。合并后存续的公司，登记事项发生变更，应办理变更登记；因合并而消灭的公司办理解散登记；因合并而消灭的公司办理解散登记；因合并而新设的公司办理设立登记。

（四）合并的效力

公司的合并，自合并后存续的公司或新设的公司在登记机关登记之日起生效。公司合并的法律效果主要体现在三个方面：

1. 公司的消灭、变更和新设

在新设合并时，参与合并的公司均消灭，在此基础上产生一个新的公司。新设公司应重新制定公司章程，召开创立会并办理设立登记。在吸收合并时，只有一个公司继续存在，其余公司消灭，但存续公司的资本、股东等发生了变化，存续公司应修改公司章程并办理变更登记。

2. 权利义务的概括移转

因合并而消灭的公司，其权利义务一并移转给合并后存续的公司或新设的公司承受。存续的公司或新设的公司承受的权利义务不仅包括实体上的权利义务而且还包括程序法上的权利义务。

3. 股东资格的当然承继

合并前公司的股东继续成为合并后存续公司或新设公司的股东。原来股东的股份按照合并协议的规定转换为合并后公司的股份。

（五）公司合并的无效

公司合并是一种要式的法律行为，须依照法定程序进行，才具有法律上的效力。如果合并存在无效的原因时，可能导致合并无效。

公司的合并无效必须通过诉讼程序提出，公司的股东、清算人、破产财产管理人或不承认合并的债权人，均有权提起合并无效之诉。至于提起合并无效和法院裁定合并无效的原因，自应适用民法关于法律行为无效的条件，如当事人主体不合格、意思表示不真实、行为的内容和程序违反法律强制性规定等。当法院作出合并无效的判决后，须在总公司及分公司所在地，就合并后存续的公司进行变更登记，就合并后新设的公司进行解散登记，就因合并而消灭的公司进行恢复登记。

合并无效的判决对第三人有法律效力，但为了维护交易安全和经济秩序的稳定，合并无效的判决，不影响合并后存续的公司或因合并而设立的公司与股东、第三人之间发生的权利义务关系。在公司合并生效至无效判决确定前公司与股东、第三人间已发生的权利义务关系仍然有效，由合并无效后恢复的各公司承继。法院作出合并无效的判决后，进行合并的公司对于合并后存续的公司或因合并而设立的公司于合并后负担的债务，承担连带清偿责任。合并后存续的公司或因合并而设立的公司于合并后取得的财产，属于参加合并的各公司共有。至于各公司负担的债务或取得的财产份额，可由各公司协商确定；协商不成时，由法院依当事人请求，根据合并时各公司的财产数额及其他情况酌情确定。

二、公司的分立

（一）公司分立的概念

公司的分立是指一个公司依法定程序分为两个或两个以上的公司的法律行为。其特征是：(1) 公司分立是一个公司分成两个或两个以上的行为。(2) 公司分立是一个公司作出决议的行为。它不需要与任何第三者协商，但在内部有时需要协商，形成某种决议。(3) 公司分立必须依法进行。(4) 分立前公司的权利义务由分立后的公司根据分立决议分别承继。

公司的分立分为新设分立和派生分立两种。新设分立又称分解分立，是指将一个公司的资产进行分割，然后分别设立两个或两个以上的公司，原公司因此而消灭。派生分立，又称分解分立或分拆分立，是指在不消灭原公司的基础上，将原公司资产分出一部分或若干部分而再成立一个或数个公司的行为。

（二）分立的程序

公司分立与公司、股东、债权人甚至雇员关系重大，因此，必须依照法定程序进行。公司的分立是一个公司依法所为的单独行为，无须与其他第三方协商，这是分立与合并的显著区别。一般而言，有限责任公司分立后，其新设或存续的公司应为有限责任公司。股份有限公司分立，分立后的公司可以是股份有限公司，也可以是有限责任公司。

1. 股东会决议

公司分立属于与股东利益密切相关的重大事项，因此，分立应由董事会提出分立的议案，交股东会以特别决议确定。根据我国《公司法》规定，有限责任公司的分立必须经代表 2/3 以上表决权的股东通过；股份有限公司的分立必须经出席会议的股东所持表决权的 2/3 以上通过，通过程序与合并相同。国有独资公司的分立必须由国有资产监督管理机构决定，其中重要的国有独资公司的合并、分立，应当由国有资产监督管理机构审核后，报本级人民政府批准。

2. 通知和公告债权人

对债权人而言，公司的分立将引起公司财产及其债务状况的变化，直接关系其债权的实现。因此，公司应当自作出分立决议之日起 10 日内通知债权人，并于 30 日内在报纸上公告。

3. 编制资产负债表及财产清单

公司分立，其财产作相应的分割。分割的具体数额和办法根据股东会的决议和分立协议进行。分割时公司应当编制资产负债表及财产清单。

4. 申请登记

派生分立后存续的公司，其股东、资本等发生了变化，应依法办理变更登记。新设分立时新设的应依法办理设立登记。分立后解散的公司，应依法办理注销登记。登记后，还应办理公告。但公告非分立之生效要件和对抗要件，仅起告知公众之作用。

（三）公司分立的效力

公司分立引起公司的变更、解散和新设。对进行分立的公司本身而言，分立可能导致其解散或资本和股本的变更。对于股东而言，分立引起其与原公司关系及其股权的数量和结构等的变化。对债权人而言，分立引起债务人主体的变化。分立应当公平善意的进行，若分立过程中财产分割不公或以分立作为逃避债务的手段，股东、债权人可以采取必要的司法救济。实践中，有的公司为了逃避债务的目的，往往将公司中经营较好的部分单独分出来，成立一个新的公司或将公司的资产转移到新设的公司，由一个空壳公司承担债务。对此，我国有关的司法解释规定，以逃避债务为目的的分立无效。

公司分立涉及债务的清偿，按照我国《公司法》第177条的规定，公司分立前债务由分立后的公司承担连带责任。但是，公司在分立前与债权人就债务清偿达成的书面协议另有约定的除外。

三、公司的解散

（一）解散的概念

“解散”，为已成立的公司，由于行政决定、法院判决、发生章程规定或法律规定的事项，因而失去法律人格的程序。

公司解散的法律特征有：

(1) 存在解散事由。这些事由通常是由法律法规规定或公司章程规定的，如经营期限届满、股东决议解散、公司合并分立、被吊销营业执照、被责令关闭及被依法撤销等。

(2) 公司解散的目的和结果是公司将要永久性停止存在，并消灭法人资格和市场经营主体资格。

(3) 解散是一个时间过程。当公司出现解散事由，其法人资格仍然存在，只有到公司清算完毕并注销后才消灭其主体资格。

(4) 除公司合并、分立外，公司解散必然引发清算程序。公司组成清算组织进行清算，以公平的清偿债务和分配公司财产等。

（二）公司解散的原因

1. 自愿解散

自愿解散也称为任意解散，是公司依章程或股东决议而解散。公司解散与否，取决于股东意志，与外在意志无关，股东可以选择解散或者不解散。

根据《公司法》第181条规定，公司自愿解散的原因主要有三种：第一，公司章程规定的营业期限届满或者公司章程规定的其他解散事由出现；第二，股东会或股东大会决议解散。根据《公司法》规定，有限责任公司经代表2/3以上表决权的股东通过，股份有限公司经出席股东大会的股东所持表决权的2/3通过，股东（大）会可以作出解散公司的决议；第三，因公司合并或者分立需要解散。

2. 强制解散

强制解散是指公司因违反有关法律法规的规定，由于政府有关部门或法院的强行命令而发生的公司解散，公司股东不能选择。

根据《公司法》第181条规定，公司强制解散的原因主要包括两种情形：第一，依法被吊销营业执照、责令关闭或者被撤销；第二，人民法院应股东的请求而解散公司。而2008年最高人民法院颁布的《最高人民法院关于适用〈中华人民共和国公司法〉若干问题的规定（二）》（以下简称《公司法解释》（二））排除了几种不适用解散之诉的情形，根据该规定，股东以知情权、利润分配请求权等权益受到损害，或者公司亏损、财产不足以偿还全部债务以及公司被吊销企业法人营业执照未进行清算等为由，提起解散公司诉讼的，人民法院不予受理。

（三）公司解散的登记与效力

1. 解散登记

解散登记指解散后必然进行的清算解散登记。解散登记中的解散事由包括企业存续期届满、章程规定的解散事由出现、行政命令、法院裁判等。在我国法律法规中，关于“解散登记”只有中国证券监督管理委员会1997年12月16日发布的《上市公司章程指引》第171条规定，公司合并或者分立，按照六个步骤的程序办理，第六个步骤就是“办理解散登记或者变更登记”。我国《公司法》规定的也是注销登记制度，第189条规定：“公司清算结束后，清算组应当制作清算报告，报股东会、股东大会或者人民法院确认，并报送公司登记机关，申请注销公司登记，公告公司终止。”公司终止后，清算组须申请注销公司登记。

2. 解散效力

公司解散的直接法律后果就是公司清算，但公司法人资格并不因公司解散而消灭，只有公司清算完毕，由注册登记机关办理注销登记，公司人格才消灭。

此外，公司解散产生的法律效力还包括：(1) 公司权利能力受理限制。除为了清算的必要，公司不得进行任何经营活动。(2) 公司机关的能力受到限制，清算组将全面主持工作。

四、公司的清算

（一）清算的概念

公司清算指公司解散或被宣告破产后，依照一定程序了结公司事务，收回债权，清偿债务并分配财产，最终使公司法人资格终止消灭的程序。

清算有破产清算和非破产清算两种，前者适用破产法和民诉法规定的清算程序，后者适用企业组织法规定的清算程序。非破产清算又分为普通清算与特别清算。公司因股东会决议、章程规定事由和法定事由而解散的，适用普通清算程序；因行政决定、法院裁定而解散的，适用特别清算程序。

（二）清算组的法律地位

在清算范围和期间内，清算组取代董事会、接管董事会的全部权力，对外代表清算法人表示意思、对内执行清算事务与公司解散前的董事会地位相同。董事、经理的职权随清算组织成立而解除。

（三）清算组成员的产生

依照《公司法》的规定，公司一般应当自决定解散之日起 15 日内成立清算组，有限责任公司的清算组由股东组成，股份有限公司的清算组由董事或者股东大会确定的人员组成。清算组成员也可能由人民法院指定产生。有下列情形之一的，债权人可以申请人民法院指定清算组：(1) 公司解散逾期不成立清算组进行清算的。(2) 虽然成立清算组但故意拖延清算的。(3) 违法清算可能严重损害债权人或者股东利益的。在满足上述三种情形的前提下，如果债权人未提起清算申请，那么公司股东可以申请人民法院指定有关人员组织成立清算组。

（四）清算组的职权

1. 清理公司财产，分别编制资产负债表和财产清单

《公司法》第 187 条规定，清算组在清理公司财产、编制资产负债表和财产清单后，应当制定清算方案，并报股东会、股东大会或者人民法院确认。第 205 条规定，公司在进行清算时，隐匿财产，对资产负债表或者财产清单作虚假记载或者在未清偿债务前分配公司财产的，由公司登记机关责令改正，对公司处以隐匿财产或者未清偿债务前分配财产的，由公司登记机关责令改正，对公司处以隐匿财产或者未清偿债务前分配公司财产金额 5%以上 10%下的罚款；对直接负责的主管人员和其他直接责任人员处以 1 万元以上 10 万元以下的罚款。

2. 通知、公告债权人

根据《公司法》第 186 条规定，清算组应当自成立之日起 10 日内通知债权人，并于 60 日内在报纸上公告。债权人应当自接到通知书之日起 30 日内，未接到通知书的自公告之日起 45 日内，向清算组申报其债权。债权人申报债权，应当说明债权的有关事项，并提供证明材料。清算组应当对债权进行登记。

关于通知和公告的具体方式方面，公司清算时，清算组应当将公司解散清算事宜书面通知全体已知债权人，并根据公司规模和营业地域范围在全国或者地省级有影响的报纸上进行公告。

在未履行该义务的法律责任方面，清算组未按照前款规定履行通知和公告义务，导致债权人未及时申报债权而未获清偿，债权人主张清算组成员对因此造成的损失承担赔偿责任的，人民法院应依法予以支持。

3. 处理与清算有关的公司未了结的业务

公司解散时，尚未了结的业务，如尚未履行完毕的合同，清算组必须代表公司为之了结。

4. 清缴所欠税款以及清算过程中产生的税款

5. 清理债权、债务

清算组应依职权对公司债权、债务进行清理。公司对第三人享有债权的，应依法收取；对公司所欠债务，应予以清偿。

6. 处理公司清偿债务后的剩余财产

公司的财产在支付清算费用、职工工资和社会保险费用、缴纳所欠税款、清偿公司债务后的剩余财产属于股东权益，应按照股东出资比例或持股比例退还股东。

7. 代表公司参与民事诉讼活动

公司成立清算组的，由清算组负责人代表公司参加诉讼。

（五）清算组的义务

根据《公司法》第 190 条规定，清算组成员应当忠于职守，依法履行清算义务。清算组成员不得利用职权收受贿赂或者其他非法收入，不得侵占公司财产。《公司法》第 190 条第 3 款规定："清算组成员因故意或者重大过失给公司或者债权造成损失的，应当承担赔偿责任。"

（六）清算程序

(1) 组织清算组。我国《公司法》要求公司解散后 15 日内成立清算组。

(2) 公告和通知债权人，催报债权。债权人在规定的期限内未申报债权，在公司清算程序终结前补充申报的，清算组应予登记。债权人补充申报的债权，可以在公司尚未分配的财产中依法清偿。公司尚未分配财产不能全额清偿，债权人可以主张股东以其在剩余财产分配中已经取得的财产予以清偿，但债权人因重大过错未在规定期限内申报债权的除外。

(3) 清理公司财产、编制资产负债表和财产清单。

(4) 收取债权、清偿债务。我国《公司法》规定，公司财产能够清偿公司债务的，应按下列顺序清偿债务：① 支付清算费用。② 职工工资和劳动保险费用。③ 缴纳所欠税款。④ 公司其他债务。⑤ 分配剩余财产。⑥ 清算完结。我国《公司法》第 189 条规定，公司清算结束后，清算组应当制作清算报告，报股东会、股东大会或者人民法院确认，并报送公司登记机关，申请注销公司登记，公告公司终止。

第七节 澳门公司法[1]

一、澳门公司法简介

(一)澳门公司法发展简史

澳门公司法的发展与澳门整个法制体系的发展和变迁是一致的。以 1533 年葡萄牙人租住为界，分为中国统治时期和葡萄牙人居澳时期。前一个时期鲜有民商事法律更不用说公司法，后一个时期先后将葡萄牙法律延伸到澳门，如《葡萄牙民法典》(1867 年生效至 1869 年引入)《葡萄牙商法典》(1889 年生效至 1894 年引入)《有限公司法》(1901)，此外配合一些澳门本地立法机关制定关乎商业活动的法律规范，如《商业登记规则》(1959)《商业登记特殊规则》(1959)《股份有限公司账目公布法》(1972)《公共企业章程》(1979)《金融租赁公司法》(1979)《投资公司法》(1980)《合作公司法典》(1980)等。直到 1987 年 4 月 13 日中葡正式签署《中华人民共和国政府和葡萄牙政府关于澳门问题的联合声明》后，澳门法律才真正向着本土化的方向发展。1989 年里斯本大学教授若赛·利贝罗受澳门政府委托，收集相关资料及广泛听取意见的基础上在 1991 年制定完成了《澳门公司法典》(草案)，该公司法最终被编入《澳门商法典》第二卷第一编并于 1999 年 10 月 1 日正式生效。而商法典中涉及商业企业主、商业企业及商业行为和公司的部分很多条文被澳门特别行政区第 6/2000 号(2000)修改。

澳门公司法式以葡萄牙公司法为基本模式，对照欧亚公司法发展的最新发展并结合澳门本土情况制定的，分为总则、无限公司、两合公司、有限公司、股份有限公司及刑法规定等六章，共 315 条。它具有如下的特征：(1)保留了通常规定的四种公司类型。(2)在“总则”中尽可能对每一公司类型作出最低限度的一般规定。(3)将合伙与合作公司从公司法中移除，并且未对公司集团作出规定。(4)允许经全体股东表决一致的在公司登记后的“业务之中止”时段。(5)简化公司设立及运作程序，引入公司秘书一职，认同不经会议程序只通过书面意向进行表决。(6)允许“非营利公司”的合法存在。根据股东对公司所负的责任形态为标

---

[1] 本文主要参考：陈卫忠. 澳门公司法比较研究［M］. 广州：广东人民出版社，2006. 本文主要法条源于《澳门商法典》文章括号直接标注的条文是指该法，引自：赵秉志. 澳门商法典［M］. 北京：中国人民大学出版社，1999.

准，公司主要包括无限公司、有限公司、股份有限公司和两合公司，其中有限责任公司和股份有限公司是当代典型的公司组织形式。根据个人信用因素在公司中的作用，可分为人合公司、资合公司及人合兼资合公司。根据公司之间的控制和依附关系，公司有母公司和子公司之分，而子公司与分公司不同在于是否具有独立的法人资格。而以国籍为划分，公司又可分为本国公司、外国公司和跨国公司。下面将分章节对几种典型公司类型进行分析。

（二）澳门公司机构设置简介

澳门公司的组织机构既不同于德国的双层委员会制，也不同于美国式的单层委员会制。公司法规定公司内部设置股东会、行政管理机关、公司秘书和监事会或独任监事（第 214 条）。有限公司股东人数少于 10 人时，可以不设公司秘书和监事会或独立监事。董事会和监事会是对股东会负责的平行机构。

1. 股东会

股东会是全体股东组成的公司权力机关，享有公司的重大事项决策权和人事任免权的非常设机构。《澳门商法典》第 216 条列举了股东会的具体职权：(1) 行政管理机关及监察机关之选任及解聘；(2) 有关营业年度之年度账目及行政管理机关之报告书；(3) 监事会或独任监事之报告书及意见书；(4) 有关营业年度盈余之运用；(5) 章程之修改；(6) 公司资本之增减；(7) 公司之分立、合并及组织之变更；(8) 公司之解散；(9) 按法律或章程规定不属于公司其他机关权限之事项。该条的规定尚不包括法律特别赋予之决议权，适用于各类公司。在澳门，股东会有股东常会（每一营业年度终了后 3 个月内召开）和股东特别会之分。股东特别会可应行政管理机关、监事会或独任监事或 10% 以上股东请求而召集。在股东会中贯彻一股一权、表决权平等原则。股东可以亲自行使、通过书面行使（第 217 条）或委托另一股东、配偶及直系血亲代理行使（第 218 条）。对于除修改公司章程、公司合并、分立、变更组织及解散等特别决议外，其他事项以多数通过即生效（第 382 条、第 453 条第 3 款）。若违背法律或章程规定作出的决议属当然无效决议（第 228 条）或可撤销决议（第 229 条）。

2. 董事会

《澳门商法典》中的所谓行政管理机关主要指董事会，是行使公司经营决策权和执行公司日常事务的常设机关。有限公司应有一名或多名股东或非股东的行政管理机关成员或代表。股份有限公司中的董事会由单数董事组成（第 454 条），由董事会而非董事对外行使代表权（第 465 条）。而有限责任或其他形态的公司中的行政管理机关的成员皆有权利代表公司（第 236 条）。《澳门商法典》第 456

条规定了董事会的有权决议下列事项：(1) 年度报告书及账目。(2) 任何资产之取得及让与以及在资产上设定负担。(3) 公司作出人或物之担保。(4) 营业场所之开设或关闭。(5) 公司业务之重大扩张或缩减。(6) 企业内组织之变更。(7) 公司之合并、分立及变更组织等计划。(8) 任何董事向董事会申请议决之其他事项。澳门公司法的列举式的方法不能穷尽董事会的具体权限。澳门公司董事的任期为三年，并可以连选连任。在董事的选举方式上除去特殊情形下的司法委任方法外（第 457 条），绝大多数情况下采取直接多少表决制，由股东选举。董事应履行对公司的忠实和勤勉义务。

3. 监事会

监事会是公司业务管理活动的监督机关。《澳门商法典》第 214 条第 2 款规定了必须设有监事会或独任监事的三种情形（1）有 10 名或 10 名以上之股东。(2) 发行债券。(3) 以股份有限公司形式设立。(4) 公司资本额、资产负债表之金额或收入总额逾总督以训令确定之限额。监事会的成员一般由股东会选举确定，由 3 名成员组成也可以在章程里约定只设立独任监事，而监事中一名或独任监事应为核数师或核数师合伙（第 239 条）。监事会的主要权限是：(1) 监察公司之管理。(2) 查核公司簿册及作为有关簿册记录凭据文件是否合乎规定。(3) 核查现金账目或公司实物资产或因担保收取的有价物。(4) 查核年度账目是否准确。(5) 编写监察报告及对董事会提出的相关报告提出意见。(6) 监察会计财务的活动真实反映公司活动及财产状况。(7) 其他法律和章程所载义务。监事的任期为一年时间，可连选连任。而监事会会议则至少每季举行一次。

4. 公司秘书

澳门公司在必须设置监事会或监事的情形下也必须设立公司秘书，公司秘书的主要职能就是负责公司内部的日常事务。法律中对秘书的资格限制也较严，董事、行政管理机关成员、聘任的律师可以出任，但当公司秘书同时为公司之受权人或管理层成员时，不得以双重身份参与统一行动。公司秘书的签名式样需提交，被解任而终止职务时，应提交解任职务的议事录。

二、无限公司

（一）无限公司的法律界定及特征

1. 概念

无限公司（Sociedade Em nome Colectivo）又称联名公司是指由两名或两名以上以资本或劳务为出资的股东组成的公司。对于公司债务，无限公司的股东相对股东负补充责任，股东之间负连带责任，即便债务在股东加入公司前就已结欠（第 331 条第 1 款）。在澳门，无限公司还占有一定的地位，由于地区经济的特点，相当数量的中小企业以无限公司的形式从事商业活动。

2. 特征

（1）无限公司是社团法人，具有公司的一般特性，即盈利性、独立性、法定性，而比较突出的是它的人合性。

（2）无限公司的股东人数为两人或两人以上，包括自然人和法人。《澳门商法典》（第 349 条第 3 款）就允许有限公司或股份有限公司再投资成为无限责任的股东，只是在具体事项上需法人委任自然人代表自己行为，后果由法人承担。

（3）无限公司的股东对公司债务负无限连带责任，股东需以自己的全部个人财产承担公司的债务清偿责任。但股东的无限连带责任并非是无限期的，法律通常会对期限作出规定，如《澳门商法典》（第 320 条第 3 款）规定，第三人对已消灭之公司所拥有而可向前股东行使之债权，以及前股东可对第三人请求之时效为 5 年，自登记公司消灭之日起算。即便有责任追索期限的限定，无限责任股东需承担的责任仍旧是非常重大的。

（二）无限公司的设立方式

无限公司的股东可以资本或劳务的形式出资。以劳务出资的，公司章程附具从事活动之声明书及确定的劳务出资价格。劳务出资不计入公司资本，除章程条款另有规定外，劳务出资者不需要承担公司的亏损。出资缴付有期限限制，《澳门商法典》规定推迟缴付的期间，不得逾 5 年。后将公司章程经立契官署公正并送交商业登记局后即可完成公司的设立。

（三）无限公司的对内及对外关系

1. 内部关系

内部关系也称对内关系是指股东与公司之间以及股东之间的关系。在出资转让上，必须经其他股东全体同意，《澳门商法典》（第 338 条第 5 款）规定股东全部转让出资时，在转让登记两年内，仍负连带无限责任。因无限公司的人合性，无限公司股东死亡时其继承人只能继承退股财产而不能继承原股东地位成为当然股东。

在股东的退股和被除名上，《澳门商法典》（第 341 条）规定，如公司之存续期不确定，或以一股东之一生或逾 30 年为期限时，任何有股东身份至少 10 年的股东有权退出公司；虽有合理理由，但公司仍议决不将某行政管理机关成员解任，或议决不将某股东除名，曾投反对票的股东如自获悉容许退出公司之事实之日起90日内行使其退出之权利，亦应承认其具有退出之权利，退出只能在作出有关通知的公司年终时生效，但任何情况下，不得在通知后90内为之。而同时《澳门商法典》规定了三种将股东除名的情况：(1)对公司义务之严重违反可归责于股东，尤其是违反不正当竞业之义务者（所谓竞业禁止义务的违反），或以可导致公司受损之过错事实为合理理由，而股东被解除行政管理机关成员职务。(2)股东处于禁治产、准禁治产、宣告破产或无偿还能力状况者。(3)以劳务为出资的股东不能向公司提出其必须提供的劳务者。

在业务执行上，《澳门商法典》(第345条第2款)规定，经全体股东的一致决议，可选出非股东的自然人作业行政管理机关的成员。即无限公司的实际经营管理者可以是非股东。同时《澳门商法典》(第345条)又对业务执行者的卸任作如下限定，如公司仅有两名股东，或股东系根据章程特别条款获指定为执行业务，只能通过法院的裁决，才能将身为公司业务执行的股东解任。

在竞业禁止上，《澳门商法典》没有对无限公司股东做业务执行股东和非业务执行股东的区分，统一适用相关的规定。如第335条第1款规定，股东在得到其他股东明示允许后，方得为本人或其他人经营与本公司所营事业相同的业务。而若股东违反规定时，公司可自获悉有关禁止事实之日起30日内，或在任何情况，于该禁止事实发生后6个月内，要求股东将其因违反竞业禁止的规定而取得或将取得收益的权利让与公司，即公司享有对违法收入的归入权。

2. 外部关系

(1)公司的代表对于公司营业上的一切事务都有办理权。《澳门商法典》规定，无限公司的股东都有相同及独立的权力，均为公司行政管理机关的成员，无论股东资格是设立时或设立后取得的。经全体股东一致决议也可选出非股东的自然人文行政管理机关成员。并且规定公司章程可以特别规定代表公司的股东，如果章程规定了代表公司的股东，则其他股东就丧失代表公司的权利。

(2)股东的责任是指无限股东对公司债务应承担的责任。(1)一般责任；无限股东在公司资产不足清偿债务时，应负补充责任及与其他股东负连带责任。(2)特殊责任；特殊责任是指在特殊情况下股东对无限公司债务所应承担的责任。《澳门商法典》主要规定了三种：其一，新入股东对于未加入前公司已发生的债务应负责（第331条第1款）。其二，退股或转让出资的股东退股应申请主管机关登记，对于登记前公司债务，于登记后两年内仍负连带无限清偿责任。其三，公司解散登记后5年内，股东的无限连带清偿责任消灭（第330条第3款）。其四，类似股东即表见股东在第三人面前以任何方式充作股东，需以股东对确信其为股东而与公司交易的第三人负表代责任（第330条第4款）。

（四）公司的解散

《澳门商法典》规定了无限公司在下述情况下解散：股东人数减少至一人，而在3个月内不能重设多名股东，或公司不变更为一人有限公司；符合法律或章程规定在一定情况下予以解散的情形；第338条第6款所指的情况持续3年，公司亦得由法院应已故股东的继承人的申请解散或根据第341条第2款的规定的股东的申请解散。❶

三、两合公司

（一）两合公司的法律界定和特征

1. 概念

两合公司（sociedade em nome comandita）是由一人或一人以上的无限责任股东与一人或一人以上的有限责任股东所组成，其中无限股东对公司债务负无限连带责任，而有限股东公司债务以出资额为限承担有限责任。股份两合公司是两合公司的一种特殊形式。《澳门商法典》（第348条）规定，两合公司可以一般两合公司之方式设立；如有限责任股东的出资系以股份为之，则可以股份两合公司之方式设立。但实践中，澳门的两合公司数量很少，可能不超过10家。

2. 特征

第一，两合公司由无限责任股东之无限部分及托管部分组成；第二，有限责任的股东不得以劳务出资并仅对所缴付的出资额负责，无限股东对公司债务负责。（第349条）

（二）两合公司的设立方式

设立主要有两种方式，其一以一般两合公司方式设立；其二以股份两合公司的方式设立。值得关注的是，两合公司的设立必须经全体股东同意并订立章程，章程应列出不同责任形式的股东并指明设立的方式属于上述哪一种。承担无限责任的股东可以是自然人或法人，有限公司或股份有限公司均得为无限责任股东（第348条第3款）。

❶ 第338条第6款规定："如在支付因销除而需作出的给付后，公司的净值低于公司资本额时，不得将出资销除。"第341条第2款规定："虽有合理理由，但公司仍决议不将某行政管理机关成员解任，或议决不要将某股东除名，曾投反对票的股东，如自获悉容许退出公司的事实起90日内行使退出之权利，亦应承认其具有退出的权利。"

(三) 两合公司的对内和对外关系

1. 内部关系

(1) 股东的出资形式。两合公司中无限股东可用财产、劳务、信用出资，但有限股东不得用劳务出资，但对是否可用信用出资未作禁止性规定。

(2) 业务执行安排。业务执行角色只能由无限责任股东担任而非董事会。无论在公司设立时或设立后取得无限责任股东资格，均为行政管理机关的成员，当然章程可以做另外的安排。非无限责任股东担任业务执行人员需经无限责任股东一致同意，并获有限责任股东 2/3 的同意（第 353 条）。同时，公司中不设监察人，有关业务由有限责任股东负责监察，形式包括定例监察和监事监察。

(3) 出资转让条件。无限责任股东在生前或死亡后的出资转移比起有限责任股东更为严格，前者需要经其他无限股东一致同意以及有限责任股东多数票通过，后者只需分别取得过半数的同意即可。

2. 对外关系

(1) 公司代表。两合公司的无限责任股东的对外关系和无限公司是一致的，除章程或公司全体股东同意指定公司代表外，无限公司均可代表公司（第 353 条第 1 款和第 2 款），但公司内部限制不能对抗善意第三人。

(2) 股东责任。无限责任股东对公司债务承担补充的无限连带责任；为保护交易安全，有限责任股东有令善意第三人信其为无限股东的行为时，需负与无限股东同样的责任（第 331 条第 4 款）。

(四) 公司的解散

如全体无限责任股东消失，而在 45 日内无新股东加入，或无变更公司为有限责任或股份有限责任公司的决议时，则公司解散；如缺乏全体有限责任股东，而在 90 日内无有限责任股东加入，或公司不变更为无限公司，又或公司仅有一名非为法人的无限责任股东而不变更为一人有限公司时，则公司解散（第 355 条）。

四、有限公司

(一) 有限公司的定义及特征

1. 定义

有限公司（sociedade por quotas）是指由法律规定的一定人数所组成，股东以其出资额为限对公司债务承担责任的公司。它是最常见的公司形式也是澳门比例最大的公司形态，设立程序简单，西方国家在此基础上又发展起特殊的有限公司形态即保证有限公司和一人公司。

2. 特征

(1) 股东以出资额为限对公司负责。此外，《澳门商法典》规定，可容许公司在设立文件内规定一名或多名特定的股东，对公司债权人负以确定金额的责任；亦可在设立档规定该项责任为股东与公司的连带责任或相对公司而言为补充责任，但对所有应如此承担责任的股东，有关制度必须相同（第357条第1款和第2款）。这一规定显然吸收了英国担保有限公司的做法但更加自由。

(2) 股东有一定人数的限制。有限公司是一种人合兼资合的公司，适合中小企业，因而《澳门商法典》将人数限定在30人以下（包括本数）。

(3) 不得公开募集公司资本和发行股票。股东出资后获得的出资证明不是有价证券，也不是股票，不能在证券市场上流通（第356条）。

(4) 公司资本总额和股东股额转让受严格限制。有限责任之资本不得少于澳门币2.5万元（第359条第2款），不得超过澳门币500万元（第358条第3款，后被删除）。在转让上，除章程另有规定外，公司对股之生前移转享有优先权；公司不行使该权时，各股东根据其股（即出资额）之比例对该移转享有优先权。公司因取得而令资产净值低于公司资本额、法定公积金及章程规定之强制公积金之总和时不得行使优先权。而优先权行使需以挂号信的形式通知公司及股东，否则任何生前移转不产生效力。将拟作出之移转、有关价格、拟取得这之认别资料及其他条件通知公司及股东后，公司首先可在45日内行使优先权，然后由股东在25日行使优先权（第367条）。

(二) 有限公司的设立

设立有限责任公司必须满足以下法定条件的规定：(1) 法定人数，股东不得超过30人，超过30人则需通过股东议决变更为股份有限公司，否则对公司不产生效力。(2) 资本不少于2.5万元澳门币。(3) 订立章程并经全体股东同意后生效。(4) 向主管部门申请登记，登记完成之日即取得法人资格，若在登记前已经开始经营，则代表公司为行为之人以及允许该等人为行为之股东，应对其行为负个人无限连带责任（第190条）。

(三) 有限公司的对内及对外关系

1. 内部关系

(1) 出资及缴纳。股东获得股单作为出资凭证，每一股之票面价值应以澳门币为单位，为澳门币1000元或以上，且为澳门币100元之倍数。每一股东在设立档上所认受之出资额仅等于一半，在增资时每一股份所认受或归其所有的出资额仅得等于另一新股（第360条）。股东的出资以财产为限，不允许劳务出资。出资可以分期缴付，以现金出资及非现金出资股的票面价值总和，等于或高于资本下线时，应以现金缴付的股款可延迟缴付，但不得超过有关票面价值的半数，股款缴付只可延至行政管理机关已制定或将制定的确实日期，但不得超过3年。而日期必须由行政管理机关指定而无指定时，缴付的义务应自登记公司设立之日或登记增资决议之日起3年到期（第361条）。当股东不按期缴付股款时，其他股东根据其股额的比例就延迟缴付的出资部分对公司负连带责任。延迟缴付的股东为在催告期间内缴付股款时，公司应催告其他股东缴付延迟的出资部分，缴付欠交出资部分的各股东，应根据其缴付比例拥有相关的股，并为此将之分割及加在有关股内，而丧失股权的股东，无权收回为缴付股款而支出的金额（第362条）。

（2）出资转让。《澳门商法典》特别规定了法院强制转让（第367条第7款）。法院依强制执行程序，将股东的出资转让于他人时，公司在45日内可行使优先权，其后股东在15日内可行使优先权。如均不行使优先权则视为同意转让给他人。

（3）退出与除名。股东在缴足股款后，遇到章程所指定的情况及对下列事宜投反对票时可退出：（1）第三人全部或部分认受增资之决议。（2）变更所营事业而产生第271条[1]所指之决议。（3）将公司住所迁移至本地区以外之决议（第372条）。在除名的情况下，股东仍旧要对其引致公司之损失负赔偿责任（第371条）。在除名或退股后可根据股东决议进行销股，由此而需支付给股东的与股之价值相当的金额由核数师在销除产生效力之日起半年到1年间分两期支付（第370条及第373条第2款）。

（4）盈余的分配。公司盈余的25%作为法定公积金，当公积金达到公司资本额半数后可不再提取（第377条第2款、第4款），公司无盈余时不得分配，若相关人员违法进行分配并造成损害的，将有面临最高刑1年及60日罚金，或仅科刑最高120日罚金之后果（第477条）。

（5）股东会及行政管理机关。股东会是有限责任公司的最高权力机关，负责

---

[1] 第271条规定：“章程之修改引致所营事业重大变更或业务完全改变时，公司债权人可自登记有关决议之日起30日内，要求清偿尚未到期之债；但有预先约定者除外。”

对法律和章程规定的事项进行表决，一般针对比较重大的事项。根据公司的具体情况，可以设定一名或多名的股东或非股东作为公司董事会成员。董事会会议的召开没有固定的召开手续，但会议应编制议事录，由出席会议的相关秘书或董事签名，若采用独立档之情况，出席董事之签名应经公证认定（第 386 条）。

2. 对外关系

（1）公司代表。除章程另有规定，行政管理机关或其成员都能执行各自业务而代表公司。

（2）股东责任。股东仅以出资额为限对公司负责，当股东不按期缴付股款时，其他股东则根据其股之比率就延迟缴付的出资部分对公司负连带责任（第 362 条）。

（四）一人公司

一人公司（sociedade unipessoal limitada）是指股东只有一人（自然人或法人），全部股份仅为一人所拥有的公司。公司股份和一切权利归属于该一人股东，但在非法人人格否认情形下，公司需对外承担无限责任，股东只需承担以出资额或股份份额为限的有限责任。《澳门商法典》对一人公司做了明确的规定，任何自然人得设立有限公司，其公司股本以独一股构成，且在公司设立时仅以其为唯一之权利人；以及适用在 90 日内仍未重新设立多名股东而后转为一人公司的有限公司（第 390 条）。在澳门，一个自然人可以设立多个一人有限公司。但考虑到公司财产与个人财产可能存在的混同，从保护债权人的角度出发规定，公司与股东之间的直接或通过他人而订立的法律行为，应以书面为之，且需遵从公司所营事业为必要、有利或适宜，否则无效（第 391 条）。并且单一股东决议应设立簿册登记，由单一股东及公司秘书签署（第 392 条）。

五、股份有限公司

（一）股份有限公司的概念及特征

1. 概念

股份有限公司（sociedade anonimas）是指将公司资本划分为等额股份，股东以其认缴的股份为限对公司承担责任，公司以其全部资产对公司债务承担责任，并且可公开发行股份的的法人组织。

2. 特征

（1）股东人数和资本有法定的下限，《澳门商法典》规定为至少有 3 名股东，且资本不得少于澳门币 100 万元（第 393 条第 1 款）。（2）公司资本被划分为等额股份，且以股票为代表，其票面价值归于一律，且不少于澳门币 100 元（第 393 条第 2 款）。(3) 股东的责任，以认购的股份之金额为限（第 393 条第 3 款)。

（二）股份有限公司的设立方式

作为典型的资合公司，它的设立程序严格，只能以现金或实物出资，不能以劳务、信用或经营出资。主要有以下两种设立方式：

(1) 发起设立，即由发起人自己认足公司全部股份或者公司首期发行的股份设立公司的方式。发起设立可分期缴纳构成公司资本的股份，已缴资本需达到公司资本额 25%以上公司才可设立。

(2) 募集设立，它是指发起人仅认购公司一定比例的股份，其余部分向外公开募集而成立公司的方式。该种方式审批手续复杂，可能还会受到国家金融政策方面的制约。发起人所认购及缴付的股份的票面价值总金额不得少于澳门币 100 万元或资本之 20%，并取两者中较高价值者（第 396 条第 2 款)。后根据章程的规定向社会发出招股书或计划书，内容包括将公开发行股份的性质、票面价值，发起人垫付的费用金额（第 188 条第 2 款）认购机构及认购期、股东大会召开的时间等。此外《澳门商法典》还规定，计划书编制完成后应交予澳门货币暨兑监理署，之后 15 天发起人拟定公开募集书与计划书一并登记并向社会公布。而公开募集部分的股份只有 75%以上被认购后，公司才可设立。当公司不能成立时，发起人需返还认股人已缴纳的股款（第 397 条第 1 款及第 402 条第 3 款）

此外，《澳门商法典》未规定发起人在公司成立时需承担出资不实责任，只是规定了公司成立时若财产在缴付日之价值因任何理由低于对其评估之价值，股东应对该差额负责，并应以现金缴付该差额至出资的票面价值（第 201 条第 4 款)。未如期缴应付出资的股东，在此期间不得行使股东权利，除缴付欠缴资本外，还要支付迟延利息（第 204 条第 3 款)。并且第 410 条规定，股份公司原有之认购者以及以任何方式受让股份者，须对该股款之缴纳负连带责任；股东或前股东迟延时，行政管理机关应再次通知股东或前股东，声明给予该等股东 90 日之补充期间以缴付股款，另加迟延利息，否则该等股份及为缴付股款而支出之金额，均为公司所有。该条表明了出资未履行的具体发起人的违约责任。

（三）股票及融资

1. 股票

股票是股份公司签发的具有证明股东按其所持股份享有权利和承担义务的书面凭证。它是有价证券，价值可以通过转让实现，但一旦股票转让便转移了股东权。股票是证权证券也是要式证券。《澳门商法典》股票的形式作出了详细的规定。股票应以中文及葡文的方式载明股票性质，代表股份之种类、类别、编号、票面价值，公司名称、住所、登记编号，认购资本额及代表的股份百分率，公司相关负责人签名及股票转移的法定限制（第416条）。同时公司所置的股份登记簿应载明，全部股份的顺序编号、不同种类股票的数目、股东的基本信息等相关事项（第417条）。澳门公司一般被允许持有相当于资本额10%以内的自有股份，但特殊情况下该数额限制可被突破如法律之特别规定。

2. 债权融资

股份公司成立后可通过发行新股的方式进行融资，也可以通过发行公司债券的方式进行融资。债券的种类主要有：(1) 在固定利息之外的可根据公司的盈余享受补充利息或溢价的债券。(2) 取决于公司有无盈余以及按盈余金额变动而享受利息的债券。(3) 可转换债券（第433条）。而债券的发行条件法律也有严格的规定：(1) 股东迟延认缴股份。(2) 公司已发行之债权已超过已缴付及现有资本额。(3) 前次发行债券尚未被完全认购，这三种情况下，公司不得再次发行债券（第434条）。

思考题

1. 公司法人面纱理论的制度价值是什么？
2. 公司法中的国家强制的体现是什么？
3. 内地与澳门在公司法律架构上的区别是什么？

第二章　票据法

导　读

本章主要介绍票据及票据法中一些基本理论问题，如票据的概念、特征、作用，票据法的概念，票据行为、票据权利的内容等。同时，结合票据实务中涉及的一些技术性规则及其法律依据，本章还介绍了票据的伪造、变造、涂消等内容。当然，本编的特别之处还在于就内地票据法及澳门地区商法典关于票据的规定进行比较，并针对澳门地区特有的参加承兑、参加付款以及副本和复本等问题展开论述。本章内容是票据法的基本理论，对于掌握票据法的理论体系和结构，特别是对于了解澳门地区票据法的基本内容，具有直接的指导意义。

第一节 票据法概述

一、票据

（一）票据的概念：

票据是指由出票人签发的、约定由自己或委托他人于见票时或确定的日期向持票人或收款人无条件支付一定金额的有价证券。票据有广义和狭义之分。广义的票据是指商业上的一切权利凭证，如发票、提单、保险单、仓单、信用证、本票、汇票、支票等。狭义的票据是指根据票据法的规定，以法定形式出现的，以无条件支付一定金额为目的的，可以流通转让的有价证券。

（二）票据的特征：

票据作为有价证券的一种，与其他有价证券相比，具有明显的区别。具体说，票据的法律特征有以下几个方面：

1. 票据是设权证券

设权证券，是指权利的发生必须做成证券，票据上所表示的一定金额请求权完全由票据行为而创设，所以，票据不是为了证明原来已经存在的权利，而是创设了一种新的权利，票据权利是与票据的做成同时发生的，在做成票据之前，票据的权利是不存在的。没有票据，就没有票据权利。这就是票据的设权性。这一点与权利义务产生于证券做成之前的证权证券，如股票、债权、提单是不同的。

2. 票据是一种无因证券

所谓无因，并不是没有原因，而是说，票据上的权利义务的成立，并不以原因关系（授受票据的原因）的成立和有效为前提，票据原因关系与票据关系各自独立。

3. 票据是文义证券

票据上所载权利义务的内容必须严格按照票据上所载文义确定，不允许依据票据记载以外的事实，对行为人的意思作出与票据所载文义相反的解释，或者对票据所载文义进行补充或变更。即使票据的书面记载内容与票据的事实相悖，也必须以该记载事项为准。

4. 票据为金钱证券

票据是以金钱为给付标的物的证券。因此，票据能够代替现金作为支付工具和流通工具。

5. 票据为债权证券

票据是以表示债权为目的的证券。债权人占有票据即可向债务人要求给付票据上所载的金额。

6. 票据是流通证券

流通证券是指票据上的权利可以依背书或者交付而转让的证券。票据的一个基本功能就是流通。除出票人有禁止转让的记载以外，票据均可以背书或者交付的方式将其权利转让与他人，而无须经过债权人的同意。

7. 票据是要式证券

所谓要式，票据法律法规严格地规定了票据的制作格式和记载事项，当事人必须严格的执行。不按票据法及相关法规的规定进行票据事项的记载，就会影响票据的效力甚至会导致票据的无效。在票据上所为的一切行为，如出票、背书、承兑、保证、付款、追索等，必须严格按照票据法规定的程序和方式进行，否则无效，这就是票据的要式性。

8. 票据是完全有价证券

有价证券依其表示的权利与其证券结合的方式不同，可以分为完全有价证券和不完全有价证券。

完全有价证券，又称绝对有价证券，它是指证券权利的发生、转移和行使都必须以证券的存在为必要。权利的发生以证券作成为必要，权利的转移以交付证券为必要，证券权利的行使以持有证券为必要。

不完全有价证券，又称相对有价证券。它是指证券权利的转移和行使以证券为必要，而权利的产生不以证券的作成为必要，如股票、债权、仓单。

9. 票据是提示证券

票据的权利人行使票据权利时，必须依法向票据债务人提示票据。否则，票据债务人有权拒绝履行义务。这是因为，一方面，票据为有价证券，票据权利与证券密不可分，只有提示票据，才能证明票据权利的存在；另一方面，票据上的权利以票据上记载的文义而定，如果持票人不提示票据，票据债务人无法知道票据权利的具体内容，从而也就无法准备清偿债务。

10. 票据是返还证券

票据的持票人领到支付的票款时，应当将票据交还付款人。付款人得要求持票人写明“收讫”字样，签名为证，并将票据收回，以防再度取款。

（三）票据的种类

1. 票据法上的分类

各国票据立法对票据的种类均采法定主义，由票据法对票据的种类作出明确的、封闭性的规定，不允许有法律规定以外的票据存在。根据内地票据法和澳门地区商法典的规定，票据分为汇票、本票和支票三种。

2. 票据法理论上的分类

在票据法理论上，可依据不同的标准，对票据作出不同的分类。

(1) 根据票据对权利人的不同记载方式，可将票据分为记名式、无记名式和指示式三种。记名式票据，是指在票据上记名特定的人为权利人，即只能由该特定的人行使权利的票据；无记名式票据，是指票据上不记载权利人的姓名，或者将权利人记作"持票人"或"来人"，只要持有票据就可以享有和行使票据权利；指示式票据，是指在票据上记载"特定人或其指定的人"为权利人。内地票据法除了支票外，原则上只承认记名式票据，而澳门地区商法则具体规定了记名式证券、无记名式证券和指示式证券。

(2) 根据票据不同的功能，可将票据分为支付证券与信用证券。支付证券是指其功能仅限于见票即付，并且只能由银行或其他金融机构充当付款人的票据，如支票；信用证券是指票据金额在出票日后的指定到期日才能支付的票据，如汇票和本票即是基于出票人的信用签发的。

(3) 根据出票人是否同时为付款人，可将票据分为自付证券与委付证券。凡是出票人约定自己在一定时间内支付票据金额的票据即为自付证券，如本票；凡是出票人自己不是付款人，而是委托他人支付票据金额的票据，即为委付证券，如汇票、支票。

(四) 票据的作用

票据制度是商品经济的产物，它随商品经济的出现而出现，并随商品经济的发展而不断发达，是商品经济中必不可少的经济制度与法律制度。由于它具有形式简明、流通自由的显著特点，因而它是现代商品经济中的重要工具，其具体作用主要表现为以下几个方面。

1. 汇兑作用

这是票据的原始功能。从票据起源看，正是"汇"和"兑"的需要，才孕育了票据这一具有重大社会意义的事物的诞生。而在现代社会经济生活中，异地转移金钱的需要，使得票据的汇兑功能仍发挥着巨大的作用。特别是现代国际贸易，几乎绝大多数是利用票据的汇兑功能，进行国际结算，以减少现金的往返运送，从而避免风险，节约费用。

2. 支付作用

用票据代替现钞作为支付工具，可以避免清点现钞时可能产生的错误，并可以节省清点现钞的时间。票据的支付工具作用是票据最原始的作用。这一作用可大大节约货币的使用，减少流通费用、简化手续，提高资金使用效率，加速商品的流转。

3. 结算作用

票据这种作用，又称作债务抵消职能。简单的结算就是互有债务的双方当事人各签发一张票据给对方，待两张票据都届到期日即可抵消债务，差额部分，仅一方以现金支付。复杂的结算是通过票据交换制度完成的，通过票据交换所，将到期票据相互抵消。

4. 流通作用

一方面，票据可以作为信用货币代替现金用于支付和流通，从而节约商品流通环节中的货币资金，加快商品周转速度；另一方面，由于背书制度，背书人对票据付款负有担保义务，因此背书次数越多，对票据负责的人数也越多，该票据的可靠性也越高，由此提高了票据的流通性，是票据的流通日益频繁和广泛。

5. 信用作用

这是票据的核心功能。现代商品交易中，信用交易是大量存在的。卖方通常不能在交付货物的同时，获得价金的支付。如果这时买方向卖方签发票据，就可以将挂账信用转化为票据信用，把一般债权转化为票据债权，使得权利外观明确、清偿时间确定、转让手续简便，以获得更大的资金效益。它既可以作为商业信贷的重要手段，又可以用作延期的凭证，还可以作为债务的担保。总之，票据当事人可以凭人的信用，就未来可取得的金钱作为现有金钱使用，同时，背书制度客观上也加强了票据的信用作用，贴现制度的存在又使得持票人可以提前将票据转化为现金，将商业信用进一步转化为银行信用。汇票和本票具有信用工具的作用，支票限于见票即付，一般用作支付工具，没用信用工具的作用。

6. 融资作用

即利用票据筹集、融通或调度资金的作用。主要通过票据的贴现来实现。所谓票据贴现即对未到期票据的买卖行为，使持有未到期票据的人通过出售票据来获得现金。各国商业银行一般都经营票据贴现义务，由中央银行经营票据再贴现业务。银行经营票据贴现业务就是向持有未到期票据而又急需现金的人提供资金。

二、票据法

（一）票据法概念

广义的票据法是指涉及票据关系调整的各种法律规范，既包括专门的票据法律、法规，也包括其他法律、法规中有关票据的规范。一般意义上所说的票据法是指狭义的票据法，即专门的票据法规范，它是规定票据的种类、形式和内容，明确票据当事人之间的权利义务，调整因票据而发生的各种社会关系的法律规范。票据法的性质属于私法，是传统商法的重要组成部分。

（二）票据法的特征

1. 票据法具有强行性

由于票据具有较强的流通性，不仅涉及直接进行票据授受的特定当事人，而且涉及经票据流通间接取得票据而加入票据关系的不特定第三人。所以，票据关系的设定、变更或消灭，均以法律的规定为行为准则，票据的内容由法律直接规定，不允许当事人加以变更，除法律另有规定的以外，一般也不承认当事人约定的优先效力。票据法首先规定了票据只有三种——汇票、本票和支票，除此之外，任何银行、单位和个人不得创设新的票据形式；其次票据是严格的要式证券，票据行为也是严格的要式行为。违反法定方式的票据及票据行为一律无效。

2. 票据法具有技术性

票据是作为金钱支付和运用手段而创造出来的，必须具有严密而精巧的技术解决方法。票据法中的许多规定，如票据形式的严格规定、关于票据行为无因性的规定、背书连续的规定、抗辩切断的规定以及付款责任的规定等，都是为了保证票据使用的安全、确保票据的流通和付款，从方便合理的角度出发，由立法者专门设计出来的，而不是基于一般的道德理念，或者遵循一般的法律原则而规定的。就这一点来说，票据法具有较强的技术性。

3. 票据法具有国际统一性

票据的产生，就始于国际贸易。而国际贸易的不断扩大，更使得各国间票据法的统一成为一种需要。目前，不少国家的票据法正逐步趋于统一，国际社会也在谋求票据法的统一。

国际票据法的统一先后经历了海牙统一票据法、日内瓦统一票据法和联合国统一票据法三个发展阶段。最具代表意义、影响最大的是1930年和1931年日内瓦统一票据法，包括《统一票据汇票本票法公约》《解决汇票本票法律冲突公约》《汇票本票印花税法公约》《统一支票法公约》《解决支票法律冲突公约》《支票印花税法公约》。这些公约是相互独立的，各国可分别加入。现在大多数欧洲国家、日本及部分拉丁美洲国家已经采用了各项日内瓦公约。但英国、美国从一开始就拒绝参加日内瓦公约。因为，他们认为日内瓦公约是调和德国法系和法国法系分歧的产物，而德国法系和法国法系又同属大陆法系，如果英国、美国参加会破坏其已经实现的统一，并且认为日内瓦公约与英美法系各国的传统和实践矛盾，因而不能接受该公约。我国大陆没有参加该公约。

1988 年，联合国第 43 次大会上通过的《汇票本票公约》，考虑了日内瓦统一票据法和英美票据法的差异，但并不试图加以调和，而仅着眼于解决国际贸易中汇票、本票使用上的不便，其适用范围仅限于“作为国际贸易结算手段”而使用的“国际票据”，并且该票据也不具有强制适用的效力，而是由出票人或者承兑人选择是否适用。

（三）票据法律关系

1. 票据法律关系的概念及特征

票据法律关系是指根据票据法的规定，参加者在票据的签发和流通转让等过程中，依法形成的具有权利义务内容的社会关系。

票据法律关系具有下列法律特征：

（1）票据法律关系是受票据法调整而产生的一种社会关系。票据法律规范是票据法律关系产生的前提和基础，票据法律关系是票据法律规范所产生的结果。无票据法律规范就无票据法律关系，不受票据法律规范调整的社会关系，就不是票据法律关系。

（2）票据法律关系具有权利、义务内容。票据法律关系是通过法律上设定权利与义务表现出来的，权利与义务相互依存和统一的。票据法律关系仍旧属于法律关系，是法律关系的一种，受国家强制力保证实施。因此，义务人应当自觉履行义务，否则就要受到国家的干预。

2. 票据法律关系的三要素

任何一项法律关系，都必须同时具备主体、客体和内容三个要素，缺少任何一些都不能成立。

（1）票据法律关系的主体。票据法律关系的主体是指票据法律关系的参加者，即在票据的签发和流通转让过程中，通过实施票据法律行为，从而取得一定权利、承担一定义务的当事人。票据法律关系的当事人必须通过实施票据法律行为，才能取得票据主体资格。票据法律关系的主体主要包括：出票人、收款人、持票人、承兑人、背书人、保证人、参加人等。他们既可以是国家、法人，可以是不具有法人资格的其他社会组织，也可以是自然人。

（2）票据法律关系的客体。票据法律关系的客体是指票据权利、票据义务所共同指向的对象，即标的。票据法律关系的客体表现为一定数额的货币，不允许用其他物品来代替货币进行支付，即其他物品不能成为票据法律关系的客体，它只能是一定数额的货币。

（3）票据法律关系的内容。票据法律关系的内容是指参加票据法律关系的主体依法所享有的权利和承担的义务。所谓票据权利是指票据法律规范赋予当事人享有的某种权益，表现为享有权利的人有权自己作出一定的行为或不作出一定的行为或者要求他人作出一定行为或不作出一定行为，在必要时，可以请求有关国家机关协助以实现其权益。所谓票据义务是指当事人必须作出一定行为或不作出一定行为的责任。

3．票据关系的当事人

依法参加票据法律关系的人都是票据关系当事人。当事人的称谓与票据行为有关，完成不同的票据行为产生不同的当事人，在不同的票据种类中，当事人的称谓又各有不同。不同票据关系的当事人，在进行票据行为过程中，所享有的权利、承担的义务是不相同的。

（1）票据关系的基本当事人。票据关系的基本当事人是指票据一经成立即已存在的当事人，包括出票人、收款人、付款人。他们是构成票据法律关系的必要主体，基本当事人在票据形式上的不存在或不完全，票据法律关系就不能成立，票据也就无效。

（a）出票人。出票人是依法定方式作成票据并在票据上签名盖章，将票据交付给收款人的人。

（b）收款人。收款人又称“抬头人”是指票据到期有权收取票款的人，是票据的主债权人，有时又是票据的持票人。票据上记载收款人的方式有三种：一是限制性抬头。限制性抬头是指出票人只对固定的收款人承担付款义务，不准转让。二是指示性抬头。是指票据经背书后，可以转让。三是来人抬头。来人抬头一般“见票即付”，付款人认票不认人，谁持有票据，谁成了该票据的收款人。

（c）付款人。付款人是根据出票人的命令支付票款的人，是票据的主债务人。

（2）非基本当事人。指票据已经成立，通过各种票据行为而加入票据关系中的当事人。如背书人、保证人、参加付款人、预备付款人等。非基本当事人并不是任何票据都存在的，一般说来，票据债务人为非基本当事人时，在票据法律关系中所承担的义务也较基本当事人轻，仅为副票据义务或辅助的票据义务。

（a）背书人。票据的收款人或持有人转让票据时，在票据的背面或粘单上签字或盖章后则称为背书人。被记名受让票据或接受票据转让的人称为被背书人。

（b）承兑人。承兑人是汇票的主债务人。承兑是汇票独有的行为。不同种类的承兑汇票，承兑人的权利、义务及责任是不相同的。

（c）保证人。保证人是票据的债务人之一。为票据的债务提供担保的人成为保证人。

（四）票据的基础关系

票据的基础关系，又称非票据关系，是指基于票据法和其他法律的规定，在票据当事人之间发生的权利义务关系。它与票据法律关系的不同之处在于：第一，票据法律关系是由当事人的票据行为而发生的，非票据关系是直接由法律的规定而发生的；第二，票据法律关系的内容是票据权利义务关系，它与票据紧密相连，权利人行使权利以持有票据为必要；而非票据关系则不需要。票据的基础关系分为两种：

1. 票据法上的非票据关系

票据法上的非票据关系，是指根据票据法而产生的、与票据行为的结果相关的权利义务关系。如因时效或手续欠缺而丧失票据权利的持票人对出票人或承兑人的利益偿还权请求，付款人在付款后对持票人的交出票据请求权等。

2. 民法上的非票据关系

民法上的非票据关系，是指根据民法的规定而产生的并受民法调整的权利义务关系。它包括原因关系、资金关系和预约关系。非票据关系与票据行为严格分离，非票据关系的变更、无效或缺陷，不影响票据上的权利义务。

（1）票据的原因关系。票据的原因关系，又称票据原因，是指当事人之间接受票据的原因。出票人之所以签发票据，将其交付于收款人并由收款人接受，在经济上和法律上必然有一定的原因。依照票据法的规定，原因关系只存在于授受票据的直接当事人之间，票据一经转让，其原因关系对票据效力的影响力即被切断。票据上的权利义务因票据行为而产生，票据原因的有无以及是否合法，对票据权利义务没有影响，票据是无因证券。

（2）票据的资金关系。票据的资金关系，又称票据资金，是指存在于汇票出票人与付款人之间、支票出票人与银行之间的基础关系。票据资金的成立必须符合以下两个条件：第一，出票人在付款人处必须存有付款人可以处分的资金；第二，付款人必须依票据处分资金。汇票或支票的出票人之所以委托付款人付款，付款人之所以愿意付款，是因为他们之间的约定。本票是自付票据，因而本票不存在资金问题。一般说来，资金关系的存在或有效与否，均不影响票据的效力。出票人不得以已向付款人提供资金为由拒绝履行其追索义务；付款人也不因得到资金而当然地成为票据债务人，作为汇票来说，付款人的承兑行为才是其承担票据债务的法定条件。

(3) 票据预约关系。票据预约关系，是指授受票据的当事人之间有了原因关系之后，就签发、使用票据以及对票据所记载的内容进行预先的约定。票据预约不仅存在于出票人与收款人之间，也存在于背书人与被背书人之间。因此，当事人之间先有原因关系，后有票据预约关系，然后根据预约签发票据，才能产生票据关系。它实际上是沟通票据原因和票据行为的桥梁。但该合同仅为民事合同，当事人不履行票据预约合同所产生的权利义务仅构成民法上的债务不履行，不属于票据法规范的对象。

第二节　票据行为和票据权利

一、票据行为的概念和特征

(一) 票据行为的概念

票据行为是以行为人在票据上进行必备事项的记载、完成签名并予以交付为要件，以发生或转移票据上权利、负担票据上债务为目的的要式法律行为。票据法理论一般从广义和狭义上解释票据行为：从广义上讲，是泛指一切能够引起票据法律关系发生、变更、消灭的各种行为，如出票、背书、承兑、参加承兑、保证、保付、付款、见票、划线、涂销等行为；从狭义上讲，票据行为是指能够产生票据上权利义务关系的要式行为，或者说是以负担票据债务为意思表示内容的要式法律行为，如出票、背书、承兑、参加承兑、保证、保付等行为。通常所说的票据行为仅就狭义而言。

票据行为既然是以负担票据债务为意思表示内容的要式法律行为，则该行为应具备以下两个要件：其一，必须具备法定的行为形式，即应以法定的记载事项的范围及记载方式进行必要事项的记载，并有行为人签章，然后现实地将票据交付对方；其二，必须有负担票据债务的意思表示。票据行为从本质上讲也是一种民事法律行为，须以行为人的意思表示为要素。票据行为的种类不同，其意思表示的具体内容也就不同，但其目的都在于承担票据债务。

(二) 票据行为的特征

票据行为作为法律行为的一种，除具备法律行为的一般特征外，还具有以下特征：

1. 要式性

票据行为的要式性。亦称票据行为的形式性或定型性，是指票据行为具有法定的行为方式与效力，不允许行为人任意选择或变更。一般的法律行为原则上实行方式自由，要式为例外。票据为流通证券，票据行为要式性的目的在于使票据的款式明确统一，易于当事人辨别票据上的权利义务，从而促进票据的流通。票据行为的要式性主要表现在以下三个方面：(1) 必须以书面形式进行。(2) 必须遵守法定的款式。(3) 行为人必须签名。

2. 无因性

票据行为的无因性，是指票据行为具备法定形式有效成立后，票据的基础关系即使存在瑕疵或者无效，对票据行为的效力均不产生影响。就是说，行为人只须将其意思表示在书面上进行法定方式的记载，并将票据交付相对人，票据行为即告有效成立，其基础关系是否存在，效力如何，一概不问。票据行为的无因性，也可称为票据行为的抽象性。票据行为的无因性主要表现在：(1) 票据行为的效力独立存在。(2) 持票人不负证明给付原因的责任。(3) 票据债务人不得以原因关系对抗善意持票人。

3. 文义性

票据行为的文义性，是指票据行为的内容，依票据上所载的文义确定，即使该记载与行为人的真意或者实质情形不符，也应以该记载来确定，不允许当事人依票据之外的证明方法对票据文义予以变更或补充。

4. 独立性

又称票据行为独立原则，是指同一票据上如有数个票据行为时，其中一个行为无效，不影响其他行为的效力。票据行为的独立性，为各国票据法所确认。依据内地票据法规定，其表现主要有以下几个方面：

(1) 票据上如有无民事行为能力人或者限制民事行为能力人签章的，其签章无效，但是不影响其他签章的效力。

(2) 没有代理权而以代理人名义在票据上签章的，应当由签章人承担票据责任；代理人超越代理权限的，应当就其超过权限的部分承担票据责任。

(3) 票据上有伪造、变造的签章的，不影响票据上其他真实签章的效力。

(4) 被保证人的债务如果不是因票据记载事项欠缺而是因其他原因无效时，保证人仍应承担保证责任。

对此，《澳门商法》第 1140 条明确规定：“如汇票上有无承担责任能力之人之签名、伪造之签名、虚拟之人之签名，或因任何其他理由不能使签名人或被代签人承担义务之签名，其他签名人应负之责任，仍然有效。”

二、票据行为的种类

一般认为，票据行为应包括出票、背书、承兑、参加承兑和保证五种，也有学者认为，支票的保付也应包括在其中。从立法上观之，《日内瓦统一票据法》和《英美票据法》均有出票、背书、承兑、参加承兑和保证的规定。不同的是，关于支票的保付，日内瓦统一支票法没有规定，而美国统一商法典则作了规定。

票据行为以其在票据活动中的地位和作用不同，可分为基本票据行为（主票据行为）和附属票据行为。基本票据行为，即出票行为，是创设票据权利的行为，票据的有效或者无效，票据权利义务的内容等都须出票行为来确定。所以，出票行为是其他各种票据行为的基础，其他票据行为只有在出票行为完成以后才能发生。附属的票据行为，即以出票行为为前提，在已发行的票据上所为的行为，背书、承兑、保证等均属于此。附属票据行为的从属性表现为，一方面它以基本的票据行为为前提，没有基本的票据行为，就不会有附属票据行为；另一方面附属票据行为并非绝对必须，在许多情况下，只须有基本票据行为就可以完成票据的使命。

一般而言，票据行为主要包括以下几种。

（一）出票

亦称发票。是行为人作成票据并将其交给收款人（受票人）的行为。出票人在为出票行为时，首先要进行必要事项的记载，其次必须签名，最后应将票据交付收款人。出票行为一经完成，票据上的权利义务即因此而产生。汇票、本票和支票都必须有出票行为。

（二）背书

是指持票人签名于票据的背面，表示将票据权利转让与他人的行为。背书的人称为背书人，接受其票据交付的人称为被背书人。背书通常是在票据的背面进行背书文句的记载，当背书栏已填满无法继续进行背书时，也可在票据的“粘单”上进行背书。背书行为是票据权利转让的主要方式，背书行为完成后，即产生背书人对票据债务人的担保责任，被背书人取代背书人成为新的持票人，享有票据权利。汇票、本票、支票上均可以进行背书。

（三）承兑

是指汇票的付款人向持票人承诺愿意支付汇票款项的行为。汇票的付款人本来不是票据授受的当事人，是否愿意付款由其自由决定。但如果付款人进行了承兑行为，就成为汇票的第一债务人。本票由出票人自己承诺支付，支票由出票人委托银行等金融机构支付，二者付款人的付款责任都是确定的，因而本票和支票无须由付款人进行承兑。

（四）保证

是指票据债务人以外的第三人或票据债务人为担保特定的票据债务人履行票据债务而为的票据行为。其中行为人称为保证人，由其担保的特定票据债务人称为被保证人。保证人作出保证行为后就成为票据债务人之一。远期汇票可适用保证。

（五）参加承兑

参加承兑是指为特定票据债务人的利益由预备付款人或者第三人代替付款人为承兑以阻止持票人在汇票到期日前进行追索的一种附属票据行为。内地没有参加承兑制度，澳门地区商法典则有相关规定。

三、票据行为的代理

（一）票据代理的概念

票据行为的代理是指票据关系的当事人在不能或不愿亲自实施票据行为时，由他人以被代理人的名义实施票据行为，由此所产生的法律后果由被代理人承担。票据行为是一种特殊的民事法律行为，与民法上的代理有相同之处。票据代理实行“严格的显名主义”，具体表现为：（1）票据代理必须以书面形式进行。（2）票据代理应在票据上表明其代理关系，如果代理人在代理他人为票据行为时，没有依法在票据上表明其代理关系，即使他在为票据行为时出具了被代理人的授权委托书，仍然应由代理人自己承担票据责任。

（二）票据代理的要件

（1）必须经被代理人授权。（2）必须载明被代理人的姓名或名称。（3）必须表明为被代理人代理的意思。（4）必须由代理人签章。

（三）欠缺票据代理要件的情况

1. 代理形式要件缺陷

（1）共同签章：仅有被代理人和代理人的名称，缺少“代理”的意思，代理人即使能证明代理权也应自己承担责任，因本人无亲自签章。

（2）隐名代理：有代理人的签章，没有被代理人的名称，代理人应承担责任。

（3）直接以本人名义签章而无代理人名称，又称“票据代行”，这种情况要么由本人承担责任，要么构成“票据伪造”。

2. 代理实质要件缺陷

（1）无权代理，是指代理人没有代理权而以被代理人的名义在票据上签章的行为。依民法原理，无权代理行为只有经过被代理人的追认，被代理人才承担民事责任。未经追认的行为，由行为人承担民事责任。这就使得无权代理行为的效力完全取决于被代理人的意思，如果被代理人予以追认，该行为即发生效力，不予追认则不发生效力。对于票据行为的无权代理若依民法的规定处理，则极不利于票据的流通与交易的安全，因此，大陆法系国家的票据法一般都规定，没有代理权而以代理人名义在票据上签章的，由无权代理的行为人承担票据责任。内地票据法以及澳门地区商法典均做如此规定。

（2）越权代理，是指代理人逾越代理权限所为的票据行为，如代理人不根据被代理人的授权，擅自提高票据金额、提前票据支付的日期，改变票据的支付地点等。根据各国票据法的规定，对于越权代理的逾越权限部分，由代理人负责；在授权范围内的部分，则由被代理人负责。内地票据法及澳门地区商法典亦同。值得注意的是，被代理人对代理权的限制，不得对抗善意第三人，该善意第三人可请求被代理人对越权部分负责。

四、票据权利的概念和特征

（一）票据权利的概念

票据权利，是指持票人向票据债务人请求支付票据金额的权利，包括付款请求权和追索权。付款请求权是指票据的债权人依法要求票据的债务人按票据上所记载的金额付款的权利。付款请求权的主体是持票人。当持票人依法行使付款请求权时，票据债务人必须履行付款义务，否则就会受到债权人的追索。追索权，是指持有票据的债权人在票据债务人不履行或不能履行票据义务时，依法向其他债务人请求偿还票据金额的权利，即所谓票据权利的第二次请求权。

（二）票据权利的特征

票据权利具有以下三个特征：

1. 票据权利的单一性

由于票据权利与票据本身的不可分割性，不可能有两个以上不同的所有人同时占有同一票据，也就是说，同一票据不可能存在两个以上的票据权利，若把票据本身视为物，根据“一物一权”原则，票据权利即成为单一性权利。

2. 票据权利是证券性权利

由于票据行为具有无因性、要式性和独立性，因此而产生的票据权利，其效力比一般的民事权利效力强，此权利一经产生，就同作为证券的票据本身合二为一，只有取得证券，才能取得票据权利，只有依据证券，才能行使票据权利。

3. 票据权利是两次性权利

票据权利属于金钱债权，即其客体是金钱，但又不同于金钱债权。金钱债权通常仅为一次性权利，而票据权利则可能成为二次性权利，即债权人可能对两个以上的不同债务人有请求权，应首先承担债务的债务人为主债务人。权利人首先向主债务人行使请求权，即付款请求权，如未获偿付，则可向从债务人行使追索权。

五、票据权利的取得

（一）票据权利的原始取得

票据权利的原始取得，是指持票人不经其他任何前手权利人，而最初取得票据。包括发行取得和善意取得。

1. 发行取得

指权利人依出票人的出票行为，而原始取得票据权利。它是票据权利最主要的原始取得方式，也是其他取得方式的基础，没有票据权利的发行取得，其他取得方式无从谈起。

2. 善意取得

是指票据受让人依票据法规定的转让方法而取得票据权利。善意取得的实质在于以牺牲真实权利人的利益为代价保护善意受让人。由于它使先前的真实权利人丧失权利，使善意受让人取得权利，关系到双方当事人的根本利益，因此，票据法规定了严格的要件。票据权利的善意取得必须符合以下构成要件：

（1）必须是从无权利人处取得票据。因为如果其前手为有权利人，受让人当然取得票据权利，无适用善意取得的必要。

（2）必须是依票据法规定的票据转让方式取得票据。根据内地票据法的规定，受让人必须依背书方式取得票据，并且能够以背书连续证明自己为合法持票人。

（3）受让人必须是善意。所谓善意是指无恶意或重大过失。恶意就是明知让与人无让与权利；重大过失就是欠缺一般人应有的注意，没有发现让与人无让与权。对于受让人善意的判断，应以受让人取得票据时的情况为判断标准；且其注意义务也仅限于其直接前手。受让人就其善意与否，不负举证责任。

(4) 受让人须以相当对价取得票据。

(二) 票据权利的继受取得

票据权利的继受取得，是指受让人从有处分权的前手权利人处取得票据，从而取得票据权利。继受取得可分为票据法上的继受取得和非票据法上的继受取得。

(1) 票据法上的继受取得，是指依票据法规定的转让方式，从有票据处分权的前手权利人处取得票据，从而取得票据权利。票据的背书转让，是最主要的票据权利继受取得方式。此外，保证人履行保证义务或追索义务人偿还追索金额后，取得票据，也是票据法上的继受取得。

(2) 非票据法上的继受取得，是指非依票据法规定的转让方式而是依民事权利的转让方式取得票据权利，如依赠与而取得。非票据法上的继受取得，包括依普通债权的转让方式取得票据权利，也包括依继承、公司合并、营业受让等方式取得票据权利。此种继受取得，通常只能得到一般法律的保护，而不能得到票据法对合法持票人权利的特别保护，不能主张抗辩切断和善意取得等。

六、票据权利的行使与保全

(一) 票据权利的行使

指票据权利人请求票据义务人履行义务，从而实现票据权利的行为。票据权利的行使其特别之处在于票据权利人应进行票据提示，即实际地将票据向票据债务人出示，以此请求票据义务人履行义务。票据提示的处所通常为票据上载明的票据权利行使处所，票据上未指明处所的，则应在票据当事人的营业场所进行。

(二) 票据权利的保全

指票据权利人为防止票据权利丧失所进行的行为。票据权利的保全方式包括进行票据提示、做成拒绝证书、中断时效。

1. 按期提示票据

持票人在法定期间内提示票据行使票据权利就是保全票据权利的方式之一，持票人只有在法定期间内提示票据请求付款被拒绝的，方可行使追索权；期前追索也以按期提示请求承兑被拒绝为条件之一。

2. 做成拒绝证书

内地票据法规定，持票人行使追索权时，应当提供被拒绝承兑或被拒绝付款的有关证明；而依据澳门地区商法典，除非出票人、背书人或保证人在票据上记载“免费返还”或“免作拒绝证书”或其他同意条款并签名，持票人行使追索权时也应当提供拒绝证书。由此，在持票人提示承兑或者提示付款被拒绝时，承兑人或者付款人必须出具证明。证明应记载被拒绝承兑或被拒绝付款的票据种类、主要记载事项；拒绝承兑、拒绝付款的事实依据和法律依据；拒绝承兑、拒绝付款的时间；拒绝承兑人、拒绝付款人的签章。在持票人通过票据交换所进行提示，并由承兑人或者付款人的代理银行代理承兑或代理付款时，应由相应的代理付款银行出具退票理由书，退票理由书与拒绝证书具有同一法律效力。此外，根据内地票据法规定，由有关机关出具的合法证明，包括医院或有关单位出具的承兑人、付款人死亡证明，司法机关出具的承兑人、付款人逃匿证明，公证机关出具的具有拒绝证明效力的文书；有关的司法文书和处罚决定，包括承兑人或付款人被人民法院依法宣告破产时的有关司法文书，有关行政主管部门的处罚决定等，都具有拒绝证书的效力。相应的，依据澳门地区商法典，持票人也可通过出示宣告破产的裁定行使追索权。

3. 中断时效

一般说来，与普通民事债权相同，诉讼可以中断时效，保全票据权利。

此外，澳门地区商法典还规定不可抗力是延长票据提示期限或作出拒绝证书期限的法定理由。

（三）票据权利行使与保全的时间和地点

内地票据法规定，持票人对票据债务人行使票据权利或者保全票据权利，应当在票据当事人的营业场所和营业时间内进行。无营业场所的，在其住所进行；关于营业时间，如果期限的最后一日为非营业日，则以非营业日之后的第一个营业日为最后一日。持票人应根据票据债务人或票据当事人具体的营业时间，行使或保全票据权利。关于付款地点，澳门地区商法典还规定了票据可以在第三人的住所付款。

七、票据权利的转让

票据是一种流通证券，票据权利可以通过背书而自由转让。各国为了保持票据的流通性，对票据权利的转让作了不同于一般债权转让的规定。

(1) 票据权利可通过交付或经过背书和交付而转让，不必通知原债务人，只要票据的持票人按法定方式把票据转让给受让人，债务人就必须依票据向受让人承担到期付款的责任。

(2) 善意而支付了对价的受让人可取得优于其前手的权利，其享有的票据权利不因让与人对票据的权利有瑕疵而受到影响。

八、票据权利的消灭

所谓票据权利的消灭，是指票据权利由于某种法律事实的出现使原来的票据权利即付款请求权和追索权不再存在。票据权利消灭的原因有多种，其中付款请求权和追索权消灭的共同原因主要有付款和时效两种。

1. 付款

付款是指支付票据金额以消灭票据关系的行为。持票人从出票人或背书人处取得票据的目的，就在于票据到期时，能够获得票据金额的支付。因此，一旦付款人或其代理人满足了持票人的请求，那么，票据的目的即告达到，持票人的票据权利亦随之消灭。

2. 时效

即消灭时效，是指票据权利如经过一定期间不行使，则因时效经过而消灭。

3. 销毁

票据是无因票证，是持票人行使权利的依据，如果没有了票据，则持票人的权利无法行使，从而使票据权利消灭。

4. 提存

提存是指票据的债务人因票据债权人的原因无法履行义务时，可以将票据提交提存机关保存，从而消灭票据债务人的义务。内地票据法没有规定票据提存，而澳门地区商法典则有相关规定。

此外，票据还可以因除权判决、抵消、混同或免除而使票据权利消灭。

九、票据抗辩

票据抗辩，是指票据债务人基于一定的事实和理由对于票据债权人的请求，可以提出抗辩，拒绝履行票据债务。这里的事实和理由，称为抗辩事由。票据债务人享有的对票据债权人拒绝履行义务的权利称为抗辩权。

以抗辩的事由及其效力的不同，票据抗辩可分为物的抗辩和人的抗辩两类。

（一）物的抗辩

物的抗辩，又称绝对抗辩或客观抗辩，是指因票据本身所存在的事由而发生的抗辩。因抗辩事由是基于票据这个客观物体而发生，因而称物的抗辩；又由于该抗辩事由可对一切持票人提出，因而又叫绝对抗辩。物的抗辩以抗辩人的不同，又可分为两类：

1. 一切票据债务人可以对一切票据债权人行使的抗辩

（1）欠缺绝对必要记载事项：票据上必要记载事项欠缺而导致票据无效的抗辩。

（2）不依文义提出请求：票据上记载的到期日尚未届至的抗辩。

（3）债权灭失或失效：票据因法院的除权判决而宣告无效的抗辩；票据因依法付款或依法提存而使票据权利消灭等。

2. 特定票据债务人可以对一切票据债权人行使的抗辩

（1）否定某一票据行为有效成立：如欠缺票据行为能力的抗辩或票据伪造或变造的抗辩。（2）违反记载事项：如背书人记载“不得转让”。（3）欠缺保全手续的抗辩。（4）票据权利因时效而消灭的抗辩。（5）对无权代理的抗辩等。

（二）人的抗辩

人的抗辩，又称为相对抗辩或主观抗辩，是指票据债务人只能对抗特定持票人的抗辩。这类抗辩是基于票据当事人之间的特定关系而产生的，只能对特定的债权人行使。当债权人即持票人发生变更，这种抗辩就会被切断，债务人不得再以原来的事由对新的持票人行使抗辩。以抗辩人的不同，人的抗辩也可分为两类：

1. 一切票据债务人可以对特定的债权人行使的抗辩

（1）债权人欠缺实质上的受领资格，如持票人已被法院宣告破产、被依法解散。（2）票据债权人欠缺形式上的受领资格，如背书不连续的持票人。（3）持票人欠缺实质上的受领资格的抗辩，如付款人明知持票人系依恶意或重大过失取得票据时而进行的抗辩等。

2. 特定票据债务人可以向特定的票据债权人行使的抗辩，这里的特定债权人和特定债务人是指双方具有直接的当事人之间的关系

（1）原因关系非法的抗辩。（2）原因关系欠缺或消灭的抗辩。（3）欠缺对价的抗辩。（4）抵消或者免除的抗辩。

（三）票据抗辩的切断

在票据抗辩中，物的抗辩是基于票据本身的原因而发生的，是客观的、绝对的，可以对抗任何票据权利人，因此，物的抗辩中不存在限制。所为票据抗辩的限制，主要针对人的抗辩而言，它是指票据债务人与出票人或持票人的前手之间存在的抗辩原因，不能用于对抗持票人的票据权利，又称票据抗辩切断制度。

实际上，就是将票据抗辩中人的抗辩限制于直接当事人之间，不允许特定人

之间的抗辩扩大到其他人之间的票据关系中去。即票据流转给直接当事人以外的人后，直接当事人之间的抗辩原则上切断，不能用以对抗任何非直接当事人。票据法之所以对人的抗辩进行限制，目的在于保护正当持票人或善意取得人的票据权利，保障票据的流通性。但抗辩的切断也有例外，如果持票人明知存在抗辩事由而取得票据的，票据债务人仍可以自己与出票人或与持票人的前手之间的抗辩事由，对抗该持票人。至于是否明知，应以持票人取得票据的当时为准，并由票据债务人对此负举证责任。

关于票据的抗辩，《澳门商法典》第1072条规定："一、债务人仅得以下列抗辩对抗持票人：以于发票日之无行为能力或无代理权、签名之伪造、人身胁迫、形式上之欠缺为理由者，由证券文义产生者，基于持票人之个人关系者，或欠缺提起诉讼之必要条件者。二、债务人仅于持票人在取得证券时已知悉债务人与前手持票人间之个人关系发生之抗辩并明知有损债务人时，方得以该抗辩对抗持票人；如持票人以善意取得有关证券，则此等抗辩不得对抗有关证券之后手取得人。三、债务人得因持票人取得证券时有恶意或重大过失或基于其他正当理由而以持票人无处分权之抗辩对抗证券持票人。"据此，澳门地区商法也存在票据的抗辩、抗辩的切断及抗辩切断的例外。

第三节　票据法上的其他问题

一、票据的伪造、变造和涂销

（一）票据的伪造

票据的伪造，是指以享有票据的权利义务为目的，假冒他人的名义而为票据行为的行为。由于票据行为有基本票据行为与附属票据行为之分，因此，票据的伪造也可分为基本票据行为的伪造与附属票据行为的伪造，前者是指假冒出票人的名义签发票据，又称出票的伪造。后者是指假冒他人名义而为出票行为以外的其他票据行为，如背书的伪造、承兑的伪造、保证的伪造等。

票据伪造的效力：（1）对被伪造人的效力。由于被伪造人没有在票据上签章，也没有授权伪造人代表或代理其签章，因此，被伪造人不负任何票据责任。因为票据为文义证券，当事人只以自己在票据上的签章而对票据所载文义承担责任。

（2）对伪造人的效力。伪造人伪造的签章，由于不是以自己的名义作出，所以其伪造的签章无效，伪造人也不负票据责任。但是，一般应负刑事责任和民事责任。

（3）对在票据上真实签章人的效力。票据行为具有独立性和文义性，一票据行为的有效与否，不影响另一票据行为的成立，行为人只要在票据上签章，即使是伪造的票据，也应对票据所记载的事项承担责任，不得以票据上有伪造的签章而拒绝承担票据义务。不管伪造的签章在真实签章人之前或之后，真实签章人均应承担票据责任。

（4）对持票人的效力。当票据的伪造为出票的伪造时，持票人不能对被伪造人和伪造人行使票据权利，但可对伪造人行使民法上的赔偿请求权。但如果持票人的前手系票据上的真实签章人时，持票人可对真实签章人行使追索权。

（5）对付款人的效力。付款人如发现票据伪造，有权拒绝承兑或者付款。一般来说，出票人与付款人预约委托支付票据金额，均在付款人处留有出票人的签名笔迹或预留印鉴，付款人付款时，应审查出票人的签章是否真实，是否与其预留笔迹或印鉴相一致，付款人付款时如有恶意或重大过失，应自行承担责任。至于背书签章的真伪，付款人无审查之责，付款人付款时，仅负有审查背书是否连续以及审查提示付款人的合法身份证明或者有效证件的义务。

（二）票据的变造

票据的变造，是指无变更权限的人，在有效票据上变更除签名以外的其他记载事项，从而使票据上的权利义务内容发生变化的行为。

票据的变造与票据的伪造的区别在于：前者是票据债务内容的伪造，后者是票据债务人的伪造；票据的伪造一般只涉及特定的被伪造人是否承担责任问题，而票据的变造则涉及所有票据上签名人的责任问题。

票据变造的效力：（1）对参与变造、同意变造者的效力。可分为两种情况：第一，如变造人在票据上签章了，应对其签章负票据上的文义负责；第二，如变造人没有在票据上签章，则变造人不承担票据上的责任，但可依刑法或民法承担相应的刑事责任和民事责任。

（2）对变造前签章人的效力。根据内地票据法和澳门地区商法典的规定，在变造前签章的人，只对其签章时票据上的记载事项负责，对变造后的票据的记载事项不负责。

（3）对变造后签章人的效力。票据变造后的真实签章人，是以变造后的票据记载事项作为自己所为的票据行为的内容，理所当然应对其签章时的票据记载事项负责。

(4) 对不能辨别签章是在变造之前还是变造之后的人的效力。行为人的签章如果不能辨别是在票据变造之前还是票据变造之后所为，依内地票据法的规定，推定是在变造之前所为，依原记载事项负责。这一推定的意义是为了减轻票据债务人的责任，提高受票人的警觉，从而阻止变造票据的流通或利用变造票据谋取不当利益。

(三) 票据的涂销

票据的涂销，是指以一定的方法将票据上的签名或其他记载事项予以消除的行为。票据的涂销与票据的变造都属于对票据上的记载事项加以变更，但二者存在明显的区别：首先，票据的涂销仅限于对票据上的记载事项内容的涂销，不包括对票据上记载内容的增添，而票据的变造则包括对票据上记载内容的增减；其次，票据的涂销可以由有相应权限的人所为，也可以有没有相应权限的人所为，而票据的变造则只能为无变更权限的人所为。国外票据法以及我国澳门地区商法典对票据的涂销都有规定，而内地票据法则没有相关规定。

票据涂销的效力：(1) 票据权利人（持票人或其代理人）故意所为者，为有效涂销，被涂销的票据关系人可因此而解除票据责任。

(2) 票据权利人无意或错误所为者，为无效涂销，被涂销的签名或其他记载内容仍具有票据上的效力。

(3) 未经授权而进行涂销，也是无效涂销，不影响票据的效力。

二、票据的丧失及补救

(一) 票据丧失

票据丧失，是指持票人非出于本人的意愿而丧失对票据的占有。票据的丧失以票据是否现实存在可分为绝对丧失和相对丧失两种。绝对丧失是指票据作为一种物已不存在，如票据被烧毁、撕毁等；相对丧失是指票据持有人将票据丢失或被他人盗窃。

票据丧失的补救，指在票据权利人因某种原因丧失对票据的实际占有，使票据权利的行使遭到一定障碍时，为使权利人的票据权利能够实现，而对其提供的特别的法律救济。票据为完全有价证券，其权利的转移和行使以票据的存在为必要。票据丧失后，持票人便不能或暂时不能行使票据权利。在绝对丧失的情况下，没有被他人冒领或被他人善意取得可能，而对于票据的相对丧失则有被他人冒领或被他人善意取得的风险。为了恢复因票据丧失而受损害的票据权利人的利益，保障交易的安全和善意取得人的利益，各国票据法都规定了票据丧失的补救制度。

关于票据丧失的补救方法，各国票据法的规定不同，大陆法系国家大都采取公示催告程序，英美法系国家主要采取止付和诉讼程序。内地票据法在广泛借鉴国外成功立法的基础上，结合实际情况，规定了三种补救办法：挂失止付、公示催告和提起诉讼。

1．挂失止付

挂失止付的概念。挂失止付是指票据权利人在丧失票据占有时，为防止可能发生的损害，保护自己的票据权利，通知票据上的付款人，请求其停止票据支付的行为。

挂失止付中的当事人：

（1）挂失止付的提起人。挂失止付的提起人应为丧失票据的人，即失票人。一般说来，失票人当然为票据的持有者即持票人。但此处所称的票据持有者并不一定为票据权利人。

（2）挂失止付的相对人。挂失止付的相对人应为丧失的票据上记载的付款人，在票据上载明代理付款人时，也包括代理付款人。无法确定付款人或代理付款人的票据不能挂失止付。

挂失止付的效力，在于使收到止付通知的付款人承担暂停票据付款的义务。所以，付款人在接到止付通知后，应停止对票据的付款。如果其仍对票据进行付款，则无论善意与否，都应该承担赔偿责任。

但挂失止付只是失票人丧失票据后可以采取的一种临时补救措施，以防止所失票据被他人冒领。票据本身并不因挂失止付而无效，失票人的票据责任并不因此免除，失票人的票据权利也不能因挂失止付得到最终的恢复。另外，挂失止付也不是公示催告程序和诉讼程序的必经程序。内地票据法明确规定，失票人可以在票据丧失后，直接向人民法院申请公示催告或提起诉讼。

2．公示催告

公示催告是指人民法院根据失票人的申请，依公示催告的方式，告知并催促利害关系人在指定期限内，向人民法院申报权利，如不申报权利，人民法院即依法作出宣告票据无效的判决的补救办法。

公示催告的申请：（1）公示催告的申请条件：第一，确有票据丧失的事实。也就是确已发生票据被盗、遗失或灭失的情况，在确知票据下落时，不能提出公示催告的申请。第二，票据权利确实存在。即付款人对丧失的票据确有支付义务，在票据权利已依实际支付、时效完成等原因而消灭，或者因票据形式不符合法定要件而未发生票据权利时，不能提出公示催告的申请。第三，不存在利害关系人之间的权利争执。也就是说，在提出公示催告申请的当时，无利害关系人就该票据主张权利。如果已有利害关系人出现，或者确知利害关系人存在，不能提出公示催告的申请。

（2）公示催告的申请期间。进行公示催告，首先需要由申请人向有管辖权的法院提出公示催告的申请。根据内地票据法的规定，如果失票人未向付款人发出挂失止付通知，可以随时申请公示催告；如果失票人已经向付款人发出挂失止付通知，则应当在通知挂失止付后3日内，申请公示催告。当然，内地票据法关于申请期限的规定，并非提出公示催告的有效要件，超过上述期限，也不应影响申请人的公示催告申请。

（3）公示催告的申请人。有权提出公示催告的申请人应为票据的合法权利人，包括票据上所载的收款人、能够以背书连续证明自己合法持票人身份的被背书人。由于可能发生出票人在票据上签章后，票据遗失的情况，这时，应当允许出票人作为公示催告的申请人。因为此种情况下，如果发生善意取得，该出票人必须承担出票人的票据责任。在票据遗失后，已经知道现实持有人的情况下，失票人则不能成为公示催告的申请人，只能依普通民事诉讼程序，提起返还票据的诉讼。

公示催告的进行：（1）审查。申请人提出公示催告的申请后，有管辖权的法院应对该申请进行必要的审查。认为符合法律规定的，应当予以受理，进行公示催告；认为不符合受理条件的，应在7日内裁定驳回申请。

（2）公告。法院在受理公示催告的申请后，应当在3日内发出公告，催促利害关系人申报权利。

（3）公示催告的期间。内地民事诉讼法只规定了公示催告期间的最低日数，即不得少于60日。

（4）发出止付通知。法院受理公示催告的申请后，应当立即向票据付款人发出止付通知。

公示催告的终结。公示催告的终结，有两种情况。一是经法院裁定终结公示催告程序，二是经法院判决终结公示催告。

（1）裁定终结公示催告程序。在公示催告期间，有人提出权利申报或提出相关的票据主张权利时，法院就应该立即裁定终止公示催告，并通知申请人和票据付款人。在公示催告期间届满后、除权判决作出前，又有利害关系人申报权利的，也应该裁定终结公示催告。此后，申请人和权利申报人就应通过普通民事诉讼程序，提起有关确认权利归属的诉讼，通过普通民事诉讼程序解决其纠纷。

（2）判决终结公示催告程序。公示催告期间届满，没有人提出权利申报或者提出相关的票据，或者申报人提出的票据非申请人丧失的票据时，则依申请人的申请，由法院作出判决，宣告票据无效。法院作出的除权判决，是公示催告的最终结果，是对公示催告申请人票据权利恢复的确认。自该判决作出之日起，申请人就有权依该判决，行使其付款请求权和追索权；而已作出除权判决的票据，则丧失其效力，持有人不能再依此票据行使任何票据权利，即使票据的善意取得人，也丧失其票据权利；对于票据债务人来说，对获得除权判决的申请人进行的清偿，与对持票人所为的清偿具有同一法律效力，可以依此主张免责。

3. 普通诉讼程序

失票人在丧失票据后，可以直接向法院提起民事诉讼，请求法院判令票据债务人向其支付票据金额。内地票据法没有对该程序作出详细规定。一般认为，在失票人选择诉讼途径救济自己的票据权利时，应当向法院提供有关的书面证明，证明自己对所丧失的票据享有所有权，同时还应向法院说明所丧失票据上的有关记载事项。此外，失票人在起诉时还应当提供必要的担保，以补偿票据债务人因支付失票人票据款项可能出现的损失。

关于票据丧失的补救，澳门地区商法典规定票据全部或部分灭失、遗失或失窃，得应权利人的申请而撤销。签发人应向持票人提供为撤销程序所必需的咨询、文件及其他证据方法。对于已提起撤销之诉的证券，法院得应持票人的申请禁止签发人、票据上所记载之人或申请人指定付款之人向票据持有人付款，否则，须重新付款；如票据已到期，法院得许可提存票据金额。

三、票据时效与利益返还请求权

（一）票据时效

票据时效，即票据消灭时效，是指票据权利人如在一定期间内不行使票据权利，其权利即行消灭的法律制度。

票据权利的消灭时效期间，因票据债务人不同而有差异。票据债务人相同，票据种类不同，其消灭时效期间也有所不同。

根据内地票据法规定，票据消灭时效有以下几种：

（1）对出票人和承兑人行使权利的期间。持票人对票据的出票人和承兑人的权利，自票据到期日起2年。见票即付的汇票、本票，自出票日起2年。票据权利在此期间不行使的消灭。这里的票据权利包括付款请求权和追索权。

（2）对支票出票人行使票据权利的期间。持票人对支票出票人的权利，自出票日起6个月内不行使消灭；由于支票是见票即付，其付款人并不因为出票人写明由其付款而成为主债务人，因此，支票的消灭时效短于汇票。

（3）对前手行使追索权的期间。持票人对前手（不包括出票人）的追索权，自被拒绝承兑或者被拒绝付款之日起6个月不行使，追索权即消灭。由于追索权是持票人的第二次请求权，而其前手均为票据债务偿还义务人或第二顺序人，所以其消灭时效短于主债务人或者与主债务人相同。

（4）对前手行使再追索权的期间。持票人对前手（不包括出票人）的再追索权，自清偿日或者被提起诉讼之日起3个月，不行使权利，其权利消灭。此处的持票人实际上是背书人，在背书人被他人追索或者自己主动履行票据债务后，背书人便取得了再追索权，由于再追索权可能涉及众多背书人，因此票据法规定再追索权行使的期间短于追索权行使的期间。

澳门地区商法典规定的票据消灭时效如下：

（1）就汇票对承兑人之一切诉讼时效期间，自到期日起3年完成；持票人对背书人及出票人之诉讼时效期间，自在适当时间内作拒绝证书之日起一年完成，如有“免费返还”之条款，自到期日起一年完成；背书人对其他背书人或对出票人之诉讼时效期间，自背书人对汇票付款之日起或自其本人被诉之日起6个月完成。时效中断，仅对中断事由之起因者产生效力。

（2）本票的时效规定与汇票相同。

（3）就支票而言，持票人对背书人、出票人及其他共同债务人之诉讼时效期间，自规定之提示期限届满日起6个月完成；须对支票作出清偿之共同债务人之一对其他债务人之诉讼时效期间，自其作出清偿之日或被诉之日起6个月完成。

（二）票据利益偿还请求权

票据利益偿还请求权，是指持票人的票据权利因时效或欠缺一定的手续而归于消灭时，该持票人对出票人或承兑人在其所受的利益限度内有请求返还的权利。由于票据的消灭时效期间较短，与普通债权人相比，持票人易于因时效而丧失票据权利，此外，票据行为是要式行为，票据权利的行使有其严格的行使要件，如果行使或保全票据权利的手续欠缺，也会使持票人丧失票据权利。而在这种情况下，原来的票据债务人因不再承担票据债务，又可能额外受益，这对票据当事人来说，是不公平的。为了保护持票人的利益，从公平观念出发，票据法特规定了利益偿还请求权。

利益偿还请求权，不是票据权利，而是票据法上的权利，是票据法上的特别请求权，其权利的内容、性质与票据权利和民法上的不当得利、侵权损害等请求权均有一定差异。

利益偿还请求权的成立要件：

利益请求权的行使，应具备以下要件：

（1）请求权人应为持票人。这里的持票人包括因被追索或主动履行了票据债务后取得票据的再追索权人，或履行了票据债务的保证人。

（2）票据权利应曾经合法有效。如果票据无效，则不能成立利益偿还请求权。

（3）必须符合法定的票据权利消灭原因。即票据权利必须是因超过时效或者因票据记载事项欠缺而丧失。

（4）出票人或承兑人须得到额外利益。如出票人基于原因关系取得了对价、承兑人基于资金关系取得了出票人的资金等。如果出票人或承兑人没有得到相应的利益，则不能成立利益偿还请求权。

（5）请求返还的利益应以出票人或承兑人所受利益为限。如果出票人或承兑人没有得到利益，或者超过所得的利益，不应要求其返还。

利益偿还请求权的行使和时效：（1）行使。由于利益偿还请求权并非票据权利，因此，其行使不以现实持有票据为必要。（2）时效。因利益偿还请求权不是票据权利，属民法性质的债权，所以应适用民法有关时效的规定，而不受票据法关于权利消灭时效规定的限制。

第四节 汇　票

一、汇票的概述

（一）概念

汇票是出票人签发的、委托付款人在见票时或者在指定的日期无条件支付确定的金额给收款人或者持票人的票据。汇票是票据中最重要的票据类型，票据法关于票据的规定也是最详尽的、全面的，有关汇票的制度体现了票据法的基本原理。

（二）特征

(1) 汇票关系中有三个基本当事人：出票人、付款人和收款人。其中出票人和付款人为票据义务人，收款人为票据权利人。

(2) 汇票是委托他人进行支付的票据。汇票的出票人仅仅是签发票据的人，不是票据的付款人，他必须另行委托付款人支付票据金额。所以说汇票是委托证券，而非自付证券。

(3) 汇票通常都需要由付款人进行承兑，以确认其愿意承担绝对的付款义务。在付款人未承兑时，汇票上所载的付款人并无绝对的付款义务。

(4) 汇票是在见票时或者指定的到期日无条件支付给持票人一定金额的票据。汇票不以见票即付为限，许多汇票都有一定的到期日，体现了汇票的信用功能。

(5) 汇票对于当事人特别是出票人和付款人，没有特别的限制，既可以是银行，也可以是公司、企业或个人。

（二）汇票的种类

以不同的标准，汇票可以分不同的种类：

1. 以出票人为标准，可将汇票分为银行汇票和商业汇票

银行汇票是以银行为出票人，同时以银行为付款人的汇票。商业汇票是以银行以外的其他公司、企业为出票人，以银行或者其他公司、企业等为付款人的汇票。其中，如果付款人为银行并进行了承兑的，称为银行承兑汇票；当付款人为银行以外的公司、企业等并由其进行承兑的，称为商业承兑汇票。

2. 以付款日期的确定方式为标准，可将汇票分为即期汇票和远期汇票

即期汇票也称为见票即付的汇票。是指汇票上没有到期日的记载或者明确记载见票即付，收款人或者持票人一经向付款人提示汇票、请求付款，该汇票即为到期，付款人就应当承担付款责任的汇票。

远期汇票是指汇票上记载了到期日，付款人在到期时承担付款责任的汇票。根据记载到期日方式的不同，又可以分为定日付款的汇票、出票后定期付款的汇票、见票后定期付款的汇票。定日付款的汇票又称为定期汇票，是以确定的日期为到期日的汇票；出票后定期付款的汇票又称为约期汇票，是约定以出票日后一定期间届满为到期日的汇票；见票后定期付款的汇票又称为注期汇票，是收款人或者持票人向汇票上所记载的付款人提示见票并从付款人在汇票上注明见票日之后一定期间届满时为到期日的汇票。

3. 根据汇票付款是否需要附随其他单据，汇票可以分为光单汇票和跟单

汇票

光单汇票是在进行付款时无须附随其他单据的汇票，也就是票据法规定的通常的汇票。

跟单汇票又称信用汇票、押汇汇票，是需要附随提单、仓单、保险单、装箱单、商业发票等单据，才能进行付款的汇票。

二、出 票

汇票的出票，又称汇票的发票或汇票的发行，是指出票人做成汇票并将其交付给收款人的票据行为。出票由“签发”票据和“交付”票据两种行为构成。签发票据，是指出票人依照法定格式将汇票上的应记载事项记载完备，交付票据，是指出票人基于自己的意思将汇票转让他人。

（一）出票的记载事项

1. 绝对必要记载事项

所谓绝对必要记载事项，是指汇票上必须记载的事项，如果不加记载，该汇票无效。

（1）表明“汇票”字样。

（2）无条件支付的委托。为增强票据的流通性和付款的确定性，使这种委托关系变得单纯，就不得附条件，如果票据在付款上附有条件的话，就会导致票据无效。

（3）确定的金额。首先，应确定货币的种类，当汇票金额以外币为单位记载时，除另有约定的外，按照付款日的市场汇价，以人民币支付；其次，在金额的记载上不得做选择性和浮动性的记载；最后，汇票上的中文和数码两种记载必须一致。内地票据法规定票据上大小写金额不一致时票据无效，而澳门地区商法典规定汇票应付金额同时以大写及数码记载，二者不一致时，以大写为准；汇票应付金额不止一次以大写或数码记载，所载金额不一致时，以最小之金额为准。

（4）付款人的名称。由于付款人对汇票承兑后就成为汇票的第一债务人，负有到期绝对付款的责任，因此，多数国家的票据法都规定付款人的名称为票据的绝对必要记载事项，至于付款人是自然人或者是法人，在所不问。

（5）收款人的名称。收款人是票据的最初债权人。内地票据法将其看作是绝对必要记载事项，表明我国汇票都必须是记名的，不允许签发无记名汇票。澳门地区商法典则允许出票时注明受款人或其指定人之名称。

(6) 出票日期。出票日期对于出票行为具有重要意义：① 它是决定票据权行使期间的计算基准日。对于定期付款汇票来说，它是确定到期日的基准日；对于见票即付的汇票或见票后定期付款的汇票，它是确定汇票提示期间的基准日；对见票即付的汇票，同时还是确定票据权利消灭时效的基准日。② 它是汇票到期后计算利息的基准日，也是决定保证是否成立的基准日。③ 它是确定出票人民事行为能力的依据。所以，汇票上必须记载出票日期。

由于票据是文义证券，所以汇票上记载的出票日，不必一定为实际出票日。但出票日期不得为公历上没有的日期（如 2 月 30 日），也不能晚于汇票的付款日期，否则汇票无效。

(7) 出票人签章。签章是出票人负出票责任的表示，没有签章的出票行为是无效的。依内地票据法的规定，汇票上的签章为签名、盖章、签名加盖章；法人和其他使用汇票的单位在汇票上的签章，为该法人或者该单位的盖章加其法定代表人或者其授权的代理人的签章。在汇票上的签名，应当为该当事人的本名。两人以上在汇票上共同签章的，对票据债务负连带责任。

2. 相对必要记载事项

所谓汇票的相对必要记载事项，是指根据法律规定，应当记载而未记载，但是根据法律规定，虽然未记载，该票据仍不失效的事项。汇票的相对必要记载事项主要包括以下几种：

(1) 付款日期。即到期日，指汇票上记载的应当付款的日期，到期日是债权人行使权利和债务人履行义务的日权，其是否记载对汇票关系重大。如果汇票未记载付款日期的，视为见票即付。

(2) 付款地。是汇票上记载的支付票据金额的地点。内地票据法规定汇票上未记载付款地的，以付款人的营业场所、住所或者经常居住地为付款地，而澳门地区商法典规定付款人名称旁所记载之地点视为付款地，并视为付款人之住所地。

(3) 出票地。是汇票上记载的出票人为出票行为的地点。内地票据法规定汇票上未记载出票地，则以出票人的营业场所、住所或者经常居住地为出票地；澳门地区商法典规定汇票上如未记载出票地，出票人名称旁所记载之地点视为出票地。

3. 记载不生票据法律效力的事项

汇票除应记载前述必要记载事项外，还可以记载其他出票事项，但其记载不具有汇票上的效力。所谓不具有汇票上的法律效力，是指该记载事项不发生票据法律效力，至于能否产生民法上的效力，则以民法的有关规定判定。实践中，签发汇票的原因或用途与汇票相关的合同的编号以及其他有关凭证，均可在汇票上记载，但该记载只有证明作用，不产生票据上的效力。

另外，依据澳门地区商法典，汇票和本票均可约定利息。见票即付或见票后定期付款之汇票、本票，出票人得约定应对票据金额支付利息；利率应在票据上载明，否则，上指利息条款视为无记载；利息自出票日起算，但载明其他日期者除外。

（二）出票的效力

1. 对出票人的效力

出票人签发汇票后，即应承担保证该汇票承兑和付款的责任。

（1）担保承兑。是指汇票在到期日前如付款人拒绝承兑，持票人可在做成拒绝承兑证书后，向出票人行使追索权，出票人应负责清偿票据款项。

（2）担保付款。是指汇票到期不获付款时，出票人应承担付款责任。不论付款人是否承兑，出票人的担保付款义务都不受影响。

对此，澳门地区商法典的规定有所差异："一、汇票之承兑及付款由出票人保证；二、出票人得免除其保证承兑之责任；但任何免除出票人保证付款之责任之条款，均视为无记载。"

2. 对付款人的效力

汇票的出票人签发汇票以后，付款人的付款责任并未随之产生。出票行为所产生的只是付款人可承兑的地位或者资格，汇票是否承兑，由付款人自行选择，它可以承兑也可以不承兑。但是，如果付款人一经承兑，出票人所签发的汇票就对其产生效力，付款人即成为承兑人（票据的第一债务人），负有到期绝对付款的义务。

3. 对持票人的效力

汇票出票行为对持票人的效力，主要表现为产生了持票人的票据权利，包括付款请求权和追索权两种。

三、背　书

（一）背书的概念

汇票背书，是指持票人以法定方式在汇票的背面或者粘单上记载有关事项并签章，以实现转让票据权利或法律允许的其他目的的票据行为。背书是法律赋予持票人的一种权利。票据所具有的这种性质，称为票据的可背书性。在背书中，转让票据权利者，称为背书人，受让其权利者，称为被背书人。凡持票人都可以成为背书人，持票人背书后，被背书人就成为新的持票人，背书人和被背书人的关系表现为前手和后手的关系。

（二）背书的特征

(1)（本质）背书是一种附属票据行为。背书行为以出票行为为基础，只有在出票行为完成之后，才能进行背书行为。

(2)（目的）背书是以转让票据权利为主要目的的行为。背书人背书的主要目的是将自己享有的票据权利转让给他人，除此之外，背书人背书的目的还可以是设定质权或者委托收款。

(3)（内容）背书是在票据的背面或者粘单上所为的行为。背书人背书时应在票据的背面记载有关事项并签章。如果票据本身已经记满，背书人也可在其粘单上为背书行为。这就与出票行为和承兑行为必须在票据的正面进行区别开来。

(4)（不可分性）背书具有不可分性。由于背书人背书时，不仅要在票据上记载有关事项，还须将票据交付相对人，而票据本身在交付时，是无法分割的，因此，背书只能就票据的全部金额进行。将票据金额的一部分转让的背书或者将票据金额转让给二人以上的背书无效。

(5)（单纯性）背书具有单纯性。背书的单纯性，是指背书必须是无条件的。附条件的背书尽管违反了背书的单纯性，但背书本身的效力不受影响，只是所附的条件无效，被背书人仍可依该背书取得票据上的权利。

（三）背书的种类

1. 依背书的目的不同可将背书分为转让背书和非转让背书

(1) 转让背书。是指持票人以转让票据权利为目的的背书，通常所称的背书即属于此。由于转让背书实质上具有权利转让的效力，因此，转让背书又可称为实质背书、正则背书或固有背书。

(2) 非转让背书。是指持票人不以转让票据权利为目的，而是基于其他目的而为的背书。非转让背书依其目的不同，可分为委托背书和设质背书两种：① 委任背书，视为托他人带为取款为目的的背书。② 设质背书是以担保债务而在票据上设定质权为目的的背书。非转让背书由于在实质上不具有权利转让的效力，因此，又可称为形式背书、变则背书和非固有背书。

2. 依转让背书是否存在特殊情况，可分为一般转让背书和特殊转让背书

(1) 一般转让背书。是指在被背书人、背书时间等方面不存在特殊情形的背书。绝大多数背书都属于此。

（2）特殊转让背书。是指在被背书人、背书时间等方面具有特殊性的背书。一般有回头背书和期后背书：① 回头背书，是以票据上的原债务人为被背书人的背书。② 期后背书是指在票据到期后或者付款证书做成期限届满后所为的背书。

3. 依一般转让背书的记载方式不同可将一般转让背书分为完全背书和空白背书

（1）完全背书。亦称正式背书或记名背书，是指背书人在票据的背面或者粘单上记载背书的意思、被背书人的名称并签章的背书。

（2）空白背书。亦称略式背书或无记名背书，是指背书人不记载被背书人的名称，仅由自己签章的背书。

（四）背书的效力

汇票的一般转让背书有效成立后，即产生以下三个方面的法律效力：

（1）权利转移。背书一经有效成立，票据上的一切权利就依背书转移于被背书人。背书的这种权利转移效力，是背书的本质性效力。

（2）责任担保。背书人对于在其后的所有后手被背书人，均承担担保承兑及担保付款的责任。

（3）权利证明。是指票据权利的有效转移，可依背书连续的形式予以证明。

四、承　兑

（一）承兑的概念及特征

承兑，是指汇票的付款人承诺在汇票到期支付汇票金额的票据行为。

承兑是汇票上的特有制度，作为一种票据行为，具有以下法律特征：

（1）（本质）承兑是一种附属票据行为。承兑行为与背书行为一样，都必须以出票行为为基础和前提。

（2）（主体）承兑是汇票付款人所为的票据行为。除无须为承兑行为的汇票外，付款人均可根据持票人的请求，自行决定是否承兑。

（3）（内容）承兑是承诺支付汇票金额的票据行为。持票人为使自己持有的汇票到期能获得付款，应于到期前向付款人为承兑的提示。付款人承兑后，则成为汇票的主债务人。

（4）（形式）承兑是要式法律行为。票据行为都是要式行为，承兑行为当然也不例外。依内地票据法的规定，付款人承兑时，应当在汇票正面记载“承兑”字样和承兑日期并签章；而依澳门地区商法典规定，仅付款人与票面签名亦构成承兑。

（二）承兑的一般原则

(1) 自由承兑原则。汇票的付款人可以依自己独立的意思，决定是否进行承兑，不受出票人指定其为付款人的限制。

(2) 完全承兑原则。内地票据法否认部分承兑，付款人进行部分承兑的，应视为承兑附有条件而无效；对此，澳门地区商法典则允许付款人将承兑限于应付金额之一部分。

(3) 单纯承兑原则。付款人承兑汇票，不得附有条件；承兑如果附有条件的，视为拒绝承兑，不发生承兑的效力。这在票据法上称为单纯承兑原则。

（三）提示承兑

1. 概念

提示承兑，是指汇票的持票人在应进行承兑的期限内，向付款人出示汇票，并要求付款人承诺付款的行为。

2. 提示承兑的期限及逾期提示的后果

根据内地票据法规定：

(1) 对于定日付款或者出票后定期付款的汇票，持票人应当在汇票到期日前向付款人提示承兑。

(2) 见票后定期付款的汇票，持票人应当自出票日起 1 个月内，提示承兑。

汇票未按规定期限提示承兑的，持票人丧失对其前手的追索权。可见，提示承兑的效力，主要表现在追索权的保全上。

3. 提示承兑的程序

根据内地票据法规定：

(1) 付款人对向其提示承兑的汇票，应当自收到提示承兑的汇票之日起 3 日内承兑或拒绝承兑。付款人在收到提示承兑汇票时，还应当向持票人签发收到汇票的回单。回单上应当记明汇票提示承兑日期并签章。

(2) 承兑的记载事项。付款人承兑汇票的，应当在汇票正面记载“承兑”字样和承兑日期并签章；见票后定期付款的汇票，应当在承兑时记载付款日期。汇票上未记载承兑日期的，以付款人收到提示承兑汇票之日起第 3 日为承兑日期。

(3) 付款人承兑汇票不得附条件，如果承兑附条件，视为拒绝承兑。

4. 澳门地区商法典关于提示承兑的特殊规定

关于提示承兑，澳门地区商法典规定：

（1）在任何汇票中，出票人均得规定汇票应提示承兑，并规定或不规定提示期限；除在第三人住所付款、在付款人住所以外地点付款，或见票后定期付款之汇票外，出票人得禁止提示承兑；出票人亦得规定在指定日期前不得提示承兑；所有背书人均得规定提示承兑，并得规定或不规定提示期限，但出票人声明汇票不得承兑者除外。

（2）见票后定期付款之汇票应于出票日起一年内提示承兑；出票人得缩短或延长此期限；上指期限，背书人得予缩短。

此外，澳门地区商法典还规定了第二次提示承兑。付款人得要求于第一次提示之翌日作第二次提示；除于拒绝证书上载明者外，有关当事人不得以该要求未经照办为由而不履行。

（四）承兑的效力

（1）对付款人的效力。付款人承兑后，应当承担到期付款的责任。换言之，付款人变为承兑人后，即成为汇票的第一债务人，在汇票到期时，负有绝对的付款责任。

（2）对持票人的效力。就持票人所享有的汇票权利而言，在付款人未承兑之前，只是一种期待权，但一经付款人承兑，期待权就变成了现实权。

（3）对出票人和背书人的效力。汇票经付款人承兑之后，出票人和所有的背书人都免受期前追索。若付款人拒绝承兑，则持票人可以此行使期前追索权。

五、保　证

（一）概念和分类

1. 概念和特征

汇票的保证，是指票据债务人以外的第三人或者票据债务人，以担保票据行为所产生的债务为目的而为的一种附属票据行为。

汇票保证具有以下特征：

（1）汇票保证是一种附属的票据行为。汇票的保证应以被保证的汇票债务在形式上有效存在为前提，且应在已做成的汇票上进行，因而是一种附属的票据行为。

（2）汇票保证必须由保证人以法定方式进行。即以保证人签章并依法记载一定事项为成立要件，不须被保证人的后手同意，就能产生保证效力，且不因被保证债务的实质无效而失效，所以，与其他票据行为一样，保证也是要式单方法律行为。

(3) 汇票保证的目的，在于通过担保票据债务而增强票据的信用和安全，从而促进票据的流通。

2. 分类

汇票保证，依不同的标准可分为不同的种类：

(1) 依担保的汇票金额为标准，可分为全部保证和一部保证。对汇票金额的全部进行的保证，为全部保证；仅对汇票金额的一部分进行的保证，为一部保证。

(2) 依保证人的人数为标准，可分为单独保证和共同保证。单独保证，是指一个人所为的保证；共同保证，是指二人以上共同进行的保证。

(3) 依保证人在汇票上记载的内容为标准，可分为正式保证和略式保证。前者是指保证人在汇票上记载保证文句并由保证人签章的保证；后者是指不记载保证文句，仅有保证人签章的保证。

内地票据法上的保证都是正式、全部保证，可以是单独保证，也可以是共同保证；而澳门地区商法则允许略式保证、部分保证的存在。

(二) 保证的当事人

1. 保证人

内地票据法规定汇票的保证人只能是汇票债务人以外的第三人。对此，《日内瓦统一票据法》规定，保证人也可以是票据债务人，同样，澳门地区商法典规定在票据上签名之人也可作为保证人。从票据原理上讲，票据债务人本身已因一定的票据行为而负有票据担保责任，如允许其再为其他债务人保证，无疑是重复其担保责任，没有实际意义。

2. 被保证人

由于保证的内容主要是担保特定票据债务人的票据债务，所以，被保证人必须是票据债务人之一，如出票人、承兑人、背书人等。对于未承兑的付款人，由于他不是票据债务人，不得充当被保证人。

(三) 保证的记载事项

(1) 必要事项：依据内地票据法规定，汇票的保证必须在汇票或者粘单上进行，并应记载下列事项：① 表明“保证”的字样。② 保证人名称和住所。③ 被保证人的名称。④ 保证日期。⑤ 保证人签章。

其中，被保证人的名称和保证日期是相对必要记载事项，其他事项则为绝对必要记载事项。未记载被保证人者，已承兑的汇票，承兑人为被保证人，未承兑的汇票，出票人为被保证人；未记载保证日期者，出票日期为保证日期。

澳门地区商法典也要求保证应在汇票或其粘单上作出，保证得以“与保证同”或其他同义词语表示并由保证人签名即可，若保证未载明被保证人，则出票人为被保证人。

（2）记载本身无效的事项：依内地票据法的规定，保证人为保证行为时，不得附加条件，如附有条件，则不影响对汇票的保证责任。

（四）保证的效力

1. 保证人的责任

关于保证人的责任，各国票据法均规定，与被保证人的责任相同。具体讲，保证人的责任具有从属性和独立性双重属性。

（1）保证人责任的从属性。在被保证人的债务实质上有效存在的前提下，保证人的责任具有从属性，这种从属性表现为保证人的责任不仅在种类和数量上与被保证人完全相同，而且在性质及时效上也完全相同。

（2）保证人责任的独立性。当被保证人的债务已具备形式要件，而实质上归于无效时，保证人仍应负保证之责，这是票据行为独立性的典型表现。但是，保证人所保证的汇票债务，如因时效或手续欠缺而消灭时，持票人对出票人或承兑人的利益偿还请求权，出票人或承兑人的保证人不负保证责任，因为利益偿还请求权并非票据权利，不在票据保证的范围之内。

（3）共同保证人的连带责任。保证人为二人以上的，保证人之间承担连带责任。保证人之间的这种连带责任与保证人和被保证人对持票人承担的连带责任一样，都是法定的，当事人不得依特约免除。不存在先诉抗辩权问题。

2. 保证人的权利

保证人履行保证责任后，保证债务消灭，被保证人后手的票据债务也随之消灭，保证人取得持票人对被保证人及其前手的追索权。

六、付　款

（一）付款的概念

票据付款有广义和狭义两种解释。广义的票据付款，泛指票据债务人依票据而对票据权利人进行的一切金钱支付，既包括付款人或承兑人在票据到期时，对持票人进行的支付；也包括追索义务人对追索权利人进行的支付，以及保证人对持票人进行的支付。狭义的票据付款，仅指付款人或承兑人在票据到期时，对持票人所进行的票据金额的支付。通常情况下。票据付款指的是狭义付款。

付款有以下特征：

(1)(主体)付款是付款人或其代理人所为的行为。付款必须由付款人或其代理人进行，这就与参加付款和追索式的偿还区别开来，后两者虽然也交付汇票金额，但他们不是付款人或其代理人的行为。

(2)(目的)付款是消灭票据关系的行为。付款的目的在于消灭票据关系，参加付款和偿还义务人的付款都不能使票据关系消灭，因而不是严格意义上的付款。

(3)(内容)付款是支付汇票金额的行为。付款是一种支付行为。且这种支付行为只能以金钱为对象，以汇票上所载的金额为限。

(二) 付款规则

付款人付款，在程序上要经过提示汇票、支付款项和交回汇票三个程序。

1. 付款的提示

付款的提示，是指持票人向付款人出示汇票，请求支付票据金额的行为。它是付款的前提。在付款的提示中，提示人为持票人或其代理人，被提示人原则上为付款人，但也可以是付款人的代理人或票据交换系统。

付款的提示期间因汇票的种类不同而有所不同。根据内地票据法的规定，持票人的提示期间为：见票即付的汇票，自出票日起1个月内向付款人提示付款；定日付款、出票后定日付款以及见票后定期付款的汇票，自到期日起10日内承兑人提示付款。如持票人不在提示期间内为付款的提示，则丧失对其前手的追索权。根据澳门地区商法典的规定，定日付款、出票后定期付款或见票后定期付款之汇票之持票人，应于付款日或其后两个工作日内提示付款。

2. 付款

付款只能由付款人或其代理人进行。一般来说，持票人在提示期间提示票据时，付款人应当当场及时付款，不得延期。这就是即时付款原则。

对于外币汇票，如果当事人约定了支付的货币币种，则按当事人约定的汇价以约定的币种支付汇票金额。当事人约定以出票日计算汇价的，按出票日折算；约定以付款日计算汇价的，按付款日计算。如果没有约定支付的外币币种，则该外币金额应按照付款日的市场汇价兑换成本币，以本币支付。

付款人在付款时，对持票人是否为合法权利人负有形式审查的义务。所谓形式审查，是指就票据本身，即从票据的外观形式上进行审查，而不涉及票据外的其他事实或情况。形式审查主要包括：(1) 提示人的合法身份证件。(2) 背书连续的审查。(3) 记载事项的审查。(4) 是否公示挂失。至于持票人是否为真实的权利人，是否以真实有效的背书而受让票据权利等实质性问题，则无须审查。此外，多数国家的票据法还规定，持票人不在规定期限内为付款提示时，汇票债务人（主要是承兑人）可将汇票金额依法提存，其提存费用即风险由持票人负担。澳门地区商法典也规定倘若持票人逾期未提示付款，则任何票据债务人均得将款项提存于有权限当局，所有费用及风险由持票人承担。

3. 交回汇票

付款人在当日足额付款后，持票人应当在汇票上记载“收讫”字样并交回汇票。

（三）付款效力

付款人依法足额付款后，全体汇票债务人的责任解除。这就是说，付款人向持票人按照汇票金额全部支付票款后，付款人即已依法履行了付款义务，其汇票责任当然予以免除，其他汇票债务人的付款责任也因付款人义务的履行而得以解除。至于部分付款，则为内地票据法所不允许，相反，澳门地区商法典则允许付款人部分付款而持票人不得拒绝。

七、汇票的追索权

（一）追索权的概念和种类

1. 追索权的概念

追索权，是指汇票到期不获付款，或在到期日前不获承兑，或者有其他法定原因时，持票人向其前手请求偿还汇票金额及其他法定款项的票据权利。

追索权作为票据权利，与付款请求权不同，一般是在付款请求权不能实现或者无法得到满足时，持票人才能行使，所以，追索权是付款请求权的一种补充或保障性权利，是第二次请求权，又称偿还请求权。票据法确立追索权的意义，主要在于维护票据权利人的利益，保障其票据权利的实现，从而确保票据的流通与交易的安全。

2. 追索权的种类

（1）根据持票人行使追索权的时间的不同，可将追索权分为期前追索权和到期追索权。期前追索权是指汇票被拒绝承兑，或者承兑人、付款人死亡、逃匿，或者承兑人、付款人被依法宣告破产或因违法被责令终止业务活动时，持票人可以行使的追索权；到期追索权是指汇票到期被拒绝付款时，持票人可以对背书人、出票人以及其他票据债务人行使的追索权。

（2）根据追索权行使的主体不同，追索权可分为最初追索权和再追索权。最初追索权是指持票人在提示承兑或者提示付款遭到拒绝或者有其他法定原因时，向汇票的背书人、出票人或者其他汇票债务人请求偿还汇票金额、利息以及取得有关拒绝证明和发出通知费用的权利；再追索权是指偿还最初追索权金额之后的汇票债务人请求其他汇票债务人向其支付已清偿的全部金额、利息和发出通知书费用的权利。

（二）追索权的主体和客体

1. 追索权的主体

追索权的主体分为追索权利人和追索义务人。

（1）追索权利人，是指可以行使追索权的票据关系人。追索人主要有两种：① 最后持票人。最后持票人是票据上的唯一债权人，当其所持汇票到期不获付款或不获承兑，或者有其他法定原因无法请求付款或承兑时，理当行使的追索权。最后持票人又称最初追索权人，如果最后持票人为出票人，则对其前手无追索权。② 因清偿票据债务而取得票据的人。票据债务人如果清偿了最初追索权人的票据金额，便取得了持票人的地位，可以对其他票据债务人继续行使追索权，直至追索到出票人为止。这种因清偿而取得票据，并可以在行使追索权的情形，票据理论称为再追索。再追索权人包括背书人、保证人等。当清偿票据债务的人为背书人时，对其前手享有再追索权；当清偿票据债务的人为保证人时，对被保证人及其前手享有再追索权。

（2）追索义务人，即被追索人。也可称为偿还义务人。是指负有偿还汇票金额、利息和其他费用责任的人。主要分为三种：① 出票人。出票人签发汇票后，应当担保该汇票承兑和付款，如该汇票不获承兑或不获付款时，出票人应依法偿还汇票金额、利息及其他费用，因此，出票人是偿还义务人。② 背书人。背书人以背书转让汇票后，即承担保证其后手所持汇票承兑和付款的责任。背书人在汇票得不到承兑或付款时，应当向持票人清偿汇票金额、利息和其他费用，所以，背书人也是偿还义务人。但是，如果背书人在汇票上记载有“不得转让”字样的，该背书人对其直接被背书人以外的后手，不负票据责任，因而也就不负偿还义务。③ 其他汇票债务人。主要是保证人。保证人因自己的保证行为而与被保证人负同一票据责任，所以，保证人也负有偿还义务，也是追索权行使的对象。

2. 追索权的客体

追索权的客体是指追索人可以向被追索人请求偿还的款项。追索权因有最初追索和再追索之分，因此，其客体也有所不同。

（1）最初追索权的客体。依照内地《票据法》规定，包括三项：① 被拒绝付款的汇票金额；② 汇票金额自到期日或者提示付款日起至清偿日止，按照中国人民银行规定的利率计算的利息；③ 取得有关拒绝证明和发出通知书的费用。对此，澳门地区商法典规定，持票人得追索下列款项：① 未承兑或未付款之汇票金额及约定利息；② 自到期日起按6%之利率计算的利息；③ 作出拒绝证书及所发通知的费用及其他费用。

(2) 再追索权的客体。依据内地《票据法》的规定，再追索权的客体也包括三项：① 已清偿的全部金额；② 前项金额自清偿日起至再追索清偿日止，按照中国人民银行规定的利息计算办法计算的利息；③ 发出通知书的费用。对此，澳门地区商法典规定再追索款项包括：① 已付的全部款项；② 自支付以上款项之日起按6%的利率计算的利息；③ 所支付的费用。

由上可知，追索的次数越多，则再追索的金额越大。此项金额不仅包括汇票金额的利息，还包括利息的利息以及其他费用的利息。

(三) 追索权的保全和行使

1. 追索权的保全

追索权的保全，是指行使追索权应履行的手续和程序。持票人在汇票到期前不获承兑或者到期不获付款，或有其他法定原因时，只有首先保全票据上的权利，然后才能对背书人、出票人以及其他票据债务人行使追索权。因此，追索权的保全是追索权行使的前提，即追索权行使的形式要件。具体来讲，追索权的保全程序分为以下两个步骤：

(1) 提示票据。持票人要行使追索权，首先必须向付款人提示汇票，请求承兑或付款。如果持票人不在规定的期间内提示汇票，则因此丧失其追索权。票据提示是持票人的重要义务，但是，如果有法定的原因发生，持票人的这项义务可以免除。对于免除提示的原因，各国票据法的规定不一。我国票据法借鉴多数国家的做法，规定免于提示的情形有承兑人或者付款人死亡、逃匿，承兑人或者付款人被依法宣告破产或者因违法被责令终止业务活动等。至于不可抗力，各国票据法（包括我国澳门地区商法典）均有规定，内地《票据法》则没有规定。

(2) 做成拒绝证书。拒绝证书，是指用以证明持票人曾经依法行使票据权利而被拒绝或者无法行使票据权利的一种要式证书。依内地《票据法》规定，持票人提示票据，请求承兑或付款被拒绝后，在行使追索权之前，应对被拒绝的事实负责举证，而作成拒绝证书则是履行举证责任的法定证明方法。

2. 追索权的行使

(1) 追索权行使的原因。持票人行使追索权，须有法定原因。追索权行使的法定原因，也可称为追索权的实质要件。依追索权行使的时间不同，可分为到期行使追索权的原因和期前行使追索权的原因两类。

(a) 到期行使追索权的原因。汇票到期不获付款使持票人在进行了保全票据权利的行为之后，可依法向汇票的背书人、出票人及其他票据债务人行使追索权。

(b) 期前行使追索权的原因。依内地《票据法》和澳门地区商法典的规定，汇票到期日前发生下列情形之一的，持票人可以行使其前追索权：汇票被拒绝承兑；承兑人或者付款人死亡、逃匿；承兑人或付款人被依法宣告破产等。

(2) 追索权行使的程序。① 取得拒绝证明、退票理由书或其他合法证明。拒绝证明是国家授权的机关制作的，用以证明持票人已依法行使票据权利而被拒绝，或者无法行使票据权利的一种公证书。持票人提示承兑或者提示付款被拒绝的，承兑人或付款人必须出具拒绝证明，或者出具退票理由书，否则应承担由此产生的民事责任。② 发出追索通知。这是指持票人为向其前手行使追索权，而事先将票据不获承兑，或者不获付款的实际情况告知其前手的行为。

依据内地《票据法》规定，持票人应当自收到被拒绝承兑或者被拒绝付款的有关证明之日起 3 日内，将被拒绝事由书面通知其前手；其前手应当自收到通知之日起的 3 日内书面通知其再前手。持票人也可以同时向各票据债务人发出书面通知。在规定的期限内，将通知按照法定地址或者约定的地址邮寄的，视为已经发出通知。未按照规定期限通知的，持票人仍可以行使追索权。因延期通知给其前手或者出票人造成损失的，由没有按照规定期限通知的票据当事人承担该损失的赔偿责任，但所赔偿的金额以票据金额为限。

澳门地区商法典关于追索通知规定如下：

(1) 持票人应于作出拒绝证书之日后 4 个工作日内将拒绝承兑或拒绝付款之事宜通知背书人及出票人；如汇票上有“免费返还”之条款，应于提示日后 4 个工作日内作出上指通知。各背书人应于收到通知后两个工作日内将收到通知之事宜连同上指通知之各人名称及地址通知其前手背书人，依次直至出票人，上指期限自收到上一通知之日起算。

(2) 按上款之规定通知汇票上之签名人时，对其保证人，亦应于同一期限内发给同样通知。

(3) 如某一背书人未于汇票上记载其地址或记载不明，则将通知发给其前手背书人。

（4）发出通知之人得以任何方式为之，甚至仅将汇票退回亦可。

（5）未于上指期限发出通知之人，并不丧失其权利；如其过失造成损害，应负责赔偿，但赔偿责任以票面金额为限。

（四）追索权的效力

1. 持票人的权利

（1）选择追索权，又称飞越追索权。内地《票据法》规定持票人可以不按照汇票债务人的先后顺序，对其中任何一人、数人或者全体行使追索权。

（2）变更追索权，又称转向追索权。内地《票据法》规定持票人对汇票债务人中的一人或者数人已经进行追索的，对其他汇票债务人仍可以行使追索权。

2. 票据债务人的责任与权利

（1）票据债务人的责任。汇票的出票人、背书人、承兑人和保证人对持票人应承担连带责任，即票据债务人应就汇票金额（偿还金额）的全部，各自承担责任，且其义务的履行没有先后之分。

（2）票据债务人的权利。被追索人清偿债务后，与持票人享有同一权利。即可以向其前手再行追索，这一再追索权，又可称为代位追索权。持票人为出票人时，对其前手无追索权；持票人为背书人的，对其后手无追索权。此外，依据澳门地区商法典，被追索人清偿债务后，有权涂销自己和后手的背书。

八、参加承兑与参加付款

（一）参加承兑

1. 概念和特征

参加承兑是指为特定票据债务人的利益由预备付款人或者第三人代替付款人为承兑以阻止持票人在汇票到期日前进行追索的一种附属票据行为。参加承兑是汇票上特有的制度。内地《票据法》没有规定参加承兑，而澳门地区商法典则有相关规定。

参加承兑具有如下特征：

（1）参加承兑是一种附属票据行为，以出票行为为前提。没有出票行为，同样没有参加行为。

（2）参加承兑是为了阻止持票人行使期前追索权的票据行为。行使期前追索权的法定情况一旦出现，持票人可以行使权利，但如果有人参加承兑，则持票人不得再行使期前追索权。

（3）参加承兑是由特定的人为特定债务人的利益而为的票据行为。参加承兑的参加人是预备付款人、票据债务人以外的第三人或者汇票上原有债务人；被参加人则可以是任何汇票债务人，包括出票人和背书人。但在具体参加承兑行为中，被参加人应该特定化。

(4) 参加承兑必须在到期日届满之前进行。参加承兑的目的在于阻止持票人行使期前追索权以保全被追索人的信誉，倘若汇票到期日届满，则参加承兑没有意义。

(5) 参加承兑应该将参加承兑的意思表示于票据上。参加承兑人应当在汇票上记载如下事项：参加承兑的意思；被参加人姓名或名称；参加承兑的时间；参加承兑人签章。其中，参加承兑的意思及参加承兑人签章是绝对必要记载事项。

2. 参加承兑的效力

(1) 对参加人的效力。参加人的责任是第二次责任，换言之，持票人在汇票到期时仍然应先向付款人或代理付款人请求付款，如遭到拒绝，持票人应请求做成付款拒绝证书后再向参加承兑人请求付款。

参加人不仅须对持票人承担责任，还要对被参加人的后手承担责任。换言之，如果持票人向被参加人的后手，即持票人的前手请求偿还，则该前手向持票人偿还之后有权向参加承兑人请求偿还。

参加承兑人付款之后，可代持票人之位取得向承兑人、被参加人及其前手的追索权。

(2) 对持票人的效力。如果持票人允许参加承兑，则在票据到期日前不得行使追索权。

(3) 对被参加人的效力。由于在参加承兑后，持票人不得行使期前追索权，因而，被参加人以及汇票上的所有偿还义务人都将免于遭受期前追索。

(二) 参加付款

1. 概念和特征

参加付款是指为了特定债务人的利益，由付款人或者代理付款人以外的人所为的付款。内地票据法没有规定参加付款，而澳门地区商法典则有相关规定。

参加付款特征如下：(1) 参加付款是付款人或者代理付款人以外的人所为的付款行为。参加付款人既可以是参加承兑人或者预备付款人，也可以是其他第三人。由参加承兑人或者预备付款人参加付款，称为“当然参加”；由参加承兑人或者预备付款人以外的其他第三人参加付款，称为“任意参加”或“一般参加”。(2) 参加付款是为了阻止持票人行使追索权。参加付款的目的在于通过阻止持票人的期前追索或到期追索以保全票据债务人的信誉。(3) 参加付款是为了特定债务人的利益所为的付款行为。参加付款的被参加人可以是票据上的任意债务人，但在具体参加付款行为中，该被参加人应该特定化。

2. 参加付款的时间

参加付款应该在持票人行使追索权时为之，持票人一经行使追索权，参加付款就没有意义了。参加付款，无论是针对期前追索抑或是到期追索均得为之，但最迟不得超过拒绝证书做成期限的最后一天。根据澳门地区商法典的规定，参加付款最迟须于容许作出拒绝证书期限最后一日之翌日为之。

3. 参加付款的记载

参加付款不是票据行为，但参加付款的参加人仍然应该在拒绝证书之内为一定记载。记载事项一般包括：参加付款的意思，参加付款人签名，被参加人的姓名或者名称，参加付款日期。

4. 参加付款的效力

(1) 对参加付款人的效力。参加付款人取得持票人资格。参加付款应就被参加人应付之全部金额为之，参加付款人在履行付款义务后，可代持票人之位向承兑人行使付款请求权，向被参加人及其前手行使追索权。

参加付款人通过付款取得票据权利后，票据债务人不得以自己与原持票人之间的抗辩事由对抗参加付款人，除非参加付款人有恶意或者重大过失。

参加付款人通过付款取得票据权利后不得再以背书方式转让该票据。因为参加付款的发生表明该票据的支付存在问题，所以不得再流通转让。

(2) 对持票人的效力。持票人对参加付款不得拒绝，否则丧失对其前手的追索权。

参加付款人一旦付款，持票人在票据上的权利转移给参加付款人，持票人应将汇票及其收款清单交付参加付款人，倘若有拒绝证书，则应将拒绝证书一并交付。

(3) 对被参加人的效力。参加付款只能免除部分票据债务人的责任。换言之，参加付款只能免除被参加付款人后手的责任，其余，如承兑人、被参加人以及被参加人前手的责任均不能免除。

九、复本与副本

(一) 复本

根据澳门地区商法典，汇票得签发多份复本，复本上应编号，如未编号，各复本应视为独立汇票。未载明单张汇票之汇票持有人，可以请求交付多份复本，费用自付。就复本之一付款者，即使汇票上未载明此项付款使其他复本失效，也发生其他复本免责的效力，除非其他复本是付款人已承兑却未收回的。如果背书人将多份复本转让数人，则该背书人及其后手背书人均应对其签名而未收回的各复本负责。根据澳门地区商法典，支票也存在复本，具体规定与汇票复本类似。

（二）副本

根据澳门地区商法典，汇票的持有人有权做成汇票副本，副本上应记载正本上的一切内容，并记载正本上的背书及所有其他事项。在副本上作出的背书与保证，其效力与在正本上作出无异。

副本须记载何人持有汇票正本，该人有义务将票据正本交予汇票副本的合法持有人。如该人拒绝交出正本，持票人仅于以拒绝证书载明正本经其要求未获归还后，方得对在副本上背书或作出保证之人行使追索权。根据澳门地区商法典，本票也存在副本，且其适用汇票副本的相关规定。

第五节　本票与支票

一、本　票

（一）本票概述

1. 本票的概念

本票是出票人签发的，承诺自己在见票时无条件支付确定金额给收款人或者持票人的票据。国际上，本票有银行本票与商业本票、企业本票与个人本票、即期本票与远期本票之分，但内地票据法上的本票仅指银行本票，不包括商业本票和个人本票，而且均为即期本票，无远期本票。澳门地区商法典除了规定即期本票外还有远期本票。

银行本票是银行签发的，承诺自己在见票时无条件支付确定的金额给收款人或者持票人的票据。银行本票是银行提供的一种银行信用，见票即付，可当场抵用。

商业本票又称一般本票，是由企业单位或个人签发并承诺在见票时或指定日期无条件支付一定金额给收款人或持票人的票据。按照国际上所使用的商业本票，有远期和即期之分。远期商业本票简称期票，可分为定期付款、出票后定期付款和见票后定期付款期票。商业本票主要是用在同城用于清偿出票人自身债务之用。

2. 本票的特征

(1) 本票是票据的一种，具有一切票据所共有的性质，是无因证券、设权证券、文义证券、要式证券、金钱债权证券、流通证券等。

(2) 本票是自付证券，它是由出票人自己对收款人支付并承担绝对付款责任的票据。这是本票和汇票、支票最重要的区别。在本票法律关系中，基本当事人只有出票人和收款人，债权债务关系相对简单。

(3) 无须承兑。本票在很多方面可以适用汇票法律制度。但是由于本票是由出票人本人承担付款责任，无须委托他人付款，所以，本票无须承兑就能保证付款。

(二) 本票的记载事项

依据内地票据法，本票的记载事项分为绝对应记载事项和相对应记载事项。

本票绝对应记载事项有：(1) 表明“本票”字样。(2) 无条件支付的承诺。(3) 确定的金额。(4) 收款人的名称。(5) 出票日期。(6) 出票人签章。本票上未记载上述规定事项之一的，则本票无效。

本票相对应记载事项有：(1) 付款地，本票上未记载付款地的，出票人的营业场所为付款地。(2) 出票地，本票上未记载出票地的，出票人的营业场所为出票地。

关于本票的记载事项，澳门地区商法典也有类似规定。

(三) 本票的付款

按照内地《票据法》的规定，本票自出票之日起，付款期限最长不得超过2个月，并保证支付。本票的出票人在持票人提示见票时，必须承担付款责任。持票人未按规定期限提示见票的，丧失对出票人以外的前手的追索权。对于本票的付款，澳门地区商法典适用汇票的相关规定。

此外，不管是内地票据法还是澳门地区商法典，关于本票的背书、保证、付款行为和追索权的行使，除法律另有规定的外，都适用有关汇票的规定。

二、支 票

(一) 支票的概念和特征

支票是出票人签发的，委托办理支票存款业务的银行或其他金融机构在见票时，无条件支付确定的金额给收款人或持票人的票据。支票按照支付票款的方式分为普通支票、现金支票和转账支票。其特征如下：

（1）支票是票据的一种，和汇票、本票一样具有票据所具有的共同特征。

（2）票据法对支票付款人的资格有严格限制，仅限于银行或其他金融机构。

（3）支票是见票即付的票据，支票是支付证券，其主要功能在于代替现金进行支付。

（二）支票的记载事项

支票的记载事项分为绝对应记载事项和相对应记载事项。

支票绝对应记载事项有：（1）表明“支票”的字样。（2）无条件支付的委托。（3）确定的金额。（4）付款人名称。（5）出票日期。（6）出票人签章。支票上未记载上述规定事项之一的，则支票无效。

支票相对应记载事项有：（1）付款地，未记载付款地的，以付款人营业场所或付款人名称旁所记载之地点为付款地。（2）出票地，未记载出票地的，以出票人的营业场所、住所或者经常居住地或出票人名称旁所记载之地点为出票地。

（三）禁止签发的支票

根据内地票据法，下列支票禁止签发：

（1）空头支票。出票人签发的支票金额超过其付款时在付款人处实有的存款金额的，为空头支票。

（2）与预留签章不符的支票。支票的出票人不得签发与其预留本名的签名式样或印鉴不符的支票。

（3）支票的金额、收款人名称可以由出票人授权补记。未补记前，不得背书转让和提示付款。

（四）支票的付款

出票人必须按照签发的支票金额承担保证向该支票的持票人付款的责任，出票人在付款人处的存款足以支付支票金额时，付款人应当在当日足额付款。支票限于见票即付，不得另行记载付款日期。另行记载付款日期的，该记载无效。

根据内地票据法，持票人应当自出票日起 10 日内提示付款，超过提示付款期限的，付款人可以不予付款；付款人不予付款的，出票人仍应当对持票人承担票据责任。

关于提示付款的期限，澳门地区商法典规定：在澳门出票及支付之支票，应于八日内提示付款；在澳门以外地方签发之支票，似乎出票地与付款地是否位于同一州，应于 20 日或 70 日内提示付款；上指期限，应自支票上所载之出票日起算。

付款人依法支付支票金额的，付款人对出票人不再承担受托付款的责任，对持票人不再承担付款的责任。

（五）支票适用汇票规定的情况

根据内地票据法规定，支票的背书、付款和追索，除另有规定的，适用汇票的规定。支票的出票行为亦可适用汇票的有关规定。

思考题

1. 试述票据的特征。
2. 如何理解票据行为的特征？
3. 票据法律关系的基本内容有哪些？
4. 票据的基础关系包括哪些内容？
5. 票据的对物抗辩和对人抗辩分别包括哪些情形？
6. 票据丧失后如何采取补救措施？
7. 汇票、本票和支票三者的区别有哪些？
8. 案例分析：

主要案情

建信纺织有限责任公司与麦琪服装有限责任公司签订了一份合同。建信纺织有限责任公司出售给麦琪服装有限责任公司40万元的布料。麦琪服装有限责任公司向建信纺织有限责任公司出具了一张以工商银行某分行为承兑人的银行承兑汇票，该汇票记载事项完全符合票据法的要求。

建信纺织有限责任公司将汇票贴现给建设银行某分行。

后建设银行某分行向承兑行工商银行某分行提示付款时，遭到拒付。理由是：麦琪服装有限责任公司来函告知，因布料存在瑕疵，该汇票不能解付，请协助退回汇票。

建行某分行认为，该行是因为汇票贴现成为该汇票的善意持有人，购销合同纠纷不影响自己的票据权利，于是起诉于法院，向建信纺织有限责任公司追索权利。

问：

1. 建行某分行的看法是否正确？为什么？
2. 建行某分行可否向建信纺织有限责任公司追索权利？为什么？

简要提示：

1. 麦琪服装有限责任公司不能因为布料存在瑕疵而拒绝付款。
2. 建行某分行可以向建信纺织有限责任公司追索权利，甚至向麦琪服装有限责任公司追索。

第三章 保险法

导　读

保险是一种经济与社会保障的工具，是以大众资金来保证与弥补个人损失的一种互助性基金。在澳门地区，保险的发展大体上可以分为两类：商业性保险与社会性保险。商业性保险是投保人与保险人之间协议的保障方式，主要包括了财产保险与人身保险，社会性保险主要包括了退休金与劳工保险方面。

本章介绍了澳门保险法的现状，以及澳门的保险体系与发展。从商事合同的角度介绍了保险人与投保人的权利与义务。再此基础上介绍了责任保险、火灾保险、雇员险、汽车强制保险、人身保险等保险种类。学习的重点在于了解保险的签订、各险种保险人的义务和出险赔偿的方式等。

第一节 澳门保险法概述

一、澳门保险业发展概况

澳门保险业可追溯到100多年前葡萄牙人开设的燕梳代理行。至第二次世界大战前，澳门共有10多家燕梳代理商，业务种类不多，主要是水灾、火灾的保险及人寿保险，代理的公司多是欧、美、日等国的老牌保险公司，如美亚美、友邦、康年、三井等。战后澳门保险业逐步恢复，到20世纪五六十年代，有部分代理商开始正式设立代理公司营业，并逐渐有海外保险公司来澳设立分公司，如香港永安保险公司和中国保险公司等。到20世纪70年代末期，全澳经营保险业的商号和保险公司超过30家，保险业务种类趋向多元化，承保险种有30多种。[1]目前，澳门保险业共有24家保险公司，其中11家为人寿保险公司及其余的13家为非人寿保险公司。据其原属地区分，8家为本地公司，其余16家为外资保险公司的分公司，分别代表6个国家及中国香港特别行政区。截至2007年12月底，保险中介从业员达2 697人，其中个人保险代理人有2 047人，本地保险代理人公司有44家，外地保险代理人公司有13家，575名推销员，13家外资保险经纪人公司及5家本地保险经纪人公司。代表该行业的团体共有3个，分别是代表已获授权经营人寿保险公司及非人寿保险公司的澳门保险公会，及代表保险中介人的澳门保险业中介人协会和澳门保险专业中介人联会。

进入20世纪80年代以来，澳门先后通过了《保险活动管制法例》《汽车民事责任强制保险条例》《劳动以外保险规定》，使澳门的保险法制较以前得到了完善。保险业也进入了高速发展期，在社会经济生活中扮演着重要的角色。据统计，澳门的人寿保险业绩1988年保费收入6 600万澳门元，赔偿率为14%；1989年收入9 500万澳门元，赔偿率为14.5%；1990年收入10 400万澳门元，赔偿率为19.7%；1991年收入12 800万澳门元，赔偿率为22.9%。5年来，人寿保险保费收入每年均维持3成增幅，其中1991年升幅为56.8%，1994年收入22 118万澳门元。非人寿保险业绩1988年收入13 200万澳门元，1989年收入16 400万澳门元，1990年收入19 700万澳门元，1991年收入22 200万澳门元，1994年为37 874澳门元。赔偿率相当稳定，一直维持在26%左右。但非人寿保

[1] 游春．澳门保险法概况简介［J］．上海保险，2009（2）：55.

费收入，过去几年增长率有放缓的趋势，增幅由1989年的24%下跌至1991年的13%。相比来说，澳门非人寿保险盈利近年不断下跌。而与人寿保险的市场分布，亦逐渐拉近。人寿保险与非人寿保险的市场分布，目前尚维持1∶2之比例。人寿保险约占整个市场的1/3。总体来看，从2003年到2007年的过去5年间人寿保险保费翻了一番，非人寿保险保费翻了两番，私人退休金于2002年开始设立，到2007年已经有36亿澳门元的资产规模，增长迅速。

根据瑞士再保险《2007年世界保险概况报告》中的数据，澳门保险业的总保费收入位居约89位。按人寿保险保费排序，澳门位于61～62位，按非人寿保险保费收入，则排序在第88位。其保险深度为2%，排在第60名，保险密度804美元，排在第35名左右。[1]

二、澳门保险法例简介

（一）澳门商法典

保险适用的基本规则是澳门立法会于1999年8月核准的《澳门商法典》（第40/99/M号法令），历经2000年4月与2009年8月两次修改，但是有关保险法的内容并没有变化。

《澳门商法典》主要对保险合同进行了规范，包含了四个章节的内容：其中一般规定对保险合同的签订、双方的权利义务和保险人责任角度进行了规范。损害保险部分主要规定了火灾保险、信用保险及民事责任保险制度。人身保险主要规范了人寿保险、人身意外伤害险和疾病保险三种保险方式。另外对以劳工为主的集体保险也进行了规制。

（二）保险活动管制法例

1981年12月28日，澳门政府颁布第50/81/M号法令《保险活动管制法例》，当局在1989年2月20日颁布了第06/89/M号法令，对《保险活动管制法例》进行了修改，这部被称为新的保险管制法例是继承原法例的精神而修订的。新的保险管制法例颁布之后，普遍受到业内人士和投保人的欢迎。经过长期的发展，国际和澳门社会条件都发生了变化，藉此，拟创造必要条件以便本地区之保险实体能朝向现代化发展，以有效保障由保险合同及保险管理所引致之正当利益，有必要更新在澳门地区求取及从事保险业务的法律架构，以加强对谨慎性规则的监管及定出相关问题相配合的解决方法，立法会以第27/97/M号令对公布

---

[1] 统计数据来源于澳门金融管理局。

了8年多的第6/89/M号法令再次进行了修正，为现行适用的保险监管制度。

这部法例的重要之处可概括如下：

(1) 经营业务的分工。按规定，保险公司不得同时经营人寿保险和一般保险两类业务，这点与原法例是不同的。

(2) 对保险公司注册资本的规定有了修改。经营非人寿保险业务的保险公司最低实收资本不能少于500万澳门元，而经营人寿保险业务的保险公司，最低实收资本不能少于1 500万澳门元，新的规定比原来的有所提高了。后来的修正案又将其人寿业务实收资本提高到2 000万澳门元。

(3) 按不同资本来源作为区分，有关申请批准在澳门经营保险业务的手续和所需文件具体在法例中有明确规定。

(4) 取消了恒久按金的规定和取消了保险公司须设立之非技术性常备金的规定。

(5) 规定了保险公司必须设立两项财政担保：技术准备金和备偿按金。

(6) 就各类非人寿保险险种规定了不同的现存风险准备金的百分比比率，以及人寿保险所设立的数值准备金的计算方法。

(7) 对监察、协调及稽查保险业活动的机构作出了明确的权责及义务等的规定。

(8) 对违例事件的判惩有更明确的规定。整体而言，最新的《保险活动管制法例》把过去较含糊的法例作了较清晰和较具体的规定。规定了保险公司在财政担保上有了更大的调整。尽管取消了一两项按金或常备金，但是，补充了一些范围更广，涉及财政上担保责任更大的准备金。同时，亦对准备金要求的百分比比率作了幅度不同程度的提高。

(三) 从事保险中介业务的法律制度

最早颁布的保险中介人法例于1989年6月5日颁布了第38/89/M号法令，随后经过两次修改，第27/2001号行政法规第14/2003号行政法规，对第38/89/M号法令进行了修改。

该法例有8章共46条条文，具体区分了从事保险中介人活动的各专属界别，即保险代理人，又分为代理人公司或个人、保险推销员、保险经纪人。

法例中亦规定，所有保险中介人均须缴纳一项年度注册费。金额由最低500澳门元至最高15 000澳门元。而对从事业务活动不足一年的保险中介人，该项注册费则按月份比例而缴纳费用。近年来，在澳门从事保险中介活动的机构或个人，数目保持在500人上下。其中绝大部分为从事推广人寿保险合约的个人代理人。因为部分人寿保险公司是允许以兼职形式为其公司推广业务，所以不少人都乐于一试。但是，当有关申请注册获批准后，经过一段时间的尝试，因种种原因中止其业务活动亦为数不少。

（四）强制保险制度

为了加强劳工与危险作业的民事保护，政府除了正常的商业保险制度外，还施行了强制保险制度，主要的法令有三个。第 57/94/M 号《汽车民事责任强制保险制度》，第 40/95/M 号《核准工作意外及职业病之损害赔偿权法令》和第 39/2003 号行政法规《设立律师职业民事责任强制保险》。[1] 此外，还有强制性旅行社职业民事责任保险：强制性有关装置宣传物及广告物之民事责任保险：强制性游艇民事责任保险。

三、澳门的保险业务种类

澳门的保险业务大体上分为两类：人寿保险和一般保险项目。具体包含的项目品种较丰富：人寿、劳工保险、火险、汽车保、海运保险，和其他杂项保险，包括：人身意外险、船壳险、机舱险、陆上运输险、航空货运险、疾病险、旅游险、玻璃险、盗窃险、公共责任险、机舱责任险、船舶责任险、现金及现金运送险、忠诚保险、家主及户主保险、机器损坏险、营造险全险、营造商设备及机器险、安装全险、盈利损失险、投资保险、电子设备险、财产综合保险、自然现象险、信用保险。随着社会的发展和社会经济生活的需要，新的险种可能还会开发出来，经过金融局批准后施行。

四、澳门的保险公司极其经营的业务[2]

获得批准的保险公司包含了本地与外地保险公司，在险种上分人寿保险与一般保险。

（一）本地保险公司

1. 人寿保险公司主要有三家

澳门人寿保险有限公司、安泰人寿保险（澳门）股份有限公司、联丰亨人寿保险股份有限公司。

---

❶ [EB/OL]. [2013－10－20]. http：//www.macaolaw.gov.mo/cn/index2.asp.

❷ 统计资料截至 2010 年 1 月底。

2. 非人寿保险公司

（1）联丰亨保险有限公司。主要包含以下项目：① 雇员赔偿保险；② 火险；③ 汽车保险；④ 运输保险；⑤ 其他：人身意外险、疾病保险、旅游险、玻璃险、盗窃险、公共责任险、现金及现金运送险、保证险、家主及户主保险、营造险、全险、盈利损失险、电子设备险、机壳险、航机民事责任险、船壳险、船艇民事责任险及旅行社职业民事责任保险。

（2）澳门保险有限公司。主要包含以下项目：① 雇员赔偿保险；② 火险；③ 汽车保险；④ 运输保险；⑤ 其他：人身意外险、船壳险、疾病保险、旅游险、玻璃险、盗窃险、公共责任险、现金及现金运送险、忠诚保险、家主及户主保险、自然灾祸保险、机器损坏保险、营造险、安装全险、电子设备险、机壳险、航机民事责任险及旅行社职业民事责任保险。

（3）汇业保险股份有限公司。主要包含以下项目：① 雇员赔偿保险；② 火险；③ 汽车保险；④ 海上货运保险；⑤ 其他：人身意外险、旅游险、盗窃险、公共责任险、现金及现金运送险、保证险、营造险（营造商/全险）、全险及各种财经损失—业务中断保险、船壳险、船艇民事责任险及信用（商业风险）。

（4）安达保险股份有限公司。主要包含以下项目：① 雇员赔偿保险；② 火险；③ 汽车保险；④ 海上货运保险；⑤ 其他：人身意外险、疾病保险、旅游险、盗窃险、公共责任险、现金及现金运送险、忠诚保险、家主及户主保险、机器损坏保险、营造险（营造商/全险）、安装全险、全险及盈利损失险。

（5）中国太平保险（澳门）股份有限公司。主要包含以下项目：① 雇员赔偿保险；② 火险；③ 汽车保险；④ 海上货运保险；⑤ 其他：人身意外险、旅游险、盗窃险、公共责任险、现金及现金运送险、忠诚保险、家主及户主保险、营造险、安装全险、投资保险（政治风险）、机壳、航机民事责任险、船身及船舶民事责任险、财产综合保险、各种财经损失险、电子设备险及机器损坏保险。

（二）外地保险公司

1. 人寿保险公司

主要包括美国友邦保险（百慕达）有限公司、加拿大皇冠人寿保险公司、中国人寿保险（海外）股份有限公司、国卫保险（百慕达）有限公司、宏利人寿保险（国际）有限公司、忠诚世界保险公司（人寿）、美国万通保险亚洲有限公司、汇丰人寿保险（国际）有限公司。

2. 非人寿保险公司

(1) 美安保险有限公司/ 美亚保险香港有限公司。主要包含以下项目：① 雇员赔偿保险；② 火险；③ 汽车保险；④ 海上货运保险；⑤ 其他：人身意外险、疾病保险、旅游险、盗窃险、公共责任险、忠诚保险、家主及户主保险、营造险（营造商/全险）、各种财经损失险及信用（商业风险）。

(2) 亚洲保险有限公司。主要包含以下项目：① 雇员赔偿保险；② 火险；③ 汽车保险；④ 海上货运保险；⑤ 其他：人身意外险、盗窃险、公共责任险、现金及现金运送险、忠诚保险、营造险（营造商/全险）、全险、电子设备险、盈利损失险、旅游险、船壳险、船艇民事责任险、玻璃险及航机民事责任险。

(3) 三井住友海上火灾保险（香港）有限公司。主要包含以下项目：① 雇员赔偿保险；② 火险；③ 汽车保险；④ 海上货运保险；⑤ 其他：人身意外险、疾病保险、玻璃险、船壳险、旅游险、盗窃险、公共责任险、现金及现金运送险、保证险、家主及户主保险、机器损坏险、营造险、盈利损失险、电子设备险及信用（商业风险）。

(4) 闽信保险有限公司。主要包含以下项目：① 雇员赔偿保险；② 火险；③ 汽车保险；④ 海上货运保险；⑤ 其他：人身意外险、船壳险、疾病保险、旅游险、玻璃险、盗窃险、公共责任险、现金及现金运送险、忠诚保险、家主及户主保险、营造险（营造商/全险）及盈利损失险。

(5) 汇丰保险（亚洲）有限公司。主要包含以下项目：① 雇员赔偿保险；② 火险；③ 汽车保险；④ 海上货运保险；⑤ 其他：人身意外险、疾病保险、旅游险、盗窃险、公共责任险、现金及现金运送险、家主及户主保险、盈利损失险、营造险、船壳险、玻璃险、保证险、安装全险、电子设备险、机器损坏保险及财产综合保险。

(6) 澳洲昆士兰保险（国际）有限公司。主要包含以下项目：① 雇员赔偿保险；② 火险；③ 汽车保险；④ 海上货运保险；⑤ 其他：人身意外险、疾病保险、旅游险、盗窃险、公共责任险、现金及现金运送险、忠诚保险、家主及户主保险、机器损坏保险、营造险、全险、盈利损失险及信用（商业风险）。

(7) 忠诚世界保险公司（非人寿）。主要包含以下项目：① 雇员赔偿保险；② 火险；③ 汽车保险；④ 海上货运保险；⑤ 其他：人身意外险及多种风险保险（房屋及商业）、一般民事责任险、船身及船舶民事责任险、疾病（短期保险）、营造险、安装全险、机器、设备及设施险、机器损坏险、电子设备险及航机民事责任险。

（三）获批准管理私人退休基金之实体

1. 本地保险公司

澳门人寿保险有限公司、联丰亨人寿保险股份有限公司。

2. 外地保险公司

美国友邦保险（百慕达）有限公司、中国人寿保险（海外）股份有限公司、美国万通保险亚洲有限公司、汇丰人寿保险（国际）有限公司、忠诚世界保险公司（人寿）。

另外，还有一家私人退休基金管理公司：工银（澳门）退休基金管理股份有限公司。

五、澳门的保险监管

澳门保险活动的监管、协调及监察是行政长官所属的权限，当中实际行使该功能则是通过澳门金融管理局下辖的保险监察处执行。

澳门的保险监管权限分配如下：

(1) 总督有权限监管、协调及监察保险业务。

(2) 总督有权限透过训令订定强制保险或认为必须统一的其他保险的一般及特别条件、技术基础及保险费，但不影响特定情况之独特性，总督亦有权限为适当行使上款所赋予之权限而定出指令或采取措施。

除行政监管外，行业自律也是保险自我管理的重要方式。现代表澳门保险行业的团体共有 3 个，分别是代表已获授权经营人寿保险公司及非人寿保险公司的澳门保险公会及代表保险中介人的澳门保险业中介人协会及澳门保险专业中介人联会。

其中，澳门保险公会成立于 1987 年 12 月，是一自律监管机构，其宗旨为宣扬及促进澳门保险业的发展。在追求提供更优质的服务及加强保险公司的专业知识的共同信念下，当时的 18 间保险公司成立了澳门保险公会，并获得澳门政府全面认可。一直以来，公会与代表澳门政府的金融管理局维持着良好的关系。在过去，公会除对政府设立的保险法则作出建议外，还积极与外国同业建立联系及交流。至今，公会共有 21 间会员公司，包括 10 间人寿保险公司及 11 间非人寿保险公司。[1]

---

[1] [EB/OL]. [2013—10—20]. http: //www. mia-macau. com/about/index. htm.

第二节 保险的一般原理

一、风险与保险

（一）风险

风险通常指一种不确定性的损失，这种损失可能是财产上的，人身上的也可能是精神上的。社会生活中总是充斥着各种各样的风险，一旦发生会造成既定的损失，因此就有了通过构筑个人基金，分担和转嫁个人风险的团体机制，社会化的机制就形成了保险和保险公司，当然并非所有的风险，都是可以保险的，不能恒定价值或被转嫁的精神损害通常不能保险。

从保险学角度来说，通常根据危险所致对象的不同把风险分为两类：财产后果和人身影响。

1. 财产后果

财产后果一种是财产上的直接损失，另外一个是责任风险导致的赔偿损失。

财产上的风险是指财产发生损毁、灭失或者贬值的风险。比如房屋遭受火灾、倒塌、地震等损失危险；船舶有遭受碰撞、搁浅或者沉没等风险。

责任风险是因疏忽、过失行为或者故意行为造成他人财产或者身体损害，依法律所负的赔偿责任之风险。

2. 人身影响

人身损害主要是由于疾病或者生老病死导致的人身方面的风险。危险出现时必然导致当事人经济的损失，这些风险可以列入人身保险的范围。但由此产生的精神损害由于无法确定或者很难确定，通常不能纳入保险的范围。

从危险的性质角度来看，风险一般又可视为纯风险与投机风险。

（1）纯风险，即只有损失的可能性，而没有获利可能性的一种风险。这类风险包括火灾、意外及其他使人不快的遭遇。

（2）投机风险，即既有收益亦有损失的两种可能性。这类风险包括赌博、业务开创及企业活动。

尽管投机风险与纯粹风险是两种不同性质的风险，但在某种情况下存在着内在的联系，不可能将他们截然分开。[1] 当然纯风险的可保范围较大，投资风险较

[1] 孙积禄，杨勤活，强力. 保险法原理［M］. 北京：中国政法大学出版社，1993：4.

少得到保障。

（二）保险

1. 保险的概念

保险就是分散风险、消化损失的经济补偿制度。通俗地讲就是每个投保人拿出一点钱交给一个管理人，谁发生了损失，在约定范围内，由管理人运用资金来补偿损失人。类似于社会范围内的互助，这种互助由国家承担管理人的通常称为公益保险或社会保险，由企业承担管理人的通常称为商业保险。在澳门地区内，基本上都有商业公司承担管理人，只不过保险性质不同，政府的监管力度和措施也不同。

从理论上讲，保险事业监督法与社会保障法属于保险公法，界定保险上的公法关系。保险事业组织法与保险契约法规定保险上私法关系。澳门的保险法制体系，并没有严格区分公私法，采用了广义意义上的保险界定。

2. 保险的功能和作用

保险带来不少的功能及好处，它们其中有些是基本的，有些则为辅助性质或次要的：

（1）基本功能。保险本质上属于一种风险转移机制，透过征收保险费，把个人的潜在财务损失转移给保险人。可以说避免或者减少风险及损失是保险的基本功能，人身损害与医疗险可以弥补投保人的财务损失，火灾或运输风险导致生意的失败，悲剧来临或在其他有需要的时候，所支付的保险费款项便可发挥极大的帮助。

（2）辅助功能。保险透过多种不同途径，直接或间接地贡献社会，这些包括：

① 就业：保险业属于本地劳动人口的重要一环，对降低澳门失业率起着重要作用。

② 金融服务：自从澳门制造业相对萎缩不来，金融服务业便在本地经济担当越发重要的角色。保险业在这环节属于主要行业。

③ 储蓄或投资：保险（尤其是人寿保险）提供一个方便及有效的途径，为未来作出打算。随着几种退休保险计划进入市场，保险产品在为老人及家庭悲剧受害人提供福利方面的价值不容低估。

④ 经济发展：显而易见，若没有保险的保障（大多数的情况下，没有保险的保障，银行亦不会提供资金），没有人会把资金投资在高成本的项目上。因此，从新机场至房屋建设等不同类型的发展，亦是基于有保险可供选择，才得到鼓励及落实。

二、保险的原则

原则是贯穿与指导相关法律制度设置的原理与根据，是制度价值的集中体现。一般来说，保险原则包括：可保利益原则、最高诚信原则、近因原则、损害赔偿原则。

(一) 可保利益原则

1. 概念

可保利益是一种对标的的法律认可关系，给予某人权利，使该事物的保险生效。这种利益可以是人身利益，也可以是财产利益，但不泛化到普遍的社会关系利益与所有财产损失，通常可以金钱估量即可以入保。

2. 保险利益的构成

(1) 必须存在合法的利益，可以是权利也可以是责任、财产等。

(2) 保险标的须为人身或者财物。

(3) 投保人与保险损失之间存在法律关系。

保险事故发生时，投保人与损失之间必须有一种法律认可的关系，否则加大了保险的道德风险。比如：人身保险中，与被投保不存在法律关系的主体不可以为其投保人身险。

3. 可保利益的体现

(1) 个人保险。每个人对自己本身均享有保险利益，同样亦对自己的配偶享有可保利益。此外，每个人均可为自己径满 18 岁的孩子、或自己所监护而已满 18 岁的人（监护人关系）投买保险。在被保险人同意的情况下，也可以为其投人身保险。

因此，个人保险中保险利益的体现就是人身关系的存在：配偶关系、父母子女关系、抚养赡养关系、特许的协议关系等。

(2) 财产保险。财产保险利益可以是财产权，但是不限于财产权。凡因物的风险将受到损害，或因物的保全而得到利益或者预期利益者，对于被保险人均具有保险利益。一般来说有：因物的所有权或占有权而产生的利益。具体可以指财产的所有权人、经营权人、留置权人、管理权人、成员人或者其他受托人。也有因合同而产生的利益。比如抵押权人或承租人对受抵押的财产或者承租的财产具有可保利益。合法的个人代表（遗嘱执行人、信托人等）亦可为本身保管的财产投买保险。保险通常均以持有人的名义投买，例如保险的对象，可以是与被保险人一起居住的家人所拥有的财产。

（3）责任保险。用来保障每个人因本身行为或疏忽所面对的潜在法律责任（有时这类保险是强制性的）。以这种方式保障自己的，可称为与直接责任有关。替因他人行为而须负的责任投买保险也是可行的，例如雇主可以对因雇员行为疏忽等所构成的责任投买保险。

（4）信用、保证保险。凡因对方未能履行义务可能遭受经济损失者，或因自己的行为使他人受到损害者、或因员工的不法行为而引起经济损失者，都具有保险利益。

（二）最高诚信原则

1. 概念

最高诚信是民商法世界中最高的道德准绳和行为要求，在相关的信息和行为上要善意的提醒和通告，最真实地披露相关资料。保险法上的最高诚信的意思，就是合约各方必须遵守揭露所有重要数据的积极责任，不论他人有否问及有关的资料。

关于什么是重要事项，一般根据个案来判定，传统定义为：一个足以影响一名审慎的保险人决定是否承保可能面对的风险，或厘定承保条件的事实。显而易见，基本上不会影响合约存在与否或合约条款的事件和其他一些同样毋须揭露的事实包括：（1）与常识有关的事件。（2）保险人已知或当作已知的事实。（3）改善风险的事实。如果非重要事实，就无须受最高诚信原则的约束。

2. 违反最高诚信

假如违反最高诚信，受害一方（必然是保险人）可循多种途径，向另一方采取行动。违反最高诚信的可能形式如下：

（1）隐瞒：蓄意保留重要数据。（2）隐报情况：这亦包括不提供重要数据，然而这类遗漏不属于蓄意瞒骗。不论那种情况，如果另一方由于数据遗漏而被诱使订立合约，这便构成违反最高诚信。（3）欺诈性失实陈述：这里涉及蓄意歪曲事实，或提供已知为虚假的数据。（4）无意的失实陈述：同样提供虚假数据，然而并非知情或意图欺骗。

3. 违反最高诚信的补救方法

受害一方（必然是保险人）可以：（1）解除有关合约。（2）拒绝为个别索偿赔偿。（3）如果涉及诈骗成份，可额外提出诉讼追讨赔偿。（4）放弃上述权利，这表示有关合约或索偿仍然有效。

4. 澳门保险法体系中最大诚信原则的体现

《澳门商法典》第 973 条之一规定，投保人最迟应于订立合同时以完整及明确方式向保险人声明其所知悉或者应当知悉且能影响风险评估的一切情况，不论此等情况是否在所收到的问卷中罗列出来。本款要求投保人尽到最高诚信，对影响保险的一切情况都要悉数告知。

第979条规定，风险增大的，投保人应在八日内或约定期限内，完整明确地将风险增加的情况通知保险人。

（三）近因原则

1. 概念

基于并非每种导致损失的成因都是可受保的，我们有需要去厘定真正导致损失且具备影响力的原因。近因通常指直接促成结果的原因，是效果上有支配力的原因，也即必要原因。

2. 近因原则的适用

近因在实际的执行上，可能较为复杂，有时甚至颇具争议性。一般适用较为简化的规则：

（1）单一原因造成的损失。如果造成危险事故发生的原因只有一个，又属于保险责任的范围，保险人直接承担赔偿责任即可，受保危险引致的损失便可以得到保障；假如它是不保或除外危险，便得不到保障。

（2）多种原因造成的损失。多种原因所导致的损害，如果都属于损失的主因，这一类通常可以分为三种情况：

三、代位权

（一）概念

保险人代位权，是指财产保险中，由于第三方的过失或者错误导致保险标的发生保险责任范围内的损失，保险人按照保险合同的约定支付保险赔偿后，可以在其赔偿金额范围内代位行使被保险人对第三方的损害赔偿请求权。[1] 简单来说，代位权容许提供损害赔偿的保险人，有权为本身的利益，承继和使用被保险人对第三者可能拥有的任何索偿权利。例如：甲以其汽车投保车体险，后该车于公路上，被乙所驾驶之汽车撞毁，保险人所承保之保险事故发生，同时甲亦对乙有侵权行为损害赔偿请求权。若保险人对甲为保险给付，依代位权之规定，保险人于给付保险金之范围内，得代位行使甲对乙之损害赔偿请求权。由此可见，代位权的出现，是为确保被保险人不会因同一损失取得两次的赔偿，藉此尽量维护

[1] 赵旭东. 商法学［M］. 北京：高等教育出版社，2009：653.

损害赔偿的最终原则。

（二）代位权的意义

代位权的设立主要在于维护权利平衡：（1）第三人不因保险人的理赔而免除民法上的赔偿责任。（2）确保保险人的保险理赔义务，使保险人不因被保险人可以向第三人索赔而免除保险责任。（3）被保险人不因保险人的理赔而取得双重赔偿。

（三）代位权的构成要件

1. 必须由第三者行为导致保险危险发生

第三者造成的损失，如果在保险范围内，保险人应当予以理赔，然后由其向第三人代为求偿，其实这就是损害赔偿的转化方式而已。

2. 权利行使一般在保险人给付保险金之后

保险事故发生后，投保人可以向保险人索赔，也可以向侵权损害人要求赔偿，保险人理赔之后，自然取得了向侵权人索赔的权利，投保人应当配合。如果投保人放弃了对侵权人的索赔，保险人可以要求投保人返还已支付的保险金。

3. 适用商务合同代位权的一般规定

债权性质同等、数量相同，不超出所欠范围。

（四）澳门有关保险代位权的规定

（1）支付赔偿金之保险人在赔偿金额之范围内代位取得被保险人对须负责之第三人之权利；被保险人有义务不作出任何损害该代位权之行为或不行为，否则，须承担损害赔偿责任。

（2）如损害系由被保险人之卑亲属、尊亲属、养子女、直系姻亲、家庭佣人或其他以共同经济方式与其一起生活之人造成，则不发生代位权，但属故意者除外。

（3）在任何情况下，代位权均不得妨碍被保险人获得部分赔偿。

（4）如按第2项之规定或因合同之约定而排除保险人对某些人之求偿权，被保险人不得对彼等提起诉讼，但超出已接受之损害赔偿范围者除外。

但是人身保险中不适用代位权的规定，人身保险合同中，保险人作出给付后不得代位取得被保险人因保险事故而生之对第三人之权利。但不适用于在第三人所造成之意外事故中保险人所承担之医疗及住院开支。

第三节 保险合同

一、保险合同的概念

保险合同系指保险人对于因承保标的之可能发生之事件发生而对被保险人所造成之损害按约定之限额承担赔偿或支付合同所定之保险金、定期金或其他给付之责任，以作为他方支付保险费之回报之合同。

保险合同是商业合同的一种，是保险事故发生时，一方享有向保险人请求支付保险金的债权合同。

二、保险合同的性质

（1）保险合同是有名契约。保险合同为保险法所明定，澳门地区也以商法典专章确认了保险合同，为有名的商务合同。

（2）保险合同是有偿契约。保险契约以投保人支付保险费，为换取保险人承担危险的对价，若无对价，既不发生保险契约上权利义务关系。

（3）保险合同是双务合同。保险契约的要保人负有支付保险费的义务，保险人于事故发生时负有给付保险金额的义务，合同的双方当事人互负义务，为双务合同。

（4）保险合同为要式合同。保险合同的成立必须具备一定的方式，保险单与保险记载事项必须按照法定的要求做成。

（5）保险合同是最大诚意合同。保险中信息的不对称，必然要求投保人对保险标的的情况尽最大的说明与照顾义务，保险人对保险承担的情况要尽到最大解释义务，免责或者减轻责任的事项要最大程度提示要保人。

（6）保险合同是射幸合同。射幸合同是指当事人一方或者双方的给付义务，取决于合同成立后偶然事件的发生。保险合同的目的在于使保险人在特定不可预料或不可抗力的事故发生时，对被保险人履行给付义务，所以也是射幸合同的一种。

三、保险合同的主体

1. 投保人或要保人

是保险合同关系的基本当事人，系指对保险标的具有保险利益，向保险人申请与保险公司订立保险合同并按照合同规定支付保险费义务的人。

投保人可以为自己订立，也可以是为他人订立，只要享有保险利益就可以作为投保人。

2. 保险人

又为承保人，是与投保人签订保险合同收取保险费，在保险事故发生时承担赔偿义务的人，也是合同关系的基本当事人，保险实务中通常指承揽保险义务的保险公司。

3. 被保险人

系指为其利益而订立合同的自然人或法人，或以其生命、健康或身体的完整性作为保险标的之人。有些情况下，投保人与被保险人并非同一人，比如：为他人利益投保，保险利益转移之后的承继人，责任保险的受害人。

4. 保险受益人

系指保险人之给付的对象，是由被保险人或投保人在保险合同中指定的享有保险金请求权的人。一般财产保险合同，均以被保险人为当然受益人，只有人寿保险合同，则另有受益人，也可能是被保险人之外的第三人。

四、保险合同的辅助人

保险合同的辅助人是协助保险合同当事人办理保险合同有关事项的人。通常有三：保险代理人、保险经纪人及保险公估人。

1. 保险代理人

是指根据代理合同，向保险人收取费用，并代理经营业务之人。澳门保险法所称的保险代理人是指以一家或多家保险公司的名义和为其利益而工作的中介人，其得签立保险合同或保险业务，又或理赔事故，但需先获发所需的书面许可方得行事。

2. 保险经纪人

是指基于被保险人的利益，代理保险人洽定保险合同，而向承包人收取佣金之人，其与订立保险合同的双方当事人之间的关系类似于居间的规定。

澳门保险法认为，保险经纪人是指以投保人的名义及为其利益而工作且以专务保险中介为公司所营事业的法人中介人。

3. 保险公估人

保险公估人是指专门从事保险标的的查验、评估及保险事故的认定、估损、理算等业务，并据此向当事人委托方收取合理费用的机构或个人。

保险事务的理算工作需要具备专门的知识，通常都有公估人来承办，并出具证明，以为双方所接受。一般非经登记不可以从事公估业务。

五、保险合同的效力

1. 保险合同的成立与生效

投保人与保险人就保险合同内容达成一致意思时，保险合同就成立。达成保险协议通常经历投保人要约与保险人承诺两个阶段，当然这中间也充斥着要约与反要约多次反复的过程，尤其是具有个性化的大型财产保险。

通说认为，合同的成立与生效是两个不同的概念，生效往往延迟于成立。成立只需要双方达成协议即可，生效包含有法律的价值评价，符合法律要求的才能对当事人产生法律后果。

《澳门商法典》第966条规定，保险合同自订立合同之日起就产生了效力，这是一般性原则，除非当事人双方另有约定，这种另行约定一般包含两种情况：

（1）双方当事人另行约定以支付保险费签订保险单或者发生其他事实作为合同生效的条件。

（2）投保人发出的自然人的个人保险，如保险人不拒绝或不另符加条件即视为合同生效。

2. 保险单

保险单是保险人与投保人之间订立保险合同的正式书面凭证，是保险人制作、签发的保险凭证，是保险合同的书面证明。交付保险单是保险人的法定义务。

《澳门商法典》对保险单的规定相对内地保险法来说非常严格与全面，法律要求保险单必须包含保险合同的主要条款，如约定解除合同、合同无效、撤销合同或者排除风险的原因，必须以突出的字体载明方有效力。

不同种类的保险单对于保险人支付保险金的义务规定也有差别：（1）保险单得为记名式、指示式或无记名式保险单。（2）指示式或无记名式保险单之签发，应由投保人及保险人约定。（3）指示式或无记名式保险单移转时，对保险人之债权之移转具有债权让与之效力。（4）然而，保险人对保险单之被背书人或持有人履行给付时，如无恶意或重大过失，即使彼等并非被保险人，保险人之义务亦得免除。(5) 如指示式或无记名式保险单遗失、失窃或灭失，保险人知悉该等事实后，其履行给付之义务并不免除。

以《澳门汽车民事责任强制保险条例》为例，汽车保险的统一保险单规定了27条之多，另外还规定了特别条件下适用的5条特别条款。从合同签订到合同的转让、保险诉讼等基本囊括了保险的所有事项与情况。

3. 保险中的无权代理

中国内地的保险法不认可无权代理签订的保险合同，因为在无权代理的情况下，没有保险利益可言。而澳门保险体系中相对来说比较自由，无权代理产生的保险合同并非一概无效。

未经授权而以他人名义定义的保险合同，即使在合同失效或者发生保险事故后，也可以由利害关系人确认而生效。但是至保险人拒绝追认时止，在此期间产生的保险费保险人应当支付。

4. 保险合同的无效

合同的无效首先要经过法律关于合同效力的判断。违反法律与国家强制性规定的无效；采用欺诈、胁迫等手段签订的合同侵害国家或团体、第三人利益的无效；口头形式订立的合同无效等。

由于保险合同的特殊性，尤其是人身保险的身份性，保险合同的无效比基础合同的无效条件要严格。内地保险法规定三种无效的保险合同：(1) 超额保险：超过财产保险价值的保险合同，超额部分无效，被保险人不能就该部分主张保险金请求权。(2) 无保险利益：投保人对保险标的不具有保险利益的，保险合同无效。(3) 以死亡为保险事故的人身保险合同，未经被保险人书面同意的无效。监护人超额为未成年订立以死亡为保险条件的合同也无效。

《澳门商法典》规定，以下几种情况下保险合同无效：(1) 风险不存在或者保险事故已经发生的，保险合同无效。(2) 损害保险合同，如订立时被保险人对损害赔偿无保险利益，则无效。这里的无效仅仅适用于损害保险，不能泛化到所有的保险。(3) 以14岁以下未成年人或司法宣告的无民事行为能力人订立的死亡保险合同无效。

六、保险合同的权利与义务

(一) 投保人的义务

投保人的义务主要指保险费的缴纳与保险事故发生的通知义务等。

1. 交付保险费的义务

交付保险费是要保人主要义务，应当按照契约规定交付，不论是为自己利益或者为第三人利益签订的合同。

《澳门商法典》第986条规定：（1）保险费应准时由投保人直接向保险人或其明示指定之其他实体支付。（2）分期支付的，首笔保险费或首笔分期保险费应于订立合同日支付，如未能于上款所指日期发出收据，首笔保险费或首笔分期保险费应于保险人发出收据日起第10日支付，随后之保险费或分期保险费应于合同所定日期支付。（3）如属可变动之保险费之合同，随后之保险费或分期保险费应于发出有关收据之日支付。（4）如属预约保险单之保险合同，逐次运用之保险费或分期保险费应于发出有关收据之日支付。（5）如合同无撤销或解除，合同存续期之各期保险费应一次缴清，但亦得按保险单之规定分期缴付。

如果财产保险费欠付或延迟支付，30日后，合同就视为自动解除。如果风险增加保险费一般也增加，风险减少保险费也减少。

2. 据实说明的义务

订立契约时，要保人对与保险人的书面询问应当据实说明。如果要保人故意隐匿或因过失遗漏，或为不实的说明时，其虚假的说明足以变更或减少保险人对于危险的估计者，保险人可以解除契约，其危险发生后亦同，通常此项解除权自保险人知道解除原因后，经过1个月不行使而消灭，或契约订立后2年，即使知道可解除原因，也不得解除。[1]

《澳门商法典》规定，投保人最迟应于订立合同时以完整及明确方式向保险人声明其所知悉或通常应知悉且能影响风险评估之一切情况，不论此等情况是否列于所收到之问卷。如保险人向投保人交付问卷以便投保人填写，则推定调查表所载情况对风险评估有影响。保险人于发出保险单前以书面提出之问题，尤其透过以上两款所指问卷提出之问题，如属一般性问题，保险人不得主张答案不准确。

保险标的风险增加或者减少时应将相应的情况通知保险人，恶意不声明的，发生保险事故时，保险人无义务支付保险金。

3. 保险事故通知义务

危险发生时，要保人应当把相关情况通知保险人以便及时理赔。

《澳门商法典》规定：（1）投保人、被保险人或受益人应于保险事故或事件发生之日起8日内或于约定之更长期限内将事故或事件通知保险人；如证明当时

---

[1] 蔡荫恩．商事法概要［M］．台北：三民书局，1980：373.

不知悉事故或事件之发生，则自知悉日起计算期限。(2) 如属盗窃或抢劫保险合同，上款所规定之期限为 3 日。(3) 如属民事责任保险合同，投保人应按相同之规定就受害人之任何索赔作出通知。(4) 如投保人、被保险人或受益人不履行将保险事故或事件作出通知之义务，保险人有权按所受之损害减少应作之给付，但彼等证明保险人于第一款及第二款所规定之期限内以其他方式知悉保险事故或事件者除外。(5) 如通知不以书面作出，投保人须证明保险人知悉该通知。

4. 救助义务

损害保险事故发生时，被保险人应当按照具体情况为避免损害扩大而采取适当的措施救助。

（二）保险人的义务

保险人的义务主要是支付保险金义务、签单与通知义务。

1. 支付保险金

保险人给付保险金通常需要满足几个条件：(1) 必须是受保险的标的受到损害。(2) 保险事故的发生属于合同约定的危险引起。(3) 财产保险赔偿的最高额不超过保险金额。(4) 保险人须承担被保险人或投保人为减少保险标的损失而付出的救助费用、诉讼费用和理赔费用。

《澳门商法典》第 991 条规定，保险人应按保险合同之规定准时向应收取给付之人作出给付。如保险人知悉保险事故之发生、情况及后果起 60 日后因可归责于其之原因而未作出有关给付，其应付金额应加上按双倍法定利率计算之利息作为赔偿金。然而，收取给付之债权人得证明保险人之迟延给付导致其受到大于上款所指赔偿金之损害。

2. 及时签单的义务

保险人有义务向投保人交付保险单或临时交付承保通知书。

3. 通知的义务

《澳门商法典》第 987 条规定，保险人有义务最迟于保险费到期日前第 8 日以书面通知投保人，指明付款日期及金额；如属首笔保险费或首笔分期保险费而合同之生效取决于保险费之支付，则无须作出通知。通知必须载明不支付保险费之后果，尤其载明合同将按下条之规定自动解除之日期。如有疑义，保险人对第一款所指通知负举证责任。

七、保险合同的解除

（一）保险合同的解除

保险解除是指当事人一方，基于合同成立后的事由，行使解除权，而使合同约束力自始消灭的行为。

合同的解除通常包含约定解除与法定解除。

（二）法定解除

保险合同的法定解除，是指当事人行使法律、法规所赋予的解除权而单方将保险合同解除的情形。它不必经过对方的同意，只要解除权人将解除合同的意思表示直接通知对方，或经过法院或仲裁机构向对方主张，即可发生解除的效果。[1]

1. 投保人的解除权

对于投保人而言，在保险责任开始前总是可以解除合同的，保险责任开始后，投保人也可以解除合同，但是不能要求返还已保期间的保险费。少数情况下，合同没有约定时投保人不能解除合同。

2. 保险人的解除权

保险人的解除权法律要求比较严格，必须有法律规定的情况下保险人才可以行使解除权。澳门保险体系规定的保险人解除权主要体现在以下几个方面：

（1）违反如实告知义务。投保人对保险标的风险的非恶意不正确声明或不声明，保险人知悉该声明的两个月内可以提出解除合同。

（2）保险标的的危险程度增加。投保标的物风险增加后，投保人如拒绝增加保险费，或收到增加保险费的建议之日起 1 个月内不回复，保险人有权于 15 日内提出解除合同。

（3）发生保险事故后的解除。除强制保险的情况外，如保险单有所规定，保险人可于保险事故发生后按具体情况向投保人、被保险人或受益人寄发附回执的挂号信以解除合同。

（4）其他解除的情况。内地的保险法规定，故意制造保险事故、谎称发生保险事故、误报年龄超过限制等情况，保险人都可以解除合同。而《澳门商法典》并没有把这些情况作为可以解除合同的情况，而是规定保险人可以拒赔保险金。

（三）约定解除

保险合同当事人在不违背法律规定的情况下，可以协商解除合同，或在保险合同中约定基于一定事由的出现，一方或双方可以据此解除合同，并约定解除权的行使期间。

八、保险合同的存续期

财产保险合同的期间一般由要保人与保险人约定，如法律另无规定或双方另

[1] 李新天，汤薇．试论我国的保险合同解除制度［J］．法学评论，2005（4）：144．

无约定，保险合同期间为 1 年。如无不续期之通知，合同以 1 年期间续期。无期限的合同可以由任一方当事人单方中止，但须自合同生效日起每 1 年之期间届满前提前 3 个月通知。

人寿保险合同的期间，视当事人约定的合同类型而定，并没有统一的固定期间。

九、保险合同的诉讼时效

根据《澳门商法典》的规定，不同种类的保险合同诉讼时效有一定的差异：

（1）如属损害保险，保险合同所生诉讼之时效期间，从作为诉讼依据的事实发生日起 2 年完成，如属人身保险，则 5 年完成，但利害关系人事后方知悉者除外。

（2）如属民事责任保险，投保人对保险人之诉讼之时效期间，自第三人请求被保险人赔偿或对被保险人提起诉讼之日起计。

（3）向保险人请求赔偿或提起诉讼之通知使时效中止，直到受害人之债权经法院之确定裁判、债务之承认或当事人间之和解而结算并成为可请求支付时为止。

（4）如属民事责任保险，受害人对保险人提起诉讼之时效期间按一般规定完成。

第四节　损害保险

一、一般规定

（一）保险标的

任何人因风险不实现而有的任何直接或间接经济利益，均可为损害保险标的。只有被保险人对标的享有保险利益时，所投的保险才能有效。当然针对保险标的物的部分，利害关系人也可以订立保险合同

1. 保险标的物瑕疵

对于因保险标的物的瑕疵而对保险标的物造成的损害，保险人不承担责任，但另有约定者除外。

如保险标的物的瑕疵加重损害，保险人仅按瑕疵不存在时保险标的物所受的

损害负责赔偿。

如损害系因保险标的物的瑕疵及另一可以确定为保险人责任的事实所导致，则保险人根据该事实对所造成的损害的影响按比例赔偿。

2. 保险标的物价值

保险人向被保险人作出的赔偿，不得超过保险标的物于保险事故发生时的价值。

订立合同时，双方当事人得以书面约定保险标的物的价值，并推定该价值为该物于保险事故发生时的实际价值，但另有证明者除外。

双方当事人可以约定，保险人所支付之赔偿金相当于保险标的物全新时的价值。

（二）不足值保险与超额保险

1. 不足值保险

投保人如果投保的保险金额低于可受保的价值，保险人只按照比例作出损害赔偿，当然保险单或合同可以作出另行约定。

2. 超值保险

如果保险人或者被保险人恶意以高于保险利益的实际价值金额订立保险合同，则由此签订的保险合同属于可撤销合同。

如果被保险人并无恶意超值投保，则合同仅在保险标的物实际价值范围内产生效力，投保人有权请求减少保险费。

（三）复保险

1. 复保险概念

复保险是指投保人对于同一保险利益，同一保险事故，与数名保险人分别订立数个保险合同的行为。

2. 复保险的构成要件

（1）投保人与数名保险人订立数个保险合同。如果投保人与数个保险人订立一个保险合同则为共同保险，而非复保险。（2）须对于同一保险利益，非同一保险利益订立数个保险合同则不构成复保险。（3）须对于同一保险事故。（4）须发生于同一保险期间。

3. 澳门有关复保险的规定

（1）如就同一风险于同一时期内分别向多名保险人为同一利益订立保险合同，应将已有其他保险合同一事通知各保险人。

（2）如被保险人恶意不作出通知，所有保险人均不承担支付赔偿责任。

(3) 发生保险事故时，被保险人得请求任一保险人在保险金额范围内作出应付的全部赔偿。

(4) 支付赔偿的保险人按保险金额之比例对其他保险人享有求偿权；如其中一名保险人破产或其中一份保险合同无效或不产生效力，有关份额由其他保险人分摊。

(5) 如属其中一名保险人应负无限责任的民事保险，上款所规定之求偿权，按相当于保险合同的保险费比例向其他保险人行使。

(四) 保险标的物变更

通常情况下，保险标的物权利发生变更，会影响保险合同的效力，《澳门商法典》对此规定如下：

(1) 保险标的物让与后，合同所生的权利与义务归取得人所有，但是民事责任保险者除外。

(2) 让与人负责支付保险期间之已到期的保险费，而在将让与一事及取得人之名称通知保险人前，须对后来到期的保险费与取得人负连带责任。

(3) 保险人可于知悉让与情况时起 1 个月内提出解除合同，解除后不再承担返还已承担保险期间的保险费。

(4) 如果属于指示式或无记名式保险单，无须将让与事项通知保险人，保险人和取得人均不得解除合同。

二、火灾保险

(一) 火灾保险

火灾保险是指对于直接或者间接由火灾所致的保险标的物的毁损或者灭失，负赔偿责任的保险。如焚毁、烟熏或者烧焦等等引起的损害皆可为火灾保险。

(二) 火灾保险的范围

依《澳门商法典》规定火灾保险包括：

(1) 火灾导致之毁损，即使火灾系由意外、第三人之故意、被保险人或民事责任须由被保险人负担之人之过失造成亦然。

(2) 火灾直接造成之毁损，以及因热力、烟雾或蒸汽、灭火器具、家具之搬动及按有权限当局之命令而作出之拆除所引致之毁损。

(3) 因雷电、爆炸或其他类似意外所造成之毁损，不论是否同时发生火灾。

（三）保险的标的物

（1）承保范围为保险单所载之物。

（2）如属家具保险，承保范围包括火灾对被保险人、其家人及其他以共同经济方式与其一起生活之人共同使用之物品造成之毁损。

（3）承保范围不包括因火灾而对在保险标的物内的金钱、债权证券、文件、贵重金属、珠宝、艺术品或其他贵重物品造成的毁损，但另有明示约定者除外。

三、信用保险

（一）信用保险的概念

信用保险是指权利人向保险人投保债务人的信用风险的一种保险，是一项企业用于风险管理的保险产品。其主要功能是保障企业应收账款的安全。其原理是把债务人的保证责任转移给保险人，当债务人不能履行其义务时，由保险人承担赔偿责任。

澳门保险体系中的信用保险，是指保险人有义务在法律及合同范围内向被保险人赔偿因被保险人的债务人不作清偿所造成之损害，包括因破产或无偿还能力而造成的损害。

（二）承保的范围

通常情况下，信用保险会在投保企业的欠款遭到延付的情况下，按照事先与企业约定好的赔付比例赔款给企业。引发这种拖延欠款的行为可能是政治风险（包括债务人所在国发生汇兑限制、征收、战争及暴乱等）或者商业风险（包括拖欠、拒收货物、无力偿付债务、破产等）。

澳门保险法上的承保范围仅限于合同就作为保险标的的信用所约定之百分比。赔偿金额的计算系根据已计算出的损害金额在作为保险标的的信用范围及已约定的承保百分比内为之。保险单内应当约定可赔偿金额的限额。

（三）保险事故的发生

产生保险事故之事实有：

（1）由宣告债务人破产之司法判决、其他相同意义之司法行为或与全体债权人签订并可对抗各债权人之司法或非司法协议所确认之无偿还能力。

（2）在执行之诉中所证明或由被保险人就债务人之财务及财产状况提出之结论性证据所证明之资源不足。

（3）债务人迟延。

（4）债务人所在国或地区之政府或公共实体或第三国或地区阻止合同履行之

行为或决定。

（5）本地区尤其在涉外商事方面使合同无法履行、货物无法交付或合同所定服务无法给付之法律规定。

（6）债务人所在国或地区或参与付款之国家或地区所宣告之全面延期付款。

（7）如债务人所作之付款因汇兑波动而在转换为合同所定货币后再移转时无法相等于未清偿之债务金额，债务人所在国或地区宣告债务人所作之付款具有免除责任效力之法律规定。

（8）由于不可归责于债务人但导致债权人迟延收取其应收款项之事实发生而出现之移转中止或移转困难。

（9）在澳门以外发生之战争（包括未经宣告之战争）、革命、暴乱、兼并或类似行为。

（10）在澳门以外发生之灾难性事故，例如地震、海啸、火山爆发、台风、风暴或水灾。

（11）债务人为国家或其他公法人时，或如属私法人之情况，国家或其他公法人为有关付款担保人时，因不可归责于债权人之事宜而无法清偿债务。

（12）如被保险人及保险人均认为无法收取债权款项之协议。

（四）信用风险的分析

被保险人与投保人有义务将关于作为保险标的之事务数据通知保险人，并许可保险人查阅与该交易有关的记账簿册及会计资料。只有通过对投保人相关财务资料的分析才能估计信用保险的损失。

（五）信用保险限额与保费

在实际操作中，投保企业需要为其买家向保险公司申请限额，限额规定了投保企业在一定时期内向该买家赊销，能够获保的最高金额。限额体现了保险公司对于与该买家进行交易的潜在风险的认定。

投保信用保险需要支付一定比率的保费。通常保费的比率（费率）较低，由债务人所在国风险以及债务人自身风险等标准厘定。

（六）信用保险的限制

信用保险的一般条件除与其他财产保险一样之外，还有以下限制：

（1）放款赊销，以对经常有清偿能力而且信用好的人或企业为限。

（2）被保险人应视为共保人，或规定损失超过一定百分比时，始由保险人就约定保险金额内负责。

四、民事责任保险

（一）民事责任保险的范围

（1）民事责任保险中，保险人有义务在法律及合同范围内为被保险人承担风险，在被保险人须向第三人赔偿因合同所规定之事故造成之损害时作出赔偿。

（2）被保险人故意造成之损害不适用上款之规定。

（3）如有多名受害人而彼等有权获得之赔偿金之总数超过保险金额，则受害人对保险人之权利按比例减至该保险金额之限度内。

（4）保险人如出于善意或因不知悉有其他索赔而向其中一名受害人支付超过按上款规定应付金额之赔偿金，则其应向其他受害人支付之总金额仅限于保险金之剩余部分。

（5）只要损害发生于合同生效期间，即使于合同终止后，保险人仍须履行其义务。

（二）民事责任保险的免责

保险合同内得加入相应条款，规定投保人须向第三人负担部分物质损害赔偿，但赔偿金额之限制不得对抗受害人及其继承人。

（三）民事责任保险的诉讼

（1）除另有约定外，保险人得针对受害人之索赔采取法律上之主导行为，因此而产生之包括诉讼费用在内之负担，由保险人承担。

（2）对于保险人之合理要求，被保险人应予以合作。

（3）即使有以上两款之规定，如受害人与同一保险人曾订立保险合同或存在其他可能之利益冲突，保险人应将此等情况通知被保险人，但不妨碍其采取紧急措施。

（4）在上款所指情况下，被保险人得将辩护权托付予其认可之人，保险人有义务在合同所定限额内承担因此而生之负担。

第五节　人身保险

一、人身保险的概述

（一）人身保险的概念

人身保险是以人的生命和身体作为保险标的，以被保险人的出生、伤害、残疾、疾病为保险事故的保险。当被保险人出现保险事故时，保险人应向被保险人或受益人给付保险金或年金。

（二）人身保险的特征

（1）人身保险的保险金具有给付性质不同于财产保险的补偿性。

（2）人身保险的保险金额双方根据被保险人的个性情况协商确定，不同于财产保险金额据保险标的价值确定。

（3）人身保险具有长期性，往往可以持续几年甚至终身，不同于财产保险通常1年的短期性。

（4）人身保险承保的风险具有稳定性和有规律的变动性。

（5）人身保险的可保利益通常没有金额上的限制，而财产保险同禁止超额保险。

（6）人身保险的给付性对于投保人来说可作为储蓄与投资手段。人身保险到期后，不管是否发生了保险事故，保险人最终将以各种形式返还给被保险人或受益人。❶

（三）人身保险的风险

人身保险合同之标的为被保险人之生命、身体的完整性及健康可能有之一切风险，投保人可就与一个人或一组人有关的风险订立人身保险合同。

（四）人身保险的金额

如属人寿保险或人身意外保险，保险金额须在合同内订定。

在上款所指情况下，保险人应作的给付不受其他种类保险合同所生的其他给付影响。

（五）人身保险的代位权

人身保险合同中，保险人作出给付后不得代位取得被保险人因保险事故而生对第三人之权利。但此不适用于在第三人所造成的意外事故中保险人所承担的医疗及住院开支。

二、人寿保险

（一）概述

1. 人寿保险的概念

人寿保险是指人寿保险人于被保险人在契约规定年限内死亡，或在契约规定年限

---

❶ 孙积禄，等. 保险法原理［M］. 北京：中国政法大学出版社，1993.

内而仍然生存时，依照契约给付保险金额责任的保险制度。人寿保险的保险标的为人的生命，而以人的生存或死亡为保险事故，所以这其中不存在超额保险的问题。

2. 人寿保险的种类

通常依照保险事故为标准分为三类：

(1) 死亡保险。以被保险人的死亡为保险事故的保险。如果终身保险，不论被保险人何时死亡，保险人均负有给付保险金额的义务；如果为期间保险，逾期没有死亡的，保险人既不支付保险金也不退还保险费，保险合同终止。

(2) 生存保险。生存保险以被保险人在一定期间内的生存为保险事故的保险方式。保险费既有分期支付也有一次性支付的两种方式。

(3) 生死两合保险。生死两合保险是指以被保险在一定期间内的死亡或期满后的生存为保险事故的一种保险方式。不论结果如何，保险人都应向被保险人或受益人支付保险金。

(二) 人寿保险的当事人

人寿保险合同得由本人或第三人订立。如投保人非被保险人，须获被保险人的书面同意。如被保险人为未成年人，上款所指同意须由其法定代理人按一般法之规定作出，并由该未成年人认可。不得订立以 14 岁以下之未成年人或被确定判决宣告为无行为能力人之人为被保险人的死亡保险合同。

(三) 被保险人年龄

(1) 被保险人年龄不正确并不必然导致保险合同无效。

(2) 仅于被保险人之真实年龄超过保险单所定之限度时，保险人方可主张被保险人之年龄记载不正确。

(3) 如年龄之记载不正确导致所付保险费少于为真实年龄应付之保险费，保险人之给付应根据保险费之无实际支付之部分按比例减少。

(4) 如因被保险人年龄之记载不正确而支付高于为真实年龄应付之保险费，且投保人之行为并非故意，则保险人有义务将其超额支付之部分返还。

(四) 保险合同的受益人

1. 受益人的指定

(1) 如指定被保险人之继承人为受益人，则按法律之一般规定视法定继承人或遗嘱继承人为受益人。

(2) 如指定被保险人之配偶为受益人，则被保险人死亡时作为其配偶之人视为受益人。

(3) 如指定多名受益人，保险人之给付应平均分配，但投保人另有意思表示者除外。

2. 受益人的撤回

(1) 不论受益人是否接受被指定为受益人，该指定亦可撤回；撤回得以上条所规定之任一方式作出。

(2) 如受益人已接受指定，投保人死亡前后或给付到期后，投保人之继承人不得作出上指撤回。

(3) 即使投保人已透过书面放弃撤回指定受益人之权利，于受益人接受指定前，投保人仍可行使该权利。

(4) 不论放弃撤回或接受指定，均应通知保险人，否则，不得对抗后来指定之受益人。

3. 受益人指定失效

(1) 如受益人谋害被保险人之生命，即使受益人之指定不可撤回，该指定之效力亦终止。

(2) 如属第三人之生存保险，未经被保险人许可，该受益人不得再被指定为受益人。

4. 受益人权利的消灭

如受益人在给付到期日后接到领取保险人之给付之通知而于 6 个月内不领取，则丧失对保险人之给付请求权。

(五) 保险费的支付与丧失

(1) 保险合同仅于支付第一年保险费或首笔分期保险费时生效。

(2) 如支付第一期保险费后不再支付保险费，则保险效力于保险人以附回执之挂号信通知投保人后第 30 日中止。

(3) 如支付第一年保险费后不再支付保险费，保险人得于以附回执之挂号信通知投保人后第 30 日解除合同。

(4) 在上款所指情况下，如合同之规定容许，则不解除合同而将保险金减少。

(5) 任何对保险合同有正当利益之人，均可代投保人支付保险费。

(6) 受益人如为导致被保险人死亡之正犯或犯罪参与人，则丧失对保险人之给付请求权。

(7) 在上款所指情况下，如无其他补充指定或一并指定之受益人，应作之给付转为被保险人之财产。

(8) 如属第三人之人寿保险，投保人故意导致被保险人死亡时，保险人对投保人或受益人均无须负赔偿责任，且无须支付赎回金。

（六）保险事故

1. 自杀

如被保险人于合同生效首年内自杀，保险人无须作出给付。规定保险人有义务在上款所指情况下作出给付的合同条款无效。

至于保险人是否要退还保险费，《澳门商法典》第 1049 条规定，如被保险人死亡，保险人应向投保人或受益人偿还相当于赎回金之款项，于内地“被保险人在两年内自杀的，保险人应当退还保险费与投保人”的规定趋同。

2. 失踪

如被保险人离开其住所或居所所在地且下落不明，保险人仅于推定死亡之宣告作出时方有给付之义务，但另有约定者除外。失踪的推定死亡，保险合同的处理方式与死亡同。

3. 风险增大

如属人寿保险，保险人之承保范围为被保险人可能有之一切风险之增大，包括与被保险人之健康、旅游或业务转变有关者。但此规定不妨碍在保险单中将某些风险排除于承保范围外。

（七）保险单的处置

1. 赎回

(1) 保险单上应清楚记载减少权及赎回权，以便投保人能知悉有关价值及行使其权利。(2) 如投保人提出请求，保险人应于 2 个月内向其交付赎回金。(3) 如受益人之指定属不可撤回，投保人须经受益人书面同意，方得行使赎回权。(4) 如被保险人非投保人，上款之规定适用于被保险人。(5) 如属有期限之死亡保险、直接终身定期金保险及不延期之定期金保险，无减少权及赎回权。(6) 如属抚恤金保险及抚恤定期金保险，无赎回权。(7) 如属不附反保险之生存保险及不附反保险之延期终身定期金保险，无赎回权。

2. 出质

(1) 保险单之出质，得透过附加文件，或属指示式保险单时透过担保凭证之背书，又或按照一般法律之规定为之。(2) 如受益人之指定属不可撤回，保险单之出质须经受益人书面同意。(3) 如保险单已出质而所担保之债务不被履行，质权人有权行使赎回权。(4) 赎回权仅于将不清偿之后果通知债务人 10 日后方得行使。

三、人身意外保险与疾病保险

（一）人身意外保险中的意外

突然、外来、剧烈、非被保险人或受益人愿意之原因所造成之导致暂时或永久伤残或死亡之任何身体伤害，视为人身意外。

（二）排除保险的情况

（1）承保范围内损伤的增大所生后果如由保险事故发生以前的病理状态所造成，则不属承保范围。（2）保险人须证明以前的病理状态及其对保险事故后果的增大的作用。（3）订立合同人得透过约定将其他不正常情况及某些危险活动排除于承保范围以外。（4）承保范围不包括被保险人在服用酒精饮品、麻醉品、其他毒品或无医生处方的有毒产品后导致的意外，但须证明被保险人的状况与意外有因果关系。

（二）疾病保险

（1）经临床证实健康状况的任何非自愿变化，视为疾病。

（2）排除保险情况下，经必要配合后也可适用于疾病保险。

（3）订立合同人得约定保障及被排除风险的限度及范围。

第六节　集体保险

一、集体保险的概念

集体保险系指投保人为使符合合同所定条件之一组人参与而订立的合同，其目的尤其为承保人之生命存续期之风险、影响身体完整性风险或与妊娠有关的风险、无工作能力、残废及失业的风险。各参与人与投保人有同一性质的法律关系。比如：生育保险、劳工保险、失业保险等。

二、集体保险的参与人排除

（1）投保人不得将集体保险合同之参与人排除，但法律关系终止或参与人不再支付集体保险合同之份额者除外。

（2）参与人之排除仅于其接到投保人之通知起 30 日后方产生效力，该通知应以附回执之挂号信作出。

三、集体保险的通知

(1) 投保人应将保险人清楚列明合同之承保范围、生效日期及参与人在发生保险事故时应履行之手续之文件交付参与人。(2) 投保人尚应将合同上所作之变更及因此而产生之参与人之权利及义务通知参与人。(3) 参与人在知悉合同上所作之变更后，如按其与投保人之法律关系已无义务参与该合同，参与人得终止参与。

四、工作意外及职业病保险❶

该法例规定，在任何行业提供服务之雇员，倘因工作意外或职业病而引致损害，均有权得到弥补。弥补包括特定给付及金钱给付。

(一) 给付范围

包括与恢复雇员之健康、工作能力或谋生能力有关的支出，其中包括：一般或专门之医疗及外科疗理（包括必要之诊断及治疗）；药物疗理；入住医院；机能康复；假体及矫形器具等。

在卫生场所（医院、卫生中心或医疗诊所）以外接受诊疗，每日上限为澳门币 250 元（包括诊断及治疗上之开支）。

(二) 金钱给付

三种情况可以作出金钱给付：暂时无工作能力，长期无工作能力，死亡。

(三) 暂时无工作能力

(1) 倘属暂时绝对无工作能力，可得到相等于基本回报 2/3 的损害赔偿。

(2) 倘属暂时部分无工作能力，可得到相等于工作能力或谋生能力下降的2/3损害赔偿。

其中基本回报主要包括雇员惯常收取的酬劳以及超时工作之报酬、花红、奖金、津贴、佣金等（但该等报酬须为惯常性之报酬，而上述之超时工作则须为惯常进行者）。

(四) 长期无工作能力

倘暂时无工作能力超过 24 个月，应推定为长期无工作或谋生能力。但法院得将期限延长 12 个月。

(1) 倘属长期绝对无工作能力，赔偿金额与雇员的年龄有直接的关系，年龄越轻，赔偿额相对越高（属工作意外之情况，以发生工作意外之日之年龄计算；

❶ [EB/OL]. [2013-10-25] http: //www.faom.org.mo/? mod=page&pid=1152779289.

属职业病之情况，以获确定及明确诊断患上疾病之日之年龄计算）。

（2）倘属长期部分无工作能力，赔偿金额以受害人如为长期绝对无工作能力时应得之款额乘以其工作或维生能力减值之百分率计算。但有关赔偿以澳门币500 000元为上限。

（五）死亡

雇员因发生工作意外或患上职业病而死亡，受害雇员的家属可得到赔偿，赔偿的金额与受害雇员的年龄有直接的关系，年龄越轻，赔偿额相对越高（属工作意外的情况，以发生工作意外之日的年龄计算；属职业病的情况，以获确定及明确诊断患上疾病之日的年龄计算）：

因发生工作意外或患上职业病而死亡的雇员，其家属还可以得到死亡丧葬费。死亡丧葬费相等于受害雇员30日的基本回报，有关赔偿的下限为澳门币3 300元，上限则为澳门币13 000元。倘属移送尸体到外地的情况，有关的款额则可提高至两倍。

（六）责任

原则上，上述补偿责任属于雇主。但法律同时规定，雇主须将该责任转移予获许可于澳门地区经营工作意外保险之保险人（须为雇员购买保险），违反规定者，按每名雇员可科处雇主澳门币1 000元至5 000元的罚金。

（七）时效

倘有关雇主或保险人不肯支付相关补偿，受害雇员可以提起诉讼，但须自下列日期起两年内提出，否则便会失效：

（1）属工作意外之情况，由遇难人在医学上治愈之日起计；如属死亡之情况，则由死亡之日起计。

（2）属职业病之情况，由受害人被通知确定及明确诊断有关疾病之日起计；如无发出疾病通知或仅于死亡前1年内发出通知者，则由死亡之日起计。

第七节　保险业及其监管[1]

一、监管架构

于中华人民共和国澳门特别行政区内，保险活动的监管、协调及监察，乃属

---

[1] 数据源于《澳门保险中介人素质保证计划》。

行政长官的权力范围，至于实质工作的施行，则由澳门金融管理局担任并透过其保险监察部进行。

一方面，保险单是以合约形式订立，其投保人一方愿意给付保险费并遵行承保人另一方所签订的条款。基于保险合约的性质，投保人往往会不理解保单的技术性方面问题、有可能引致的后果、或条款的不真实意思，因而引致投保人购买了一张违返个人利益的保险合约，或简单地说，径能满足个人需要的保单。因此这是极重要由一个被赋予协调、监管及监察功能的独立机构来认识及分析保单的一般性条款。

另一方面，当保单被发出后，承保人从投保人处收取保险费，在经济角度来看，这是承保人的收入。接着，当投保人提出一项实质的赔偿个案，承保人必须依据保单的条款向申诉人作出赔偿。赔偿付款会被列为支出或费用。因此，保险人是先拿取收入，之后才承担有关的费用。这当然是有别于一般的经济活动，是在赚取收入前，必须付出相应费用的。保险活动这独有的特性使得保险人积存了大量金钱。但保险人不能径便运用这些款项，因为他们不要如期缴付赔偿。因此，很明显地对保险基金必须要紧慎地管理及确保其被运用于明确的途径上。

澳门金融管理局的宗旨，在监管工作方面，是希望在完全自由及过份约束之间取得平衡以保持澳门特别行政区一贯的利伯维尔场特性。无论如何，为确保投保人的合法权利，监管部门对保险人的财政担保方面特别作出持续的监察。

二、澳门保险人的监管

《保险活动管制法例》，六月三十日第 27/97/M 号法例监管于澳门特别行政区涉足及从事保险与再保险活动。现行的法例于 1997 年实施，以确保与监管保险活动的国际标准同步发展，此法例取替了 1989 年实行的旧法例，其主要监管范围如下：

1. 公司资本及开设基金的条件

成立本地保险人的资本要求，人寿保险人为 3 000 万澳门元，非人寿保险人为 2 000 万澳门元。

外地公司成立分公司的开设基金要求，人寿保险人为 750 万元澳门币，一般保险人为 500 万澳门元。与此同时，该外地公司的资本绝不能少于本地成立的保险人资本要求。

2. 申请牌照条件

这要求是通过分析业务计划书及过去三年的财政及会计报告，测试保险人或再保险人的财政资源性质及足够性。同时，评核保险人是否有能力达到法律上、会计上及技术上和管理上要求，亦是分析的其中一个环节。

3. 偿付准备金要求

获许可的保险人须设定偿付准备金，以确保能应付在澳门特别行区经营业务所引致的责任。偿付准备金系根据上一营业年度最后一日的状况计算，且应相当于：

(1) 保险人剩值，但仅限于澳门特别行政区成立的保险人。

(2) 分公司的剩资产，但仅限于总公司设于外地的保险人。

公司的剩值及剩资产不能有被作任何抵押之用者，且不得包含无形资产及澳门金融管理局（AMCM）所规定的资产。作为偿付准备金的资产须位于澳门特别行区，但涉及保险人在以经营外地业务的资产部分则除外。有关一般保险的偿付准备金，是按上一营业年度所收取的毛保险费减退还及取消后所得的金额为计算基础。

有关人寿保险的偿付准备金是根据数值准备金或保额而确定，其总额是相等于保险人所经营的各类人寿保险产品所计算出的数值之和。

4. 技术准备金的成立

保险人必须成立的技准备金包括现存风险准备金、数值准备金、赔偿准备金及损失率偏差准备金。

5. 资本持有权的转变

于澳门特别行政区成立的保险人，若任何购得或改变持股量是相等或高于5%资本或表决权的，必须获得澳门金融管理局的批准。

6. 干预及处罚的权力

澳门保险活动管制法例赋予监管部门足够的权力去实行合适、有效及迅速的措施来防止保险人不履行合约，安排有系统的清算程序，如有必要，接手保险人或再保险人的行政管理。该法例列出违反法例的诉讼条文及相关处罚的应用规例。

7. 清算程序

这程序主要是为保障投保人及受益人的利益而设的。技术担保准备金主要是用来偿还投保人及受益人的债项。同时，投保人及受益人对剩余的资产有优先领取权。

三、澳门保险中介人的监管

保险代理人及经纪人法例监管从事保险中介人活动，并于1989年实施。法例主要覆盖以下的范围：

1. 保险中介人分类

根据六月五日第 38/89/M 号法令的条款，在澳门特别行政区从事保险中介人活动，只限于那些获澳门金融管理局批准从事此项活动的个人或法人。法例批准了三个类别的中介人：保险推销员、保险代理人、保险经纪人。

2. 保险推销员

保险推销员为一中介人，并且是一个自然人，同时，其亦为保险人、保险代理法人或保险经纪人的雇员。该保险推销员会用以上提及的任何一间机构的名义去从事保险中介人活动。

3. 保险代理人

保险代理人为一中介人，若取得保险人书面授权，可以代表一个或以上的保险人，从事发单或保险业务的运作，或处理保险赔偿。保险代理可以分为：居住于澳门特别行政区的个人；总公司设于澳门特行区的法人；总公司设于外地的法人。

4. 保险经纪人

保险经纪人为一中介人，以公司的形式并以保单持有人的名义及其代表身份，主旨为从事中介人业务的中介人。保险经纪人必须为他自有的或代表他的保险推销员的行为或疏忽而向投保人或受害人负责。为了保障这些专业责任，保险经纪人必须根据澳门金融管理局列出的条款而购买足够的专业责任保险或拥有银行担保。上文提及，保险经纪人是从事保险中介人活动的机构，并分为以下两类：总公司设于澳门特别行政区的机构；总公司设于外地的机构。

5. 申请牌照程序

在登记成为澳门金融管理局认可的保险中介人之前，必须要递交证实其身份、法律的能力及人格的文件外，除了那些被豁免的，所有申请人必须通过专业考试。

6. 保险中介人的权利与义务

不同种类的保险中介人对保单持有人有不同的权利与义务。在法例中所列出的所有保险中介人权利当中，最突出的一项是基于合约的内容，保险中介人可以自由地从事中介人活动，在保险合约或保险管理的范围内，有权拒绝提供非有关其业务的服务。根据有关法例，保险中介人业务意指凡从事于安排个人、法人与保险人之间的保险合约的形成的活动；保险管理是包括有关投资及基金管理的活动。

7. 保险中介人的责任

(1) 为投保人提供详尽及正确的保险种类及有关条款的解释，按个别情况为投保人选择最适合的保险种类及为投保人提供有效的服务。

(2) 通知保险人其将承保风险的性质，以及当其获悉有关任何对已承保合约条款、保险管理及赔偿方面具有影响力的转变时，应通知保险人。

(3) 遵守保险业活动的所有现行法律规定，以及禁止涉及违反法例的保险合约或保险管理，特别是有关保险费率方面的规定。

(4) 只能获准在本地区从事保险业务的保险人完成与本地居民有关的保险合约管理。但在法例第27/97/M号第六条第三款规定的情况则除外。

(5) 不得假以其名义去承保风险，该等权力归属保险人独得；在中介人任职期间当获悉关于涉及第三者的私隐应保持专业守秘原则。

(6) 依照代理协议规定的期限，中介人应按时向保险公司递交有关其所收保费的账目及交回保费结算余额，但保险人仍有权要求中介人提供中期账目。

(7) 不得收取高于澳门金融管理局以通告形式订定的佣金；向澳门金融管理局缴交年度注册费。

(8) 向澳门金融管理局提供该局认为适宜的一切数据，如申请牌照时所提交的任何数据有更改，应将之通知该署。

8. 干预及制裁的权利

法例赋予监管机构足够能力于不遵守或违反法例的一方进行处罚或制裁行动。视保险中介人所犯条例的严重性，处罚的种类可以以罚款，临时停牌或取销牌照形式进行。

思考题

1. 要保人为已出嫁独立生活的女儿，订立人寿保险契约，其人寿保险契约有无效力？

2. 保险利益存在时间，财产保险与人寿保险有何不同？

3. 何谓保险人？保险人于我国有哪几种组织形态？

4. 受益人产生方式有哪些？试说明。

5. 保险代理人种类有哪些？其资格证书如何取得？

6. 责任准备金种类有哪些？

7. 保险种类有哪些？

第四章 破产法

导　读

破产是市场经济发展到一定阶段必然出现的法律现象。破产法是市场经济法律体系的重要组成部分。在对债务关系的保护上，破产法具有特殊的调整作用，即在债务人丧失清偿能力时，通过和解、重整、免责等特殊法律制度，保证对全体债权人的公平清偿，维护债务人的正当权益，保障社会公平，进而维护社会整体稳定。中国内地于2006年经第10届全国人大常委会第23次会议审议通过了《中华人民共和国企业破产法》，建立了一套崭新的破产法律制度。澳门的破产法律制度规定在《澳门民事诉讼法典》第五卷“特别程序”中的“财产之清算”编之中，具有典型的大陆法系的特色。本章通过向澳门学生介绍中国内地的破产制度，使学生掌握内地破产制度的主要内容，并比较内地与澳门相关制度的异同。

第一节 破产法概述

一、破产的概念及特征

(一) 破产的概念

破产 (Bankruptcy) 一词源于拉丁语"Falletux",意思是失败。[1]其本意是指人的信用和偿付能力完全丧失。经济意义上的破产是指债务人的一种特殊经济状态,在此状态中,债务人无力支付到期债务,不得不倾其所有以偿还债务。法律意义上的破产,在中国《法律大辞典》中所下的定义是"债务人不能清偿到期债务,由法院强制执行其全部财产,公平清偿全体债权人,或者在法院主持下,由债务人和债权人会议达成和解协议,避免倒闭清算的法律制度"。

可见,作为法律术语的破产有两层含义:一是债务人处于因丧失清偿能力而不能对全部债权人之债权进行清偿的状态;二是法律规定的由法院受理破产案件,组织清理债权债务,分配破产财产的特定法律程序。因此,破产的内涵应当是:债务人不能清偿到期债务,法院根据债权人或债务人的申请,将债务人的破产财产依法分配给债权人的特定法律程序。

破产意味着债务人的经营活动的失败,因此,破产被视为法律事件。为了公平合理地解决债权人之间的利害冲突关系,向全体债权人公平分配债务人剩余的财产,就有必要设立破产法律制度。这种法律制度具有两种社会功能:一是破产还债,即以破产的方式了结债权债务关系,保护债权人和债务人的合法权益;二是破产淘汰,即通过破产程序淘汰落后的生产方式和经营方式。

澳门法制具有典型大陆法系的特色,以成文法为主,其核心内容均载于法典中。关于破产法的相关规定,规定在《澳门民事诉讼法典》之中。在该法第1043条对破产的界定是:"不能如期履行债务之商业企业主,视为处于破产状况。"

(二) 破产的特征

1. 破产是一种特殊的偿债程序

与一般的偿债不同,破产是通过债务人主体资格的消灭来实现其债务清偿

---

[1] 柴发邦. 破产法教程 [M]. 北京:法律出版社,1990:1.

的。这意味着，这种清偿行为的法律后果是双重的，即：一方面，它使债务得以部分清偿；另一方面，当清偿完结后，债务人的主体资格也随之消灭，反映这种资格的行为能力和权利能力也相应消灭。

正因为破产不同于一般偿债，这种偿债手段的运用必须有法定的事实前提。各国对于这种前提的规定不尽相同，但一般都同债务人不能清偿到期债务有关。从本质上看，破产发生的前提是债务人不能清偿到期债务，从而严重影响债权人利益的实现。破产制度正是通过及时消灭债务人主体资格，遏制其财产的进一步耗损，抑制其因经营失败而对社会经济秩序的冲击，疏通因债务人拖欠债务所引起的经济运行的阻滞，同时，将债务人的全部财产公平清偿给债权人。因此，破产是基于债务人无法清偿到期债务这种法定的事实前提而采用的一种特殊偿债程序。

2. 破产是以债务人全部财产为清偿对象的偿债程序

尽管各国立法对于作为具体清偿对象的财产范围有着不同的规定，但原则上债务人必须以其全部财产清偿。

3. 破产是以司法审判形式实施的公平的清偿程序

与当事人之间的债务清偿行为不同，破产始终处在司法审判的过程中，整个破产过程就是一种特殊的审判程序。也有学者认为，破产是一种概括的执行程序，为全体债权人的利益而对债务人全部财产进行的执行程序。

破产的这一特征源于两个方面：其一，破产并不完全出于债务人的自愿，甚至也不完全符合所有债权人的愿望，因此，不能不带有一定程度的司法强制性；其二，破产需要由中立的审判机关的介入并主持，才能达到公平清偿，进而维护债权人合法利益的目的。此外，审判机关介入破产程序，对债务人的主体资格作出否定性评价，从而在法律上宣告债务人主体资格的消除。

（三）破产的作用

破产是社会资源重组的重要形式。通过企业破产机制，可以释放沉淀的社会资源，实现社会资源的有效配置，保证社会正常的新陈代谢。

就像一枚硬币有正反两面一样，破产制度除了具有积极作用，也有负面作用。

1. 破产的积极作用

破产还债有利于维护正常的经济秩序。现代社会破产制度，不仅保护债权人的合法权益，而且也保护债务人。破产企业及时偿债，避免拖欠，最大限度地偿还债权人，维护了债权人的利益；破产企业破产后，为深陷债务泥潭的债务人重整旗鼓提供了机会。当企业以全部资产抵偿债务后，由于企业和股东承担的是有限责任，债权中未受清偿的部分，将不再清偿，这就使得债务人摆脱了债务负担，为其重新进行经济活动提供了机会和可能。

破产淘汰有利于保持社会的经济活力。优胜劣汰是市场竞争的一般规律。破产企业往往生产方式落后或经营管理不善，为这类企业设置畅通的退出通道，是市场经济体制建设的重要组成部分。企业破产淘汰有助于社会资源的优化配置和有效利用，也有助于优化产业结构和产品结构。

2. 破产的消极作用

破产在促进社会经济发展的同时，也会形成巨大的社会成本。

首先，债权人通过企业破产清算得到的财产价值往往低于债权额，使债权人蒙受一定损失。因为，企业之所以破产大多数已经资不抵债，无法清偿到期债务。即使用债务人的全部财产偿还，债权人也难以得到全部清偿。另外，按照我国破产法的规定，破产企业财产变卖所得，须先支付破产费用，再支付企业所欠职工工资和社会保险费用，再支付所欠国家税金，其余可供债权人分配的资产更加有限。

其次，企业破产，员工失业，将会影响社会的稳定。在社会保障机制尚不健全的条件下，失业人员的大量存在，会影响社会正常的生活秩序。

二、破产立法的发展沿革

具有破产法性质的法律规定，最早萌芽于古罗马。其产生的动因在于维护债权人的利益，保证对全体债权人公平、有序地清偿。而后，随着社会的发展进步，债务人的利益和社会整体利益逐步得到社会重视，并被纳入破产法调整范围。

（一）大陆法系

破产法的萌芽体现在古罗马时期《十二铜表法》的第三表债务法中。该法对于欠债不还的现象，采取的是对财产和人身同时执行的手段，将债务人的财产分光，债务人也要被卖为奴隶，甚至处死。后来随着社会的进步，罗马参议员颁布了帕特利亚法案（Lex Poptelia），禁止处死欠债的罗马平民或将其贩卖为奴隶。在债务清偿上开始将对人的执行逐步转化为对财产的执行，破产制度逐步完善。

中世纪前期盛行私力救济。债权人可以不经过官署，自行扣押债务人财产，用于抵偿或变价清偿所欠债务。以后，随着文明的发展和公权的壮大，破产清偿逐渐由私力救济转向公力救济，即债权人须通过官署（主要是通过法庭）扣押和执行债务人的财产。

第二次世界大战以后，大陆法系国家的破产立法均做了重大修改。1985 年，法国颁布《困境企业司法重整及清算法》，全面修改破产法，建立了以重整前置主义为特征的再建型债务清理法律体系。1994 年 6 月法国又颁布了《企业困境防治法》。该法总结以往的经验，加大了早期治理企业困境的力度，以加强对债权人的保护。1994 年 10 月，德国颁布新破产法。日本于 1922 年公布新破产法，历经多次修改，沿用至今。

（二）英美法系

英美法以判例法著称，但是它们的破产法长期以来是以成文法为基础的。当然，在某些具体的制度中，通过法院判例建立的普通法规则也起着重要作用。

英国在制定成文的破产法以前，普通法的债务清理制度没有管理破产财产和集体清偿的程序，法律任凭债权人扣押债务人的财产，甚至拘禁债务人。

英国最早的破产法是 1542 年亨利八世颁布的《破产条例》。直到 18 世纪中期，不能清偿债务被看作一种犯罪行为，债务人常常被监禁（但监禁费用由债权人负担）。1849 年英国破产法作出一项有趣的创新：将债务人按过错分为三等（无过错、部分过错、完全过错），颁发不同的免责证书。

英国的公司破产规则奠基于 1844 年公司法。该法首次确立了有限责任原则。由于自然人不对公司债务承担责任，传统的破产法难以对公司适用，需要建立新的法律制度来处理公司无力偿债问题。在 1855 年有限责任法和 1862 年公司法（该法含有了详细的破产清理程序）的基础上，形成了独立的公司破产制度。1986 年英国进行破产法改革，颁布《无力偿债法》，将破产法中的自然人破产与公司法中的法人破产合为一体，并建立了重整制度。对英联邦国家的破产法改革产生了重大的影响

美国破产法直接继受于英国。在殖民地时期，英国殖民者在北美适用的是英国破产法。早期的殖民统治者为了吸引移民，采取了有利于债务人的政策，例如，规定农场主可以用农产品替代金钱偿还债务并将偿债期限延至收获季节。

1776 年美国宣告独立。1789 年生效的美国宪法在第 1 条第 8 款中规定，国会“制定适用于全美国的有关破产事项的统一法律”。这使美国破产法从一开始便成为联邦的统一立法。

从 1800 年 4 月，第一部联邦破产法颁布开始，美国先后颁布了五部联邦破产法。其中，1978 年卡特总统签署并颁布的《破产改革法》，即美国现行破产法，被称为《破产法典》。近年来，美国又对该法作了一些细节上的修改。

（三）我国破产法的发展历程

中华人民共和国1949年成立后，废除了前政权颁布的所有法律。20世纪50年后期，国家实行计划经济，债务人因无力偿债而破产的现象无从发生。1979年以后，中国走上改革开放的道路。城市经济改革的一个重要目标就是让企业自负盈亏。随着企业亏损和不能偿还债务的情况日益突出，亟需一套法律机制来加以处理。于是，制定破产法的任务便提上了议事日程。1986年颁布了《企业破产法（试行）》（以下简称“旧破产法”），其适用对象为全民所有制企业。1991年又颁布《民事诉讼法》。该法第十九章“企业法人破产还债程序”，共8条，适用于非全民所有制的企业法人。

2006年8月27日全国人大常委会第23次会议通过了《中华人民共和国企业破产法》（以下简称《企业破产法》），其适用范围涵盖所有的企业法人。该法引入了管理人制度、重整制度，规定了跨境破产制度、破产责任制度等。

第二节　破产的申请和受理

破产申请是指依法享有申请权的当事人请求法院宣告债务人破产的意思表示。纵观各国破产法，有权提出破产申请的一般为债权人和债务人，我国也不例外。破产申请是启动破产程序的动因，是法院开始破产程序的绝对要件。合法有效的破产申请，必须有合法有效的破产申请人。根据《企业破产法》第7条规定，破产申请人包括债务人、债权人以及依法负有清算责任的人。

一、申请破产的主体

（一）债务人申请

根据我国《企业破产法》第7条第1款规定，债务人有《企业破产法》第2条规定的情形，可以向法院提出重整、和解或者破产清算申请。向法院申请破产，是债务人处分其全部财产以及集中清理其债务的一项权利。赋予债务人破产申请权，有利于维护债权人的利益，也有利于债务人尽早从沉重的债务包袱中解脱出来。在破产案件的审判实务中，约有70%的破产案件是由债务人提出申请的。

债务人申请破产，还必须具备一定条件。债务人必须不能清偿全部债务或者明显缺乏清偿能力。当债务人具备这个条件时，可以向法院直接提出重整、和解或者破产清算申请。

（二）债权人申请

我国《企业破产法》第 7 条第 2 款规定，债务人不能清偿到期债务，债权人可以向人民法院提出对债务人进行重整或者破产清算的申请。法律赋予债权人破产申请权，是因为债权人是按照合同的约定或者法律的规定有权要求债务人履行义务的人，当债务人不履行义务时，除有法定或约定的免责情形外，债权人可以请求法院强制债务人履行义务。债权人向法院申请债务人破产，是债权人保护其实体权利的一种司法救济途径。

债权人申请债务人破产应当具备的条件是，债务人不能清偿到期债务，即只要债务人不能清偿到期债务，债权人便可以此作为破产原因，申请债务人破产。债权人可以根据情况向法院提出对债务人进行重整或破产清算的申请。债权人不得主动向法院提出同债务人进行和解的申请，和解申请仅以债务人提出为限。

（三）依法负有清算责任的人的申请

我国《企业破产法》第 7 条第 3 款规定，企业法人已解散但未清算或者未清算完毕，资产不足以清偿债务的，依法负有清算责任的人应当向法院申请破产清算。企业法人解散时，按照法律规定应当成立清算组，依法进行清算。

《企业破产法》第 7 条第 3 款所说的“依法负有清算责任的人”，根据《公司法》的相关规定，因公司章程规定、股东会决议、依法被吊销营业执照、责令关闭或者被撤销而解散的，有限责任公司的清算组由股东组成；股份有限公司的清算组由董事或者股东大会确定的人员组成。

清算组在进行清算时，应当对企业法人的债权、债务进行清理，编制资产负债表和财产清单，并应当制定清算方案。当发现企业法人的资产不足以清偿债务时，清算组就应当立即向法院申请企业法人破产，并移交法院进行破产清算。

关于破产案件的申请，《澳门民事诉讼法典》第 1044 条规定：“破产程序在商业企业主前往法院提出有关要求时开始，或应债权人或检察院之申请而开始。”可见，在澳门申请破产的主体可以是债务人，也可以是债权人，还可以是检察院。

二、破产申请的提出

根据《企业破产法》第 8 条的规定，向法院提出破产申请，应当提交破产申请书和有关证据。

破产申请书应当载明下列事项：（1）申请人、被申请人的基本情况。（2）申请目的。(3) 申请的事实和理由。(4) 法院认为应当载明的其他事项。应当向法院提交的有关证据，如果申请人是债权人，证据主要就是能够证明债权清偿期限已经届满，债权人已经提出过清偿要求，债务人明显缺乏清偿能力或者停止支付呈连续状态的证据，如合同、借据等。

债务人提出破产申请的，还应当向人民法院提交财产状况说明、债务清册、债权清册、有关财务会计报告、职工安置预案以及职工工资的支付和社会保险费用的缴纳情况等资料。

三、破产申请的受理

(一) 受理

1. 破产案件的管辖

当事人应当向对破产案件有管辖权的法院提出破产申请。我国《企业破产法》第3条规定："破产案件由债务人住所地人民法院管辖。"债务人住所地，通常认为是指债务人的主要办事机构所在地。债务人无办事机构的，由其注册地人民法院管辖。新破产法以"债务人住所地"的概念取代旧破产法的"债务人所在地"的概念，更为准确和规范。

确认人民法院对破产案件有无管辖权，应以破产案件受理时债务人的情况为准，破产案件受理后债务人改变住所地的，不影响管辖权的确定。这就是所谓管辖恒定原则，即以法院受理案件时的情况为标准确定管辖权，受理案件时享有管辖权的法院，不因受理案件后情况的变化而影响其对案件的管辖权。

破产案件的级别管辖，《企业破产法》未作规定，留待最高人民法院通过司法解释解决。根据最高人民法院对旧破产法的司法解释规定，破产案件的级别管辖依破产企业的工商登记情况而定。基层人民法院一般管辖县、县级市或者区的工商行政管理机关核准登记企业的破产案件；中级人民法院一般管辖地区、地级市以上的工商行政管理机关核准登记企业的破产案件；纳入国家计划调整的国有企业破产案件，由中级人民法院管辖。省、自治区、直辖市范围内因特殊情况需要对个别企业破产案件的地域管辖作调整的，须经共同上级人民法院批准。《企业破产法》施行后，所有的破产案件均由基层或中级人民法院审理。高级人民法院不得再审理破产案件。

2. 受理申请

破产案件的受理，又称立案，是指人民法院在收到破产申请后，经审查认为破产申请符合法定条件而予以接受，并由此开始破产程序的司法行为。当事人向法院申请破产，破产程序并不当然开始，法院要在法定期限内，对破产申请进行形式审查和实质审查，法院经过审查后，对于是否受理破产申请应当作出裁定。

（二）审查

法院在受理阶段的审查包括形式审查和实质审查两个方面。

1. 形式审查

（1）接受申请的法院是否有管辖权。根据《关于审理企业破产案件若干问题的规定》第1～3条的规定，企业法人破产案件由债务人住所地的，与核准其登记注册的工商行政管理机关同级的人民法院管辖。其中地市级以上工商行政管理机关核准登记的企业的破产案件一律由债务人住所地的中级人民法院管辖。对于需要移送管辖的破产案件按照《民事诉讼法》第39条办理。

（2）申请人是否有破产申请权。适格的破产申请人是债务人、债权人以及依法负有清算责任的人。

其中，债务人申请破产的，还要审查其是否为企业法人，是否持有股东会解散公司的决议。申请破产的债权人是自然人的，要求其具有完全的民事行为能力；是法人的，要求其具有法定代表人的身份证明，代理申请人应当提交委托人的身份证明及授权委托书。当以上条件不具备时，人民法院不得受理破产申请。

在多个债权人共同提出破产申请时，只要其中有一人适格即可，人民法院不得以部分申请人不适格为由驳回破产申请。

（3）破产申请书及相关材料是否齐备。对于申请破产时应提交的相关材料，法院应当进行形式审查。如果材料有欠缺，人民法院认为需要更正、补充的，可以责令申请人限期更正、补充。

2. 实质审查

（1）债务人有无破产能力。

根据我国现行的《企业破产法》的相关规定，在我国，只有企业法人才具有破产能力，自然人、个体工商户、农村承包经营户、个人合伙和其他组织均不具有破产能力。人民法院收到破产申请后要对债务人的主体资格进行审查，确定其是否有破产能力，债务人属非企业法人的，法院应当驳回其申请。

（2）债务人是否已达破产界限。破产界限是判断债务人是否具备破产原因的标准。由于在破产案件受理阶段，法院无法对债务人的情况进行深入的调查，所以，法院对于这一内容仍然以初步审查为限。实践中，法院只需对债权人或债务人提供的不能清偿到期债务的证据进行初步审查，如果证据不够充分且又不能补足的，法院应当驳回破产申请。

（三）裁定

根据《企业破产法》第10条第1款的规定，债权人提出破产申请的，人民法院应当自收到申请之日起5日内通知债务人。债务人对申请有异议的，应当自收到人民法院的通知之日起7日内向人民法院提出。人民法院应当自异议期满之日起10日内裁定是否受理。《企业破产法》的这一规定赋予了债务人异议权。

法院作出受理或不予受理的裁定后，应当自裁定作出之日起5日内送达申请人。债权人提出申请的，人民法院应当自裁定作出之日起5日内送达债务人。债务人应当自裁定送达之日起15日内，向人民法院提交财产状况说明、债务清册、债权清册、有关财务会计报告以及职工工资的支付和社会保险费用的缴纳情况。

法院裁定不受理破产申请或驳回申请的，应当自裁定作出之日起5日内送达申请人并说明理由。申请人对裁定不服的，可以自裁定送达之日起10日内向上一级人民法院提起上诉。

（四）通知和公告

法院应当自裁定受理破产申请之日起25日内通知已知债权人，并予以公告。这里的通知和公告是法院依照法定程序和方式，向已知债权人、未知债权人以及其他利害关系人送达破产案件文书的司法行为。通知的意义在于，法院以书面形式告知已知的债权人已开始破产程序的事实和有关事项；公告的意义在于法院以公告或登报刊载的方式，向全社会不特定的人公开告知已受理破产申请的有关事项。通知和公告是法院送达破产案件法律文书的基本形式。

通知和公告应当载明下列事项如下：

（1）申请人、被申请人的名称或者姓名。（2）人民法院受理破产申请的时间。（3）申报债权的期限、地点和注意事项。（4）管理人的名称或者姓名及其处理事务的地址。（5）债务人的债务人或者财产持有人应当向管理人清偿债务或者交付财产的要求。（6）第一次债权人会议召开的时间和地点。（7）人民法院认为应当通知和公告的其他事项。

四、破产案件受理裁定的法律效力

破产案件受理裁定作出后便产生相应的法律效力，停止个别清偿，起到财产保全的作用，以保全全体债权人在破产程序中的公平受偿。具体而言，破产案件受理裁定将产生以下几个方面的法律效果：

1. 禁止债务人对个别债权人的清偿行为

为保证全体债权人的公平清偿，《企业破产法》第16条规定：“人民法院受理破产申请后，债务人对个别债权人的债务清偿无效。”但是，债务人以其自有财产向债权人提供物权担保的，其在担保价值内向债权人所作的债务清偿，不受上述规定限制。因物权担保债权人享有对担保物的优先受偿权，对其债务清偿可使债务人收回担保财产，用于企业经营或对所有债权人的清偿，不违反公平清偿原则。

2. 中止对债务人财产的民事执行程序

根据《企业破产法》第 19 条的规定，人民法院受理破产申请后，有关债务人财产的执行程序应当中止。依据法理，在同一财产之上不能同时并存两种性质冲突的执行程序，故破产程序启动后，有关债务人财产的其他执行程序应当中止。值得注意的是，这里“应当中止”的有关债务人财产的执行程序，不仅包括民事执行，也包括行政执行和刑事执行。

3. 解除有关债务人财产的保全措施

人民法院受理破产申请后，债务人财产自动受到破产程序禁止个别清偿保全效力的保护，因此，有关债务人财产的其他保全措施应当解除。所谓保全措施，既包括民事诉讼保全措施，也包括行政处罚程序中的保全措施，如海关、工商管理部门等采取的财产扣押、查封等措施，还包括刑事诉讼中公安部门、司法部门采取的相关措施。

当然，如果人民法院在受理案件后又裁定驳回破产申请，该法院在作出驳回破产申请裁定的同时，应当通知对债务人财产已解除保全措施的各人民法院恢复保全措施，以维护原采取财产保全措施者的权益，并避免恶意利用破产申请达到解除他人财产保全措施的欺诈行为。

4. 对债务人企业的债务人和财产持有人的效力

《企业破产法》第 17 条规定：“人民法院受理破产申请后，债务人的债务人或者财产持有人应当向管理人清偿债务或者交付财产。”这一方面是由于破产申请受理后，债务人企业已经丧失对其财产的管理、处分的权利，无权再接受债务的清偿和财产的交付；另一方面也是为了防止财产交付给债务人企业后被隐匿、私分或者挥霍、毁弃，损害债权人的合法权益。

5. 管理人对未履行完毕合同的处置权

根据《企业破产法》第 18 条的规定，人民法院受理破产申请后，管理人对破产申请受理前成立而债务人和对方当事人均未履行完毕的合同有权决定解除或者继续履行，并通知对方当事人。管理人决定解除或继续履行合同，应当以保障债权人权益最大化为原则，同时还应当考虑到对方当事人因合同解除而可能提出的损害赔偿额，综合权衡利弊。管理人自破产申请受理之日起 2 个月内未通知对方当事人，或者自收到对方当事人催告之日起 30 日内未答复的，视为解除合同。管理人决定继续履行合同的，对方当事人应当履行，但是对方当事人有权要求管理人提供担保。管理人不提供担保的，视为解除合同。

第三节　破产管理人制度

为了对债务人的财产实行有效的管理，避免债务人对财产进行恶意处分，保障债权人公平受偿，各国破产立法或商法典中，大多都对破产管理人制度作出了相应规定。

破产管理人制度起源于罗马法。对于这一制度，各国在称谓上不尽相同。英美法系一般将其称为“破产受托人”或“破产接管人”。大陆法系国家一般称为“破产管理人”，日本则称为“破产管财人”。这一机构在我国《企业破产法（试行)》中被称为“清算组”，其职能相当于管理人，“清算组”的称谓受到诸多学者的质疑，认为在法律的范畴里，“人”具有“主体”的含义，而“组”不具备“主体”的含义，因而认为“清算组”的称谓不恰当。在我国《企业破产法》中称为“管理人”。

管理人，指在破产案件受理后依法成立的，在法院的指导和监督下全面接管债务人企业并负责债务人财产的保管、清理、估价、处理和分配等事务的专门机构。管理人是破产程序中最为重要的一个机构。

一、破产管理人及其性质

（一）破产管理人及其特征

我国《企业破产法》被公认的亮点之一，就是以管理人制度取代旧法中的清算人制度。管理人概念本身有狭义和广义之分。所谓狭义的管理人专指在破产宣告以后成立的全面接管破产企业、负责其财产清算分配的机构。广义的管理人除了负责破产清算事务之外，还可能负责重整等工作，在企业的重整、和解程序中也发挥相应的职能。《企业破产法》的管理人概念是在广义上使用的。

破产管理人具有以下特征：

1. 独立性

在破产程序进行过程中，任何一方的利害关系人都不适宜出任管理人，为了公平地保护各方当事人的利益，管理人必须是一个具有独立性的机构。破产管理人和债务人、债权人之间就不应当具有利害关系。

2. 专业性

为了使破产程序有效率地进行，《企业破产法》要求管理人必须具备相应的专业资格，破产管理人应当由具有专业资格并且具备一定职业道德的律师、会计师来担任。

3. 全程的参与性

破产程序在启动以后，破产人的财产就应当由法院指定的管理人来管理和处分，以防止债务人转移财产或者造成破产财产的损失浪费，最终损害债权人的利益。

4. 职责的明确性

破产管理人负责管理债务人的全部财产以及对财产进行清算、估价、变价等工作，对法院负责并报告工作，并且接受债权人会议的监督。如果管理人有故意或者重大过失给债权人造成损失的，应承担民事赔偿责任。构成犯罪的，应当依法追究刑事责任。

（二）破产管理人的性质

破产管理人的法律性质在不同国家认识不同，体现了各国破产程序在功能模式上的差异。

在大陆法系国家，关于破产管理人法律性质的立法与学说大致有四种：一是职务说，强调破产程序是为全体债权人的利益所进行的概括强制执行程序，认为破产管理人就是基于职权而参加破产程序，既不代表债权人，也不代表债务人，而是履行强制执行职能的公务人员。二是代理说，认为破产程序本质上属于非讼范畴，破产管理人的活动是民事活动，属于私法范畴，由此而形成的法律关系无异于一般的民事代理。破产管理人在破产程序中所起的作用，有时是代理债权人，有时是代理债务人，是依其利益归属而轮换角色。三是破产财团代表说，认为破产程序一旦开始，债务人就失去了对自己财产管理和处分的权利，该财产即成为具有独立法律地位的法人主体，该主体的意思机关或代表机关就是破产管理人。四是管理机构人格说，认为应将破产管理人的概念分为管理机构和执行者两种，而对于管理机构的破产管理人应承认其法人资格，并认可其对财团的管理处分权。

英美法系国家破产法将财产法上的信托关系引入破产法中，破产受托人在法律上具有独立于法院之外的独立地位，仅以受托人的名义为法律行为，因而避免了理论上的纷争。如《美国联邦破产法》第323条规定，破产管理人是破产财团的代表，它以自己的名义起诉或被诉，其性质就是受托人。根据信托原理，破产人作为委托人，在破产宣告后，将破产财产作为信托财产转移给破产管理人（即受托人），让其为了所有债权人（即受益人）的共同利益而管理处分破产财产。

根据我国《企业破产法》第23条以及第24条的规定，管理人由法院指定。管理人可以由有关部门、机构的人员组成的清算组或者依法设立的律师事务所、会计师事务所、破产清算事务所等社会中介机构担任。法院根据债务人的实际情况，可以在征询有关社会中介机构的意见后，指定该机构具备相关专业知识并取得执业资格的人员担任管理人。在具体职责方面，管理人应当列席债权人会议，向债权人会议报告职务执行情况，并回答询问。由此可见，在我国，管理人实际上应界定为是由法院指定的在破产程序中具有独立法律地位的执行破产事务的人，管理人对外代表破产企业，可以以破产企业的名义起诉与应诉，其结果由破产企业来承担。

二、破产管理人的选任

（一）选任主体

关于破产管理人的选任，各国破产法主要有以下几种模式：

1. 法院选任

选任破产管理人的权限在法院，由法院在裁定开始破产程序时，选任破产管理人。该破产管理人向法院负责，并接受监督。这种选任破产管理人的立法体例多为大陆法系国家所采纳，日本、韩国、意大利、法国等国即采此种模式。中国澳门特别行政区也是采用此种模式，即由法官选任管理人。《澳门民事诉讼法典》第1050条规定："法官须从被认定属适当之人中选入破产管理人，为此得接受前往法院提出有关要求之人之建议。"

2. 债权人会议选任为原则，法院选任为补充

英国即采此种选任模式。依英国1986年《资不抵债法》第294～297条的规定，破产管理人原则上在第一次债权人会议上由债权人选举产生，只在特殊情形下，才分别由"国家书记处"和法院选任。

3. 以法院选任为原则，债权人会议选任为补充

德国新破产法及我国台湾地区"破产法"即采此体例。法院在裁定债务人破产时，债权人会议尚未召开，法院先行选任破产财产管理人，但为了体现债权人

的自治，允许债权人选任破产管理人。

我国《企业破产法》采取的是由法院主导、指定管理人的方式。在规定管理人由法院指定的同时，赋予债权人以异议权，即如果债权人认为法院指定的破产管理人不能胜任或不能公正地执行职务，可以申请法院予以更换。

（二）选任资格

破产管理人的业务素质和品行状况，是破产清算程序顺利进行的重要条件，许多国家的立法均要求管理人具有专门知识与技能。破产管理人的资格分为积极资格与消极资格。所谓积极资格是指何人可以担任破产管理人；消极资格是指何人不可以担任破产管理人。对于积极资格，各国一般要求具有法律知识、管理经验或经济知识。从各国的破产司法实践看，大部分破产管理人由律师或会计师担任。对于消极资格，各国一般规定的较为原则。通常认为，与债权人或债务人有利益冲突的人不得为破产管理人。

我国管理人的任职条件也分为积极条件和消极条件。其中，积极条件也可以分为两种情形：

1. 自然人担任管理人所具备的积极条件

（1）具有相关的专业知识，并且取得专门执业资格的。比如：债务人破产财产的清算管理分配，就需要涉及经济、法律、会计等各方面的专业知识，所以破产管理人就需要具备以上所需要的各项专业知识。而最能够体现其专业知识的外在形式只能是其取得专门的执业资格。如：律师执业资格、注册会计师执业资格、还有破产清算师执业资格等。

（2）属于社会中介机构的成员，其要求是作为管理人的取得执业资格的自然人应当有其所属的社会中介机构。如：律师要求在律师事务所执业、会计师要在会计师事务所执业等。

（3）应当参加职业责任保险。是指自然人作为管理人的时候，应当参加职业责任保险，以保证对管理人违法失职行为法律责任的追究。

2. 作为清算组或者是社会中介机构当管理人的时候，所需要的积极条件

担任管理人的社会中介机构，必须是由有关部门机构组成的清算组或者是必须是依法设立的律师事务所、会计师事务所、破产清算事务所等社会中介机构。

消极条件包括以下情形：

（1）因故意犯罪受过刑事处罚。故意犯罪受过刑事处罚的人不能够担任管理人。如果是由于过失犯罪而受到刑事处罚的，不在此范围之内。

（2）曾被吊销相关专业执业证书。如，律师因违反律师执业规范被吊销了律

师执业证书；会计师、注册会计师因违反了有关规定被吊销了会计师执业证书，这些人就不能够再担任破产管理人。

(3) 与本案有利害关系。

(4) 人民法院认为不宜担任管理人的其他情形。这项规定实际上是赋予了法官自由裁量权，法院可以因这些人员的职业道德、诚信、身体健康等方面的原因而认为其不宜担任管理人。

具有以上几种情形的，自然人、社会中介机构不能够担任破产管理人。

三、破产管理人的职责

(一) 接管债务人的财产、印章和账簿、文书等资料

对管理人来说，其首要职责是接管债务人的企业。把债务人企业置于管理人的掌管之下。接管是对破产企业的人、财、物全面的接受和管理。

当然，接管也有例外规定。如果法院裁定批准债务人的重整计划后，已接管财产和营业事务的管理人应当向债务人移交财产和营业事务。根据《企业破产法》第73条规定，在重整期间，经债务人申请，人民法院批准，债务人可以在管理人的监督下自行管理财产和营业事务。在此种情形下，管理人的职权由债务人行使。

(二) 调查债务人财产状况，制作财产状况报告

管理人对于债务人的财产状况的报告的调查工作，主要包括以下两个方面：

1. 管理人对于债务人的财产产权归属的确定

管理人在对于债务人的财产产权归属的确认过程中，如果发现有财产权属不清或者是难以确认的，或者是和他人发生争议的，就应当查明事实，查找充分的法律依据，向法院提交关于对债务人财产权属争议的处理报告，并且请求法院确权。

2. 管理人对于债务人的财产范围的确定

债务人的财产范围包括：破产申请受理时属于债务人的财产、债务人在破产申请受理后到破产审理终结前取得的财产。

管理人在调查清楚债务人财产状况的基础上，应当制作财产状况表。

(三) 决定债务人的内部管理事务

具体包括以下部分：

(1) 管理人可以决定债务人和对方当事人在破产申请前成立的，但是还没有履行完毕的双务合同的解除或者是继续履行。

(2) 为维护和保全债务人的财产，管理人有权向法院请求撤销债务人在法院

受理破产申请之前的一定时间内所从事的对于其财产的处分行为和宣告债务人的某些涉及债务人财产的行为无效。

(3) 管理人在破产程序中还享有其他一些对债务人日常事务的管理权限。

（四）决定债务人的日常开支和其他必要开支

管理人在破产程序进行期间，为了全体债权人的利益，有权决定债务人的日常营业事务。比如：决定继续进行债务人的某些营业，继续履行债务人的双务合同等行为，都会产生一定的营业成本。对这个问题，管理人有权作出决定。管理人经过法院的许可，可以聘用必要的工作人员，其报酬也是由法院确定的。债权人会议对管理人的报酬如果有异议，有权向法院提出。管理人负责管理财产和营业事务的，可以聘任债务人的经营管理人员负责营业事务，如果破产程序中由于债务人的财产而涉讼的，管理人有权决定必要的诉讼费用开支。管理人在决定以上日常管理和其他必要开支的时候，应当接受法院、债权人会议和债权人委员会的监督。

（五）在第一次债权人会议召开之前，决定继续或者停止债务人的营业

决定继续或者停止债务人的营业，是债权人会议的职权，目的是为了最大限度地维护全体债权人的合法权益。但是在债权人会议还没有成立，也就是在第一次债权人会议召开之前，就由法院指定的管理人决定债务人是否继续进行营业，以代行将来的债权人会议的部分职权。管理人基于其自身的专业知识和业务能力，有能力对债务人能否继续营业作出准确的判断，最终达到维护债权人和债务人共同的利益的目的。

（六）管理和处分债务人的财产

首先，管理人在管理债务人的财产时，应当制作管理方案。该方案应当报债权人会议通过，否则无效。管理人在破产程序进行过程中，有权对于债务人的不动产、动产、无形财产等进行处分，但是必须要及时报告债权人会议或者征得法院的许可，来保护全体债权人的利益。

管理人有权实施对下列财产的处分行为，但是要及时报告债权人会议或者是法院。这些行为包括：涉及房屋、土地、不动产财产的转让；探矿权、采矿权、知识产权等财产权的转让；全部库存和营业的转让；借款、设定财产担保或者是债权和有价证券的转让；履行债务人和对方当事人都未履行完毕的合同；放弃权利、担保物的取回以及其他的对债权人利益有重大影响的其他财产处分行为。

另外，我们还应注意：在第一次债权人会议召开之前，管理人如果有上述处分行为之一的，必须征得法院的许可。

（七）代表债务人参加诉讼、仲裁或者其他法律程序

在破产程序中，债务人丧失了对其财产进行管理和处分的权力，也丧失了诉讼的资质权，所以，由管理人代表债务人参加诉讼、仲裁或者其他法律程序。

在法律实践中，管理人代表债务人参加诉讼、仲裁或者其他法律程序的情形有如下几项：

(1) 管理人对外执行债权，对方提出异议，需要进行诉讼或者是仲裁的，管理人作为原告出席。

(2) 管理人在破产申请受理后，对没有履行完毕的双务合同决定解除引起的损害赔偿等合同争议，管理人一般作为被告出席。

(3) 管理人在执行法定职务的过程中，侵害或者损害其他人的合法权益，而引起的侵权诉讼和损害赔偿，管理人作为被告参加诉讼或者仲裁。

(4) 对于债务人已经开始的诉讼或者仲裁，由管理人作为原告或者被告继续进行诉讼。

不论管理人在诉讼或者仲裁中是处于什么样的法律地位，都应当依据法律正确地去履行自己的职责。对于涉及诉讼或者仲裁中的重要事项，比如：承认、变更、放弃诉讼请求，进行调解，申请强制执行等都必须向法院报告，并且同时应当向债权人会议或者债权人委员会通报。

（八）提议召开债权人会议

管理人可以提议召开债权人会议讨论破产程序中的重要事项，如是否继续债务人的营业，是否处理债务人的不动产，实施营业贷款等。管理人应当出席债权人会议，并回答询问。

（九）法院认为管理人应当履行的其他职责

债务人在破产程序前无偿转让财产、对未到期债务提前放弃债权等行为，管理人有权请求法院予以撤消追回财产。如管理人有权追回破产企业的董事、经理和其他负责人从企业获取的非正常收入和侵占的财产。另外，当法院裁定债务人重整时，参与制定重整计划草案等。

四、破产管理人的权利和义务

（一）破产管理人的权利

1. 管理人经法院许可，可以聘任必要的工作人员的权利

管理人行使聘用必要工作人员的权利，要经过法院的许可。管理人经过法院许可以后，只能聘用必要的工作人员。否则，就会在一定程度上扩大了破产费用

的范围，从而损害到全体债权人的清偿利益。

2. 管理人有报酬请求权

世界各国破产立法均规定，管理人享有取得报酬的权利，作为其所付劳动和承担风险的对价，从而激励管理人更好地在破产案件中提供服务。

我国旧破产法对清算组的报酬问题没有规定。在司法实践中，由于清算组主体上是由领取国家工资的政府官员临时组成，所以在破产清算工作中不再给予报酬，只是在一些案件中给予一定的津贴。对由律师、会计师等专业人员出任的清算组成员，则给予相应的报酬，报酬的数额由人民法院决定。

《企业破产法》在确立由社会中介组织及专业人员为主体出任管理人的同时，也明确规定管理人有取得报酬的权利。但是，在管理人的报酬由谁确定的问题上，存在不同观点。经过反复讨论后，《企业破产法》第 28 条规定："管理人的报酬由人民法院确定，债权人会议对管理人的报酬有异议的，有权向人民法院提出。"管理人报酬的决定权在人民法院，但债权人会议对管理人报酬的确定有知情权、协商权和异议权。

对于管理人执行职务的费用、报酬以及聘用工作人员的费用，都属于破产费用，由债务人的财产随时支付。

（二）破产管理人的义务

1. 破产管理人的善良注意义务

破产管理人执行职务时应当尽到善良管理人的注意义务，这种义务是行为人在为某种行为时是否达到合理要求的一种抽象的判断和评判标准。即"依一般的观念，认为有相当知识和经验且诚实的人，在为某种行为时所采用的注意"。破产管理人应尽善良管理人的注意，是各国对于破产管理人普遍的要求。我国《企业破产法》第 27 条要求管理人勤勉尽责，忠实执行职务。第 130 条规定，管理人未依照规定勤勉尽责，忠实执行职务的，法院可以依法处以罚款，给债权人、债务人或第三人造成损失的，依法承担赔偿责任。

2. 破产管理人接受法院和债权人会议、债权人委员会监督的义务

我国《企业破产法》第 23 条规定，管理人依法执行职务，向人民法院报告工作，并接受债权人会议和债权人委员会的监督。管理人应当列席债权人会议，向债权人会议报告职务执行情况，并回答询问。第 61 条规定债权人会议的职权之一就是"监督管理人"。第 68 条规定债权人委员会职权时，规定债权人委员会执行职务时，有权要求管理人、债务人的有关人员对其职权范围内的事务作出说明或者提供有关文件。管理人、债务人的有关人员违反规定拒绝接受监督的，债

权人委员会有权就监督事项请求人民法院作出决定，人民法院应当在5日内作出决定。第69条规定了管理人应向债权人委员会及时报告的10项涉及财产处理的行为类型。

3. 破产管理人有接受债权人会议询问的义务

我国《企业破产法》第23条第2款规定，管理人应当列席债权人会议，向债权人会议报告职务执行情况，并回答询问。第68条第2款规定，债权人委员会执行职务时，有权要求管理人、债务人的有关人员对其职权范围内的事务作出说明或者提供有关文件。

澳门特别行政区对破产管理人的义务作了概括的规定。在《澳门民事诉讼法典》第1124条中规定："破产管理人应即时执行职务，而为破产人及其债权人之利益，作出对保全破产人权利及获取破产人权利之收益属适宜之行为，并就破产财产之状况、破产人过往从事业务之状况以及导致破产之原因作出调查，以尽量避免破产人经济状况恶化。"

第四节　债务人财产

一、债务人财产概述

（一）债务人财产内涵

债务人财产是我国破产法中新增加的概念，在旧破产法中使用的仅是破产财产的概念。破产财产的概念，适用于债务人被宣告破产后对其财产的称谓；债务人财产的概念，则适用于债务人的破产案件受理后至破产宣告之前对其财产的称谓，债务人财产在破产宣告后便改称为破产财产。两个概念从财产意义上讲并无本质区别，区别在于其表明债务人即财产主体在破产程序中不同阶段的法律地位的不同。债务人财产在破产宣告后，可称为破产财产。

破产申请受理时属于债务人的全部财产以及破产申请受理后至破产程序终结前债务人取得的财产，为债务人财产。

（二）债务人财产的构成范围

在债务人财产的构成范围上，各国破产立法采取的主要有固定主义和膨胀主义两种立法模式。

所谓固定，是指破产宣告时破产财产的范围已经确定。因此，固定主义以破产案件受理时或破产宣告时债务人所有的财产包括将来行使的财产请求权为破产财产。日本、德国、美国等国采用这种立法模式。

模糊主义是指破产财产不仅包括债务人在宣告破产时所有的财产，而且包括其在破产程序终结前所新取得的财产，破产财产的范围在破产宣告后仍有所膨胀。英国、法国等国以及我国台湾地区的“破产法”采用这种立法模式。

我国破产法在破产财产范围上采用的是膨胀主义。《企业破产法》第30条规定，债务人财产包括破产申请受理时属于债务人的全部财产以及破产申请受理后至破产程序终结前债务人取得的财产。膨胀主义更适合我国目前的实际情况，有助于制止破产欺诈行为，保证公平原则，有利于维护债权人的合法权益。

破产财产的构成范围涉及两个问题：第一是破产人在何期间拥有的财产属于破产财产；第二是在破产人的财产中，哪些财产属于破产财产，哪些不属于破产财产。

《企业破产法》与旧破产法对债务人财产范围规定的不同之处，其一是将确定债务人财产范围的时点从破产宣告时改为破产申请受理时；其二是旧破产法将已作为担保物的财产排除出债务人财产之外，而《企业破产法》未将作为担保物的财产排除出去。

根据我国的法律规定，债务人财产的构成要件应当具备以下几个方面：

（1）必须是破产企业可以独立支配的财产。

（2）必须是破产程序终结前属于破产企业的财产。

此要件包含两层含义：

首先，以破产申请为时间界限，在此之前已经合法处分的财产或财产权利不能列入破产财产的范围。其次，破产申请后，破产程序终结前取得的财产和财产权利，属于破产财产，如在破产程序中破产企业的债务人清偿的债务，破产企业获得的投资收益等。

（3）必须是可以依破产程序强制清偿的财产。

此要件也有两层含义：

首先，是这些财产必须是根据破产法规定的清偿顺序用于清偿的财产。已经设立了担保物权的财产，除非担保物权人放弃行使优先受偿权，否则不应作为破产财产处理，其次，是这些财产依其性质必须是可以强制执行的，即可以由法院依法扣押、查封、冻结、变卖。对于国家明确规定的禁止流通物，不得强制执行，因而不得列入破产财产，如枪支弹药等。

二、破产财产的除外规定

根据《关于审理企业破产案件若干问题的规定》第71条的规定，共有9种财产不属于破产财产，大体可以分为以下六类：

第一，债务人占有但所有权由他人享有的财产。根据破产法的相关规定，这类财产的真正所有权人在债务人破产时，可以行使取回权，而不受破产程序的约束。这类财产在实践中主要表现为债务人基于仓储合同、保管合同、加工承揽合同、委托交易、代销、借用、寄存、租赁等法律关系占有、使用的他人财产。

第二，担保物及担保物的代位物。债务人的财产如果被设立了担保物权，如抵押权、质权和留置权，那么这些财产按照我国破产法的规定就不再属于破产财产，但担保权人放弃优先受偿权或者优先偿付被担保债权后剩余部分的担保物，仍然属于破产财产。

担保物权具有代位性，所以担保物灭失后产生的保险金、补偿金、赔偿金等代位物，仍然属于担保财产，担保权人对于这部分财产仍然享有优先受偿权。因此，在破产宣告时如果担保物灭失后得到了补偿，那么这部分补偿财产也不属于破产财产。

第三，存在法定优先权的财产，但权利人放弃优先受偿权或者优先偿付特定债权剩余的部分除外。

法定优先权依法产生，而不能依约定产生。法定优先权人依法享有的优先受偿权与担保物权相似，所以参照破产法关于担保物不属于破产财产的规定，存在法定优先权的财产也不应列入破产财产的范围。比如，我国《合同法》第286条规定的建设工程承包合同中，承包人对所建工程享有的工程款优先权。由于法定优先权所保障的债权额通常均低于存在法定优先权的财产的价值，所以实践中通常的作法是，通过拍卖方式将财产变现后分割价款，优先清偿法定优先权所保障的债权，剩余部分列入破产财产。

第四，所有权已发生转移或者应当向他人转移所有权的财产。

一般来说，特定物买卖合同中，物之所有权通常在合同订立后就发生转移，相对人取得所有权从而享有取回权。但如果买方没有支付对价，则卖方可以行使抗辩权，所以，《关于审理企业破产案件若干问题的规定》特别强调以相对人支付全部对价为条件，即只有在相对人完全支付对价时，相对人才有取回权，该财产也才不列入破产财产。

另外，一些须经过产权登记才发生所有权转移的财产，虽然尚未办理产权证或者产权过户手续，但已向买方交付，这类财产也不属于破产财产。

第五，因所有权保留约定而未取得所有权的财产。所有权保留合同中，实际上发生了所有权和占有的分离，并将这种分离作为对买方履约的担保。在买方破产时，卖方基于保留的所有权享有对标的物的取回权，对买方已经支付的款项，由卖方结算后将剩余的返还买方；买方的破产清算组如果愿意继续履行买卖合同支付剩余款项的，可以用实际支付余款来对抗卖方的取回权。这一规则逆向适用则可以应用于卖方破产的情形下，买方对抗卖方清算组行使取回权。

第六，其他不属于债务人的财产。在以上五种财产之外，《关于审理企业破产案件若干问题的规定》还规定：专属于国家且不得转让的财产和企业工会所有的财产不得作为破产财产处理。前者如国有划拨土地，后者仅限于企业内工会和其他党群组织拥有明确所有权的财产，而其占用的破产企业的财产，仍应属于破产财产。

三、破产撤销权

（一）破产撤销权概述

破产撤销权是指债务人财产的管理人对债务人在破产申请受理前的法定期间内进行的欺诈债权人或损害全体债权人公平清偿的行为，有申请法院予以撤销的权利。

公平是人类永恒的追求。法律以实现公平为己任。撤销权作为体现破产法公平原则的一项关键制度，在保障破产立法宗旨实现，维护诚实信用、纠正债务人损害债权人利益的行为等方面具有不可替代的重要作用。

撤销权只能由破产管理人以诉讼的方式向法院为之，在诉讼中，破产管理人为原告，承担举证责任。撤销权的行使将产生两个法律后果：一是使损害债权人利益的行为归于无效；二是使因该行为取得的财产或财产权利回归债务人。正因为如此，撤销权是行使追回权的前提，追回权是撤销权行使的必然结果。

（二）我国破产撤销权的构成要件

《企业破产法》第 31 条规定：“人民法院受理破产申请前一年内，涉及债务人财产的下列行为，管理人有权请求人民法院予以撤销：（一）无偿转让财产；（二）以明显不合理的价格进行交易的；（三）对没有财产担保的债务提供财产担保的；（四）对未到期的债务提前清偿的；（五）放弃债权的。”第 32 条规定：“人民法院受理破产申请前六个月内，债务人有本法第二条第一款规定的情形，仍对个别债权人进行清偿的，管理人有权请求人民法院予以撤销。但是，个别清偿使债务人财产受益的除外。”

具体而言，破产撤销权的构成要件主要是：

1. 债务人有损害债权人利益的行为且继续有效存在

撤销权设置的目的是为了纠正债务人不当处分财产的行为，恢复其责任财产，防止债权人的利益受到非法损害。

债务人行为对债权人利益的损害可以从两个方面考察：其一为财产标准，即该违法行为使债务人作为履行债务担保的一般责任财产减少，导致债务人丧失清偿能力而破产，或者使债权人在此后开始的破产程序中可以得到的清偿减少。其二为债权人地位标准，即该违法行为使个别债权人得到偏袒性清偿，使其获得比行为发生前更为有利的受偿地位，破坏对全体债权人的公平清偿，而该违法行为是有偿行为或无偿行为则在所不论。

2. 行为发生在破产程序开始前的法定可撤销期间内

我国《企业破产法》与旧破产法均在破产程序开始前设置嫌疑期制度，在立法规定的该特定期间内进行的相应行为为撤销权行使对象，原则上不再对该行为实施时是否实际损害债权人的利益作实质判断，只是《企业破产法》第32条中特别规定，个别清偿使债务人财产受益的除外。这有利于维护交易安全和保障市场经济秩序的稳定。

我国旧破产法规定的可撤销期间为破产案件受理前6个月到破产宣告之日，期限设置过短，且未考虑以行为的危害性质轻重而区分规定期间，不利于对债权人利益的保护。所以，《企业破产法》将可撤销期间适当延长，并根据可撤销行为的不同社会危害性，规定了自人民法院受理破产申请时起1年或6个月不同的可撤销期间。如对无偿转让财产的，以明显不合理的价格进行交易的，对原来没有财产担保的债务提供财产担保的，对未到期的债务提前清偿的，放弃债权的行为，撤销期间从原来规定的受理破产案件前6个月延长至人民法院受理破产申请前1年内。对债务人已知其不能清偿到期债务，仍对个别债权人进行清偿，损害其他债权人利益的行为，管理人请求人民法院予以撤销的期间，为人民法院受理破产申请前6个月内。

3. 撤销权在法定期间内行使

我国破产欺诈逃债现象严重，必须在立法上予以考虑。如时效期间过短，不利于保护债权人利益。所以，《企业破产法》对撤销权在破产程序中的行使没有任何时间限制，破产申请受理、管理人就任后即可以行使撤销权。同时，《企业破产法》第123条规定，在破产程序终结后2年内，债权人可以请求人民法院行使撤销权，追回财产，进行追加分配。

（三）可撤销行为

《企业破产法》第31条、第32条对可撤销行为进行了列举式规定。对这些列举式的规定进行归纳，可以将可撤销行为分为欺诈行为与偏袒性清偿行为两类。

1. 欺诈行为

欺诈行为包括无偿转让财产、放弃债权，以明显不合理的价格进行交易的行为。

无偿转让财产行为，是指无对价或实质上无对价的转让财产行为。无偿转让的财产除有形财产外，还包括债权、专利权、商标权等财产性权利。

放弃债权行为的法律性质也是无偿的，有积极放弃与消极放弃两种形式。积极放弃是指债务人以主动的行为即作为的方式表示放弃债权，如通知其债务人放弃债权，与其债务人签订免除债务的协议以及撤销诉讼、放弃诉讼标的等各种主动放弃诉讼权利的行为。消极放弃是指债务人以不作为的方式放弃债权，主要是债务人在其债权诉讼时效届满前有意不采取保全措施，以使债权超过诉讼时效的方式放弃诉讼权利的行为。

以明显不合理的价格进行交易的行为，是指债务人违反正常经济原则处分其财产的交易行为。在其他国家的破产法中，对此项可撤销行为通常规定为非正常交易行为。在债务人丧失清偿能力的情况下，以明显不合理的价格进行交易，会损害债权人的清偿利益，其性质属于欺诈性转让。在旧破产法中将其规定为非正常压价出售财产的行为，但实际上还存在其他转让财产或财产权利的合同权利义务明显不对等的情况，如以非正常高价购买财产，以明显不合理的价格以物抵债等，这些行为的性质也属于非正常交易。

判断是否属于非正常交易的标准是交易条件，尤其是价格是否公平合理，交易是否对债务人的财产或清偿能力造成损害。

2. 偏袒性清偿行为

偏袒性清偿，又称优惠性清偿，是指债务人在破产申请受理前的法定期间内，以提前偿还未到期债务、对原无财产担保的债务提供担保等方式，使特定债权人取得原没有的优先受偿地位或获得更多清偿。这类行为是为庇护特定债权人而进行的，它违背了对全体债权人公平、有序清偿的原则，侵害了其他债权人的合法权益，故为各国法律所禁止。

我国《企业破产法》规定的偏袒性清偿行为主要有以下几种形式：

（1）对未到期的债务提前清偿。（2）对没有财产担保的债务提供财产担保。（3）危机期间的个别清偿行为。

四、债务人财产的收回与清理

（一）债务人财产的收回

管理人在就任之后，其重要职责之一就是要尽力收回、清理债务人的财产，使债权人得到更多的清偿。除收回债务人在外的财产、追讨其债权等一般性工作之外，立法还对债务人的财产收回、清理作有一些特殊规定。

《企业破产法》第35条规定：“人民法院受理破产申请后，债务人的出资人尚未完全履行出资义务的，管理人应当要求该出资人缴纳所认缴的出资，而不受出资期限的限制。”根据我国公司法规定，出资人可以分期履行缴纳出资的义务。实践中，可能出现在人民法院受理破产申请后，债务人的出资人尚未完全履行出资义务的情况。由于修改后的公司法规定，出资人是以其认缴或认购的出资额对公司承担法律责任，而不是以实缴的出资额承担责任，所以在破产案件受理后，管理人应当要求债务人尚未完全履行出资义务的出资人，立即缴纳所认缴而未缴纳的出资，用于对债权人的清偿，而不受出资期限是否已到的限制。

为维护债权人及债务人的合法权益，《企业破产法》第36条规定：“债务人的董事、监事和高级管理人员利用职权从企业获取的非正常收入和侵占的企业财产，管理人应当追回。”

（二）取回权

破产法上的取回权分为一般取回权与特别取回权。

一般取回权，是指在管理人接管的债务人财产中有他人财产时，该财产的权利人享有的不依破产程序而取回其财产的权利。对一般取回权，各国破产法中都有规定。我国《企业破产法》第38条规定：“人民法院受理破产申请后，债务人占有的不属于债务人的财产，该财产的权利人可以通过管理人取回。但是，本法另有规定的除外。”这是我国破产法对一般取回权的规定。

一般取回权在破产案件受理后即形成，其行使不受破产程序限制，既不需要依破产程序向法院或管理人申报权利，也不需要等待破产财产之分配。行使一般取回权，在双方无争议时可直接取回财产，如有争议，则应通过诉讼解决。一般取回权的行使通常只限于取回原物，所以，取回权标的物的存在是行使权利的前提。如在破产案件受理前，原物已经被债务人出卖或灭失，权利人的取回权即告消灭，只能以物价即直接损失额作为破产债权要求清偿，但可构成法律允许行使的代偿取回权者除外。

特别取回权通常包括出卖人取回权、行纪人取回权和代偿取回权。并非所有国家之立法对各项特别取回权均作有规定。目前中国破产法中，仅规定了出卖人取回权，对后两项特别取回权，尚无具体规定。

出卖人取回权是指在隔地动产买卖合同中，卖方已经发货，买方尚未收到，也未付清货款，这时买方之破产案件为法院所受理，卖方有权取回货物。但管理人有权要求付清货款，交付货物。我国《企业破产法》第39条规定："人民法院受理破产申请时，出卖人已将买卖标的物向作为买受人的债务人发运，债务人尚未收到且未付清全部价款的，出卖人可以取回在运途中的标的物。但是，管理人可以支付全部价款，请求出卖人交付标的物。"这是中国立法对特别取回权中出卖人取回权的规定。

代偿取回权，是指当取回权的标的财产被非法转让或灭失时，该财产的权利人有权取回转让其财产所得到的对待给付财产或补偿金。《企业破产法》均未规定代偿取回权。

（三）抵销权

破产抵销权，是指债权人在破产申请受理前对债务人即破产人负有债务的，无论是否已到清偿期限、标的是否相同，均可在破产财产最终分配确定前向管理人主张相互抵销的权利。《企业破产法》第40条规定："债权人在破产申请受理前对债务人负有债务的，可以向管理人主张抵销。"此即破产抵销权。

抵销权本是民法上的权利，运用于破产程序中对维护当事人的权益意义重大。在破产程序中，如无抵销权的设置，破产债权人对破产人享有的债权因破产人无力清偿，只能得到一定比例的偿还，甚至完全得不到偿还，但破产债权人对破产人所负的债务，却必须全额清偿，利益相差甚大，会产生不公平的现象。破产抵销权实施的结果使债权人的破产债权在抵销范围内得以从破产财产中得到全额、优先清偿。

也有一些国家的破产法不允许进行破产抵销，主要是法国法系的国家，如法国、比利时、卢森堡、西班牙、希腊、葡萄牙、埃及、科威特等。这些国家禁止破产抵销权的主要理由是，破产抵销的作用在于使享有抵销权的债权人实际上达到了担保其债权实现的目的，这违背了按比例分配债务人财产的原则，因为享有抵销权的债权人通过抵销得到了对其债权的充分偿付，这使得抵销权类似于一种未公开的担保权，对其他债权人而言是不公平的。此外，抵销权的行使实际上减少了债务人的财产，也可能不利于企业重整程序的进行，所以这些国家的立法原则上是禁止破产抵销的。但即使是在这些国家中，禁止的范围也主要限定在两个相互独立的请求权之间，对于一些相互关联的特殊交易形成的交叉债权往往也是允许抵销的。

第五节 破产债权

一、破产债权的申报

（一）破产债权的概念

破产债权是在破产程序启动前成立的，经依法申报确认，并得由破产财产中获得清偿的可强制执行的财产请求权。《企业破产法》第107条第2款规定："人民法院受理破产申请时对债务人享有的债权称为破产债权。"

破产债权应具备以下特征：

1. 在破产程序启动前成立

根据各国破产立法的规定，破产债权应当是在债务人破产程序启动前成立的债权，谓之"基于破产程序启动前原因成立的债权"。在破产程序启动后，债务人企业即丧失对财产的管理、处分权，其财产由管理人接管，任何其他人再以债务人名义进行的民事活动，所发生的债务都不属于破产债权，应由行为人自行负责清偿。

2. 破产债权是财产上的请求权

破产债权必须表现为或能够折合为一定数量的货币。债权在设立时虽然目的各不相同，但债务人在进入破产程序之后通常停止经营活动，诸多债务已不可能再实际履行，只能以货币形式对债权人给予清偿。所以，必须把债权货币化，才能以统一标准计算清偿数额与比例，才能在破产程序中实际予以偿还。因此，破产债权必须是财产上的请求权，即可表现为货币形式的债权。

非货币形式的各种债权，应按照破产程序启动时的价格标准折为货币，凡不能折合为货币的债权，如某些以破产人作为或不作为为目的的请求权，具有不可替代性，不能转化为损害赔偿请求权时，便不能成为破产债权。

3. 破产债权是可以强制执行的债权

这里的"可以强制执行"，是指债权受司法机关诉讼保护，依法允许强制执行。已超过诉讼时效、失去胜诉权的自然债权，或因走私、赌博等违法犯罪行为形成的非法债权，因不受司法保护，不得强制执行，故不属于破产债权。

4. 须是经依法申报并取得确认、有权在破产程序中受偿的债权

债权人必须在破产程序启动后，依法向管理人申报登记债权。债权人申报的

债权，要经过债权人会议，由各方利害关系人审查，并得到各方之确认或人民法院确认，才能够享有受偿权利。

《企业破产法》规定，债权人应当在人民法院确定的债权申报期限内向管理人申报债权。债权人逾期未申报债权，并不视为放弃债权，在破产财产最后分配之前仍可补报。《企业破产法》纠正了旧破产法中债权人逾期未申报债权便视为放弃的不合理规定，体现了立法充分保护债权人权益的宗旨。

（二）债权申报的一般规则

《企业破产法》规定，人民法院受理破产申请后，应当确定债权人申报债权的期限，债权申报期限自人民法院发布受理破产申请公告之日起计算，最短不得少于30日，最长不得超过3个月。在法律规定的期间内，人民法院可以根据案件具体情况确定申报债权的期限。这种灵活确定申报债权日期的方式有助于节省破产案件的审理时间，尽快结案。

债权人应当在人民法院确定的债权申报期限内向管理人申报债权。债权人申报债权时，应当书面说明债权的数额和有无财产担保，并提交有关证据。

《企业破产法》第56条规定："在人民法院确定的债权申报期限内，债权人未申报债权的，可以在破产财产最后分配前补充申报；但是，此前已进行的分配，不再对其补充分配。为审查和确认补充申报债权的费用，由补充申报人承担。债权人未依照本法规定申报债权的，不得依照本法规定的程序行使权利。"这一规定对旧破产法的债权申报期限效力作了重大改变，允许未按期申报的债权人可以依法补充申报债权。

二、破产债权的确认

（一）债权确认的范围

债权人申报之债权需经确认后才能在破产程序中行使权利。但债权人申报之债权，情况各异。有的债权已为法院或仲裁机构的生效裁判所确认，已经具有法律上确定的执行效力。有的债权尚在诉讼中，有的债权双方有争议但尚未提起诉讼或仲裁，有的则双方均无争议。从债权的性质上看，有的债权没有担保，有的债权设有物权担保。

债权确认的一般原则是，凡已经发生法律效力的裁判所确认的债权，原则上不在审查确认之列，可直接列入债权确认表中；凡法律允许通过一般司法程序提出异议的债权，即未经发生法律效力的裁判所确认的债权，均应在审查确认之列。

（二）债权确认的程序

《企业破产法》规定的债权核查确认程序是，管理人收到债权申报材料后，应当对申报的债权进行审查，并编制债权表。这里的审查包括形式审查与实质审查。管理人在编制债权表时只需进行形式审查，凡是符合登记形式要件的债权，就必须将其编入债权表，不允许管理人以其认为债权实质上不能成立、超过诉讼时效等为理由拒绝编入债权表。同时，管理人还需对编入债权表的债权进行实质审查，如是否真实存在、是否超过诉讼时效、数额是否正确等，并附在提交第一次债权人会议的债权表后，供债权人会议核查使用。债权表和债权申报材料由管理人保存，供利害关系人查阅。

管理人依法编制的债权表，应当提交第一次债权人会议核查。债权的核查程序是：首先，由管理人宣读被核查债权的申报登记情况以及有关证据材料，并由该债权人进行说明。随后依次由管理人、债务人、其他债权人陈述意见，然后由该债权人解释，他人仍有疑问时继续进行询问调查。经核查后，管理人、债务人、其他债权人对债权无异议的，列入债权表。债权表由人民法院裁定确认，其确认具有与生效判决同等的法律效力。

在债权确认程序上，旧破产法的规定，审查并确认债权属于债权人会议的职权。这一规定显然是不恰当的。因为确认债权是否存在，性质如何以及数额多少的行为，其法律性质是对当事人实体民事权利的一种裁判，这种裁判行为只有人民法院才有权行使。债权人会议不过是在破产案件中为协调共同当事人之间的法律行为而设立的一个议事机构，无权对当事人之间的实体民事权利义务作出强制性裁判。《企业破产法》在债权确认方面的修改彻底改变了这种不恰当的规定。

第六节 债权人会议

一、债权人会议概说

债权人会议，是由依法申报债权的债权人组成，以保障债权人共同利益为目的，为实现债权人的破产程序参与权，讨论决定有关破产事宜，表达债权人意志，协调债权人行为的破产议事机构。债权人会议在破产程序中占有重要地位，它是债权人参与破产程序、维护其利益的自治团体。

由于各国破产立法采用的体例、原则不同，对债权人会议的地位、作用认识不一，所以在立法中对债权人会议制度的设置有一定区别。我国的破产法是设立债权人会议作为全体债权人的议事机构，同时又规定可以设立债权人委员会等机构，作为债权人会议的常设机构，代表全体债权人行使对破产程序的日常参与权和监督权。目前，绝大多数国家采用这种立法模式，如德、日、英、美等国均采此种立法体例。通常，债权人委员会不是必设机构，而是由债权人会议根据案件具体情况决定是否设立。

二、债权人会议的成员资格与权利

（一）债权人会议的成员资格

《企业破产法》第 59 条规定："依法申报债权的债权人为债权人会议成员，有权参见债权人会议，享有表决权。债权尚未确定的债权人，除人民法院能够为其行使表决权而临时确定债权额之外，不得行使表决权。对债务人的特定财产享有担保权的债权人，未放弃优先受偿权利的，对于本法第 61 条第 1 款第 7 项、第 10 项规定的事项不享有表决权。债权人可以委托代理人出席会议，行使表决权，代理人出席债权人会议，应当向人民法院或者债权人会议主席提交债权人的授权委托书。债权人会议应当有债务人的职工和工会的代表参加，对有关事项发表意见。"具体而言：

（1）依法申报债权的债权人为债权人会议的成员。

所谓依法申报债权，既包括在债权申报期限内的申报，也包括在该期限届满后的依法补报。依法补充申报债权的债权人，同样可以作为债权人会议的成员。

（2）债权尚未确定的债权人的表决权问题。

在破产程序中，可能存在一些尚未确定的债权，如诉讼或仲裁未决的债权、附停止条件的债权等，最终债权人享有多少债权，尚属未定之事。因此，这些债权人虽然也属于债权人会议的成员，但在债权人会议上是否享有表决权以及代表债权数额多少，需要法院裁量解决。

《企业破产法》规定，债权尚未确定的债权人参加债权人会议行使表决权所代表的债权额，由人民法院裁定解决。如果人民法院无法为其行使表决权而临时确定债权额，则在债权人会议上不得行使表决权。需要注意的是，人民法院的这一裁定仅具有程序法上的意义，即仅决定在破产程序中该债权人在债权人会议上有无表决权以及代表的债权数额事项，并不具有确认债权的实体判决的效力。对其债权如有争议，仍应通过债权确认诉讼解决。

（3）别除权人的债权人会议成员资格与权利问题。

别除权人，是指对债务人的特定财产享有担保物权或者法定特别优先权的债权人。对于别除权人是否为债权人会议成员，各国立法规定有所不同。有的国家规定，别除权人未放弃优先受偿权时，不属于债权人会议成员，如日本。有的国家规定，别除权人与普通破产债权人均为债权人会议成员。

旧破产法规定，别除权人属于债权人会议成员，但未放弃优先受偿权利者无表决权。这种规定的不妥之处是显而易见的：首先，在这种情况下允许别除权人参加债权人会议没有任何意义，因其在债权人会议上没有任何权利，并不真正具有会议成员的地位；其次，别除权人在债权人会议的决议事项上并非没有任何利益，但别除权人对此却无表决权，这将使其利益无法得到保障；最后，旧破产法一方面规定别除权人对债权人会议的任何议案均无表决权，另一方面又规定债权人会议的决议对所有债权人包括别除权人均有约束力，这导致别除权人的权利与义务不对等。

《企业破产法》将普通破产债权人与别除权人共同设置于一个债权人会议的立法模式下，别除权人对与其利益相关的事项如债权调查、决定是否重整、是否继续债务人营业、监督管理人等应享有表决权，但对与其利益无关的事项如是否通过和解协议草案、破产财产的分配方案，则不应享有表决权。《企业破产法》第 59 条第 3 款的规定“对债务人的特定财产享有担保权的债权人，未放弃优先受偿权利的，对于本法第 61 条第 1 款第 7 项、第 10 项规定的事项不享有表决权”，体现了这一原则。

（二）债权人会议成员的权利

首先，债权人会议成员有出席会议的权利。此项权利属于民事权利。债权人可以自己行使出席会议的权利，也可以委托代理人出席债权人会议。代理人出席债权人会议，应当向负责召集会议的人民法院或者债权人会议主席提交被代理人的授权委托书。

其次，债权人有权放弃自己的部分民事权利而保留其他民事权利。如果债权人自愿不出席债权人会议，包括不委托代理人出席会议，不得对在其破产程序中的受偿权利加以限制或剥夺。

再次，债权人会议的成员有权依法请求召开债权人会议，有权在会议上发言、进行询问，有权依法行使表决权（未放弃优先受偿权的别除权人对特定事项的表决除外），有权依法对债权人会议的决议提出异议等。

《企业破产法》，对别除权人在债权人会议上的权利作有特殊规定，其第 59 条第 3 款规定，“对债务人的特定财产享有担保权的债权人，未放弃优先受偿权利的，对于本法第 61 条第 1 款第 7 项、第 10 项规定的事项不享有表决权”。这两项决议事项是通过和解协议与通过破产财产的分配方案。

如果别除权人放弃优先受偿权利，其债权就转化为普通破产债权，在债权人会议中就可以完全享有表决权。别除权人的债权存在担保物价款不足清偿的部分时，债权人便兼有别除权人与普通破产债权人的双重身份，在债权人会议中享有表决权，但其行使表决权的数额仅限于从担保物价款上不能受偿的部分债权。

最后，《企业破产法》第 60 条规定："债权人会议设主席一人，由人民法院从有表决权的债权人中指定。债权人会议主席主持债权人会议。"据此，债权人会议主席既不是与债权人会议相独立的机构，也不是债权人会议成员，而仅是债权人会议的召集与主持者。

三、债权人委员会制度

债权人会议作为以会议体形式活动的机构，在闭会期间便无法行使其职权，也不可能对破产程序进行必要的日常监督。为保障债权人会议职能的有效实行，对管理人的活动及破产程序的合法、公正进行必要的日常监督，各国破产法通常规定，在债权人会议中可以设置常设监督机构，即债权人委员会或破产监督人。

《企业破产法》中设置了债权人委员会。《企业破产法》第 67 条："债权人会议可以决定设立债权人委员会。债权人委员会由债权人会议选任的债权人代表和一名债务人的职工代表或工会代表组成。债权人委员会成员不得超过九人。债权人委员会成员应当经人民法院书面决定认可。"

破产案件有繁简难易之分，实践中未必都需要在债权人会议中设置债权人委员会。而且，设置债权人委员会还会增加破产费用的支出，使债权人的分配额减少，所以是否设置债权人委员会应由债权人会议决定。债权人会议决定是否设置债权人委员会时，主要应考虑债权人人数多少、破产财产数额大小、破产财产清理、作价和处理活动的复杂程度等因素。

由于债权人委员会中的债权人代表由债权人会议选任、罢免，所以，债权人委员会一般只对债权人会议负责，立法并不要求其对法院负责，法院也不能任意撤换债权人委员会成员。

由于债权人委员会是由债权人会议选任的，是在代表债权人会议行使监督权利，所以其权利不能超越于债权人会议之上。据此，债权人委员会所作的决议不能与债权人会议的决议相违背，债权人会议则可以撤销其认为债权人委员会所作的不当决议。

债权人委员会的成员有权为其工作获得一定的报酬，同时也应承担一定义务。债权人委员会成员应当以善良管理人的注意义务执行其职务，当其因故意或重大过失造成债务人或债权人利益损失时，应承担相应的民事赔偿责任。

四、债权人会议的召集与职权

（一）债权人会议的召集

债权人会议是以召集方式活动的机构，其召集方式应以能保障债权人的破产参与权，有利于维护债权人的共同利益，保障破产程序的公正、顺利进行为原则。

各国召集债权人会议通常有三种方式：（1）由法院召集，破产管理人、债权人委员会或一定数量的持有一定数额债权的债权人申请召开，如日本、德国。（2）由破产管理人召集，其他法定人员可申请召开，法院无召集权，如英美法系的一些国家。（3）由法院或债权人会议主席召集（第一次债权人会议由法院召集），管理人、债权人委员会或持有一定数额债权的债权人有申请召开权。我国《企业破产法》采取第三种模式，即人民法院和债权人会议主席均享有债权人会议的召集权，这与旧破产法规定是一致的。

《企业破产法》第 62 条规定："第一次债权人会议由人民法院召集，自债权申报期限届满之日起 15 日内召开。以后的债权人会议，在人民法院认为必要时，或者管理人、债权人委员会、占债权总额四分之一以上的债权人向债权人会议主席提议召开时召开。"就是说，享有会议召集提议权的主体，包括管理人、债权人委员会和占债权总额 1/4 以上的债权人。虽然立法中没有明确规定债权人会议主席有会议召集权，但这应是立法所包含的本意。

《企业破产法》第 63 条规定："召开债权人会议，管理人应当提前 15 日通知已知的债权人。"据此，第一次会议以后的债权人会议，虽可能由法院或债权人会议主席负责召集，但却是由管理人负责通知。为保证债权人有足够的参会准备时间，管理人应当提前 15 日发出通知，通知的范围是所有已知的债权人。管理人的通知应当采取书面形式，向债权人个别送达，不允许采取公告的方式送达。通知内容应包括会议的时间、地点、目的、议程、讨论事项等较为详细的信息，以保证债权人参会前的知情权。根据债权人会议具体议程的需要，管理人还应当及时通知必要的人员列席会议，如债务人的法定代表人以及相关负责人，债务人的出资人代表、破产财产的评估、审计人员等。

澳门的债权人会议是由法官召集和主持的。《澳门民事诉讼法典》第 1057 条第（一）项规定："债权人大会之会议由法官主持，而检察院人员亦须在场。"第 1059 条规定："全部债权经审议后，法官口头宣布债权人大会确定成立，该大会由债权获确认或通过之债权人组成；如不能立即召开大会之会议，则法官指定召开会议之日期。”

（二）债权人会议的职权

《企业破产法》对债权人会议的职权作了重大修改完善。《企业破产法》第61条第1款以列举方式规定了债权人会议的职权如下。

1. 核查债权

核查即调查债权是破产程序中的一项重要工作，各国破产立法对债权调查的程序规定不尽相同。绝大多数国家的法律规定，调查债权的工作由法院负责进行，如日本、德国等。《企业破产法》规定，核查债权的工作由债权人会议进行，但实际上仅靠债权人会议是不可能完成核查债权工作的，必须有法院的主持、参加才可能解决债权核查问题。对债权的核查通常在第一次债权人会议上进行，以便及时确定债权人参加债权人会议的资格、表决权及获得清偿的权利，并确定该破产案中确定表决议案是否通过的债权总额和债权人会议通过决议时的有效债权额等问题。

2. 申请人民法院更换管理人，审查管理人的费用和报酬

《企业破产法》规定，管理人由人民法院指定，债权人会议则享有依法申请人民法院更换管理人的权利。根据《企业破产法》第22条的规定，如果债权人会议认为管理人不能依法、公正执行职务或者有其他不能胜任职务情形的，可以申请人民法院予以更换。对债权人会议提出的更换管理人的申请，人民法院应当在规定的期限内予以审查并给予答复。人民法院经审查认为其申请符合法律规定的，应当及时更换管理人。在实践中，如果债权人会议通过决议申请人民法院更换管理人，则表明大多数债权人对管理人已经极端不信任，在这种情况下管理人也难以再继续顺利工作，所以通常人民法院应当依其申请更换管理人。

《企业破产法》以由社会中介机构为主导的管理人制度取代了原由政府官员为主导的清算组制度。管理人有权要求为其管理活动支付报酬。管理人的报酬由人民法院决定，决定时应考虑案件多方面的因素。最高人民法院已经制定了相应的司法解释，确定了管理人报酬的具体标准。由于管理人报酬将由破产财产中支付，实际上是由全体债权人承担，所以债权人会议可以对人民法院决定的管理人报酬数额进行审查。如果债权人会议对此有异议，认为报酬过高，则有权向人民法院提出变更建议。

3. 监督管理人

监督管理人是债权人会议的重要权利。管理人是在法院和债权人会议监督之

下接管债务人企业，并负责破产财产的保管、清理、估价、处理和分配等破产清算事务的专门机构。为保证管理人依法公正行使职权，债权人会议必须对管理人享有监督的权利。

债权人会议对管理人的监督分为直接监督与间接监督。直接监督主要是由债权人会议在开会期间对管理人进行的监督，间接监督则是通过债权人会议常设的债权人委员会对管理人进行的监督，主要是在债权人会议闭会期间进行的监督。

4. 选任和撤换债权人委员会成员

债权人会议有权决定是否设置债权人委员会，并且有权选任和撤换债权人委员会中由债权人代表出任的委员。

5. 决定继续或停止债务人的营业

在破产案件受理后，债务人的营业室继续进行，还是全部停止，关系到破产财产的经营风险与保值增值，是影响债权人利益的重大问题。所以，《企业破产法》规定，此事项应由债权人会议决定，而不能由管理人自行决定。但是，管理人可以根据其对破产企业情况的了解向债权人会议提出是否继续营业的建议。债权人会议决定继续或停止债务人营业的唯一判断标准，就是能否使债权人获得更多的清偿。

6. 通过重整计划

根据破产法的规定，重整程序启动后，管理人或者债务人应当在法定期限内制作并提交重整计划草案。人民法院收到重整计划草案后，应当在法定期限内召开债权人会议，由其审议并表决是否通过。管理人或债务人应当向债权人会议就重整计划草案作出说明，并回答询问。

7. 通过和解协议

破产法上的和解程序，通过债务人与债权人会议达成的、经法院认可或批准生效实施的和解协议，解决债务清偿问题，从而达到避免债务人破产的目的。一般民事和解必须以各方当事人一致同意为前提，破产和解则是一种强制性的和解，在多数债权人依法通过和解决议后，少数债权人即使不同意也要遵照执行。

破产和解往往是以债权人同意债务人延期偿还债务，或减免偿还一定比例或数额的债务为前提成立的。和解对债权人是有相当风险的，如和解失败，债务人财产可能进一步减少，扩大债权人的损失。由于是否同意和解涉及全体债权人的利益，故法律规定，通过和解协议属于债权人会议的职权，是否接受和解必须由债权人会议决定，个别债权人或其他机构、人员无权作出决定，人民法院也无权强迫债权人接受和解协议。

8. 通过债务人财产的管理方案

债务人财产的管理，是指管理人依照法定职权接管、清理、收集、保管债务人财产的一系列活动的统称。管理人接管债务人财产后应当制定债务人财产的管理方案，并提交债权人会议审议通过。此后，管理人须依照债权人会议通过的债务人财产管理方案进行管理工作。

债务人财产的管理一般包括财产的应急管理与日常管理。债务人财产的应急管理，是指在管理人接管债务人财产后，当债务人的财产或权利如不依法登记或者及时行使将丧失权利或受到损失时，管理人应当及时予以登记或行使，必要时可以请求人民法院对财产进行保全。此外，对于债务人财产中易损、易腐、跌价或者保管费用较高的财产，管理人应当及时变卖。债务人财产的日常管理，包括全面收回债务人在外财产（包括对外投资）和债权，对取回权、别除权、抵销权的承认，通过清偿债务或提供替代担保收回担保物，行使对债务人违法处分或转让财产及权利行为的撤销权，决定解除或者继续履行债务人和对方当事人均未履行完毕的合同，借款，设定财产担保，破产费用、共益债务的支付，进行有关债务人财产的和解或者仲裁、诉讼或者其他法律程序等事项等。

9. 通过破产财产的变价方案

管理人接管的破产财产包括货币财产与非货币财产两类，非货币破产财产原则上应变卖为货币以便对破产债权人分配。非货币财产的变价方案如何，在相当大程度上影响到债权人可分配财产的多少，所以，管理人应当制作完善的破产财产变价方案，提请债权人会议审议通过。

破产财产的变价方案涉及对财产进行价值评估和变卖处理两个方面的工作。破产财产在变价之前要由具有相应资质的评估机构进行资产评估，评估机构的聘请也应由债权人会议决定。破产财产的变现一般应当以拍卖方式进行，但债权人会议另有决议的除外。在财产变卖中，依法属于限制流通的破产财产，应当由国家指定的部门收购或者按照有关法律规定处理。财产中的成套设备一般应当整体出售，以提高其出售价格和使用价值，不能整体出售的，则可以分散出售。

10. 通过破产财产的分配方案

破产分配，是指将破产财产按照法律规定的债权清偿顺序和案件实际情况决定的受偿比例进行清偿。破产财产的分配，关系到债权人的利益能否得到公平实现。为保障破产财产的公正分配，破产财产的分配方案由管理人负责制定提出，要经由债权人会议讨论通过，而且须在报请人民法院裁定后由管理人执行。

最高人民法院有关旧破产法的司法解释中规定，破产财产分配方案应当包括以下内容：(1) 可供破产分配的财产种类、总值，已经变现的财产和未变现的财产。(2) 债权清偿顺序、各顺序的种类与数额，包括破产企业所欠职工工资、劳动保险费用和破产企业所欠税款的数额与计算依据，纳入国家计划调整的企业破产，还应当说明职工安置费的数额与计算依据。(3) 破产债权总额和清偿比例。(4) 破产分配的方式、时间。(5) 对将来能够追回的财产拟进行追加分配的说明。这些规定原则上可以继续沿用。

11. 人民法院认为应当由债权人会议行使的其他职权

在司法实践中，可能遇到法律没有明文规定的，但其性质属于应当由债权人会议决定的其他情况，这时，可以由人民法院决定是否属于债权人会议的职权。

此外，根据《企业破产法》的规定，债权人会议还有决定是否设置债权人委员会等权利。债权人会议行使上述职权，应当作出书面决议。

（三）债权人会议的决议

各国破产立法确认债权人会议决议是否表决通过的标准有两个。其一，是以出席债权人会议的债权人的多数同意为通过，如意大利。其二，是以同意决议的债权人所代表的债权额在债权总额中占简单多数或者绝对多数为通过。如德国。在这两个标准中，有的国家立法单独采其一，也有的国家立法则两者并用。我国《企业破产法》均采结合适用两种标准的立法模式，可以在保证大多数债权人利益的同时照顾到大额债权人的利益，较之采用单一标准更为公平、合理。

《企业破产法》第 64 条规定："债权人会议的决议，由出席会议的有表决权的债权人的过半数通过，并且其所代表的债权额占无财产担保债权总额的二分之一以上。但是，本法另有规定的除外。债权人认为债权人会议的决议违反法律规定。损害其利益的，可以自债权人会议作出决议之日起十五日内，请求人民法院裁定撤销该决议，责令债权人会议依法重新作出决议。债权人会议的决议，对于全体债权人均有约束力。"此条规定了债权人会议的决议方式、效力以及违法决议的救济程序。

《企业破产法》中债权人会议决议存在两种不同的决议方法。《企业破产法》第 64 条第 1 款规定的是普通决议方法，"本法另有规定的除外"，则是指《企业破产法》第 84 条、第 97 条规定的特别决议方法，即债权人会议通过重整计划或和解协议的决议，需要同意者代表的债权额达到债权总额的 2/3 以上。

《企业破产法》第 64 条第 3 款规定，债权人会议的决议，对于全体债权人均有约束力。

债权人会议的决议通过后，并非均立即发生法律效力。依《企业破产法》的规定，债务人企业与债权人会议达成的和解协议，须经人民法院裁定认可后才能生效；管理人提出的破产财产分配方案在经债权人会议讨论通过后，还需报经人民法院裁定认可后才能生效执行。在债权人会议对管理人提出的债务人财产的管理方案和破产财产的变价方案，进行一次表决未能通过时；对破产财产的分配方案，进行二次表决仍不能通过时，由人民法院裁定。

《企业破产法》第 66 条第 1 款规定："债权人对人民法院依照本法第 65 条第 1 款作出的裁定不服的，债权额占无财产担保债权总额 1/2 以上的债权人对人民法院依照本法第 65 条第 2 款作出的裁定不服的，可以在裁定宣布之日或者在收到通知之日起 15 日内向该人民法院申请复议。复议期间不影响裁定的执行。"

《企业破产法》第 66 条第 2 款规定："债权人认为债权人会议的决议违反法律规定，损害其利益的，可以自债权人会议作出决议之日起 15 日内，请求人民法院裁定撤销该决议，责令债权人会议依法重新作出决议。"也就是说，债权人请求人民法院裁定撤销债权人会议决议的理由，仅限于决议违反法律规定或损害其利益两种情况，这里的利益应是指请求人的个人利益。法律没有明确，对于违反债权人共同利益的债权人会议决议，债权人有无撤销请求权。虽然，从理论上讲，违反债权人的共同利益必然会损害债权人的个人利益，但两者毕竟属于不同情况，而且涉及的主体也不完全相同。

第七节　破产和解制度

一、破产和解制度概述

（一）和解制度

当人们发生民事权益争议时，可以通过诉讼解决，也可以通过互相让步和解解决。和解历来是人们解决纠纷的一种重要手段。破产法上的和解也萌芽较早，在古罗马的破产制度中就有所体现，后来逐步得到发展。

各国的破产和解立法大致可分为两种类型。一种是英国等少数国家采用的和解前置主义，即破产申请提出后，双方首先必须进行和解，只有在和解不能成立时，才适用破产清算程序。另一种是和解分离主义，即和解并非破产清算的必经程序，当事人可以自行选择是进行和解，还是直接进行破产清算，如日本、德国等。

和解在债务人已经发生破产原因的情况下启动。一般由债务人提出和解申请及和解协议草案，然后由债权人会议讨论，经法定多数表决通过，再经法院认可或批准后生效执行。和解协议的内容主要包括允许债务人对债务延期或减免偿还的约定。清偿债务的担保等。和解协议生效后，对全体和解债权人均有效力，有物权担保及法定特别优先权的债权人不受和解协议约束，仍可继续单独就担保物或特定物受偿。

和解制度有助于债务人摆脱破产境地，但也存在一些缺陷。

首先，在债务人已发生破产原因后才得开始，往往使其重整事业、避免破产的时机过迟，难以奏效。

其次，和解协议对有物权担保及法定特别优先权的债权人无约束力。债务人在同债权人会议达成和解后，如为避免因担保物被执行使经营无法进行，还需要与有优先受偿权的债权人个别达成和解，在实践中相当困难。

最后，缺乏保障和解协议履行的法律手段。通常，在和解协议生效后，和解程序便告终结，对债务人如何经营企业，如何保证和解协议履行，按期清偿债务，法律并无规定。债权人对债务人的经营状况无有效监督手段，其利益往往缺乏保障。故一般认为，和解制度虽属于预防破产法律制度，但仅能起到消极防止破产清算的作用，其积极影响有限。

（二）和解制度的法律性质

破产程序中的和解是民事和解的一种特殊形式。

对破产和解的法律性质如何界定，在学术界存在不同的学说。其一为契约说，即将破产和解视为私法上的契约。其二为裁判说，即将和解视为法院的一种裁判。其三为混合行为说，亦称结合行为说或特殊行为说，即将破产和解视为由债务人提出和解申请，债权人会议以决议方式表示同意以及法院依据法定职权作出裁定认可，三者共同形成的混合行为。

本书赞同第三种观点，即混合行为说。

（三）中国破产法中的和解制度

《企业破产法》在第九章中规定了和解制度。《企业破产法》中的和解制度与旧破产法之规定相比有重大变革，如债务人可以直接向人民法院申请和解；由于取消了整顿制度，和解不再与整顿制度联动，成为完全独立的程序；明确了和解协议的效力范围；规定和解程序在和解协议通过或未能通过时终止；并明确规定了和解协议的法律效力问题等。《企业破产法》下的和解制度，不仅符合各国之立法惯例，还与中国的司法实际情况相结合，具有可操作性。

目前，在各国破产立法的改革过程中，一个新的趋势是突出重整程序的作用，不断扩大其适用范围，完善其制度，同时，和解制度则被弱化，有的国家甚至在部分领域废除了和解制度。如日本废除了和解法，制定了民事再生法；澳大利亚在破产法中废除了对企业的和解程序，仅保留对自然人的和解程序。在中国《企业破产法》的制定过程中，也有人就和解制度的存废提出不同意见，主张废除和解制度，大力发展重整制度。但经过研讨，绝大多数意见认为，在我国目前的情况下，仍应保留和解制度，为当事人提供更多的法律选择余地。

二、和解程序的进行

（一）和解申请的提出

《企业破产法》第 95 条规定："债务人可以依照本法规定，直接向人民法院申请和解，也可以在人民法院受理破产申请后、宣告债务人破产前，向人民法院申请和解。债务人申请和解，应当提出和解协议草案。"

《企业破产法》规定的和解申请程序具有以下特点：第一，只有债务人享有和解申请权；第二，债务人可以直接向人民法院申请和解，也可以在人民法院受理破产申请后作出破产宣告前申请和解。在债务人被宣告破产后不得再提出和解申请。

关于和解申请的提出，澳门的相关规定与内地的规定十分相近。《澳门民事诉讼法典》第 1055 条规定："债务人拟提交和解建议书，最迟应于债权人大会召开会议指定日期前十日，透过声请为之。和解之内容为减少或变更债务人之全部或部分债务，而所作之变更得限于单纯延长履行债务之期间。办事处须立即将和解建议知会破产管理人及向其提供协助之债权人，而该等人得在办事处审查有关建议书。"

（二）和解申请的受理

《企业破产法》第 96 条规定："人民法院经审查认为和解申请符合本法规定的，应当裁定和解，予以公告，并召集债权人会议讨论和解协议草案。对债务人的特定财产享有担保权的权利人，自人民法院裁定和解之日起可以行使权利。"

人民法院对和解申请进行审查应属于形式意义之审查，债务人是否具备和解的实质条件则应由债权人会议审议决定。对于别除权人，和解程序的启动不仅不影响别除权人行使权利，而且具有加速其债权到期的效力。《企业破产法》第 46 条规定："未到期的债权，在破产申请受理时视为到期"，所谓破产申请就包括和解申请在内，使其自人民法院裁定和解之日起就可以行使权利。

（三）和解程序的进行

债务人在向人民法院提出和解申请时，应当提交和解协议草案，供债权人会议讨论审查，并表决是否通过。通常在和解协议草案中应当包括下列内容：(1) 清偿债务的办法。(2) 清偿债务的期限。(3) 清偿债务的财产来源。

人民法院裁定和解后，应召集债权人会议讨论和解协议草案。债权人会议接到和解协议草案后，应进行审查讨论，并可要求债务人作出说明解释。债权人会议认为和解条件应予补充修改时，可与债务人协商，债权人会议对债务人最终提供的和解协议草案应以表决方式确定是否通过。

《企业破产法》第 97 条规定："债权人会议通过和解协议的决议，由出席会议的有表决权的债权人过半数同意，并且其所代表的债权额占无财产担保债权总额的三分之二以上。"对和解协议的表决实行特别表决制度，即要求同意者所代表的债权额占无财产担保债权总额的 2/3 以上。

《企业破产法》第 98 条规定："债权人会议通过和解协议的，由人民法院裁定认可，终止和解程序，并予以公告。管理人应当向债务人移交财产和营业事务，并向人民法院提交执行职务的报告。"

《企业破产法》第 99 条规定："和解协议草案经债权人会议表决未获得通过，或者已经债权人会议通过的和解协议未获得人民法院认可的，人民法院应当裁定终止和解程序，并宣告债务人破产。"

《企业新破产法》第 105 条规定："人民法院受理破产申请后，债务人与全体债权人就债权债务的处理自行达成协议的，可以请求人民法院裁定认可，并终结破产程序。"

澳门特别行政区对破产和解的要件规定与中国内地有所不同。《澳门民事诉讼法典》第 1061 条规定："具投票权之债权人之绝对多数就有关和解投赞成票，且其债权至少占债权总额之 75％时，方得接纳有关和解"；"不得接纳以完全免去债务为基础之和解、未定出清偿债务之时间之和解、清偿债务之百分比取决于债务人意愿之和解或含有对一般债权人属于不平等之条款之和解"；"和解须经法官认可。"

三、和解协议的法律效力

（一）和解协议对债权人的效力

根据破产法的有关规定，和解协议在实体问题上的法律效力，主要表现为对债权人与债务人两个方面。《企业破产法》第 100 条规定："经人民法院裁定认可的和解协议，对债务人和全体和解债权人均有约束力。”具体到债权人的不同情况而有所区别：

在和解协议达成时存在的债权人有三种。

第一种是和解债权人。和解债权人是指人民法院受理破产申请时对债务人享有无财产担保债权的人。和解协议对和解债权人的效力，表现为限制其清偿权利的行使，无论其是否申报债权，是否参加债权人会议，是否表决同意和解，均只能按和解协议受偿，不得要求或接受和解协议之外的单独利益，不得就其债权提起个别民事执行程序。

第二种是对债务人的特定财产享有担保权的权利人，旧破产法称有财产担保的债权人。此类债权人不受和解协议效力的约束，仍可提起对特定财产即担保物的执行程序。债务人如为避免因担保物执行使和解难以进行，应与此类债权再逐个单独达成和解。

第三种是和解协议生效成立后新产生的债权，如在和解期间因债务人生产经营而新产生的债权。这些债权通常属于共益债权，从债务人的角度讲就是新破产法规定的共益债务。此类债权不受和解协议约束，可要求单独受偿，并可提请民事执行。

（二）和解协议债务人的效力

和解协议对债务人产生相应的法律效力主要有：

首先，债务人应当按照和解协议规定的条件清偿债务。

其次，债务人不得违背公平清偿原则在和解程序中给个别和解债权人以和解协议外的额外利益，但公平地给予全体债权人增加同等清偿利益者除外，如对全体债权人均提前清偿或提高清偿比例。

再次，原依据破产法对债务人在财产处分、债务清偿等方面施加的限制措施，包括破产法上对债务人人身权利方面的限制措施，均予以解除，转而接受和解协议的相应约束，并可能因此在一定程度上限制其财产管理与处分、债务清偿等方面的权利。管理人应当向债务人移交财产和营业事务。

最后，在债务人完全履行和解协议后，对和解债权中依和解协议而免除的债务部分不再承担清偿责任。《企业破产法》第 106 条规定：“按照和解协议减免的债务，自和解协议执行完毕时起，债务人不再承担清偿责任。”

（三）和解协议的无效与终止执行

根据《企业破产法》第 103 条规定：“因债务人的欺诈或者其他违法行为而成立的和解协议，人民法院应当裁定无效，并宣告债务人破产。有前款规定情形的，和解债权人因执行和解协议所受的清偿，在其他债权人所受清偿同等比例的范围内，不予返还。"

《企业破产法》第104条规定："债务人不能执行或者不执行和解协议的，人民法院经和解债权人请求，应当裁定终止和解协议的执行，并宣告债务人破产。人民法院裁定终止和解协议执行的，和解债权人在和解协议中作出的债权调整的承诺失去效力。和解债权人因执行和解协议所受的清偿仍然有效，和解债权未受清偿的部分作为破产债权。前款规定的债权人，只有在其他债权人同自己所受的清偿达到同一比例时，才能继续接受分配。有本条第一款规定情形的，为和解协议的执行提供的担保继续有效。"

不执行和解协议的行为可能有两种表现，其一是不按和解协议使债权人得到相应的清偿；其二是对个别债权人进行偏袒性清偿。这两种情况发生时，和解债权人均可以提出终止和解协议执行的申请。不执行和解协议的行为客观上存在着情节轻重的不同，但作为终止和解协议执行的原因，法律并没有作区分情节的规定。所以，原则上，只要有不执行和解协议的行为，便可终止债务人的和解协议，宣告其破产。

破产法规定的终止和解协议执行的程序较为简便，有利于债权人利益的及时保护。

第八节 重整制度

一、重整制度概述

重整是指对可能或已经发生破产原因但又有挽救希望的法人型企业，通过对各方利害关系人的利益协调，强制进行营业重组与债务清理，以使企业避免破产、获得更生的法律制度。

与破产和解、清算制度相比，重整制度在挽救债务人方面具有突出的效用，因而被公认为是预防破产最为有力的制度，中国《企业破产法》创设了重整制度，取而代之整顿制度，体现了现代破产法的社会价值取向，对于构建和谐社会具有重要的现实意义。

在世界范围内影响最大的典型重整制度立法是美国破产法。美国的重整制度源于衡平法上的管理人制度（equity receiver）。美国现行破产法以第十一章系统而全面规定了重整制度，对各国破产立法产生了重大影响，为各国所仿效。

中国旧破产法中曾规定有整顿制度，但其本质是行政整顿，已不适应市场经济防范企业破产之需要。故《企业破产法》以各国公认预防破产最为有力的重整制度取代整顿制度。

重整制度将债务清偿与企业拯救两个目标紧密结合，一方面，通过对债务关系的调整，消除破产原因，避免企业破产；另一方面，则将债权人权利的实现建立在债务人企业复兴的基础上，全面采取重整措施，力图保留企业的营运价值，以企业继续经营所得偿还债务，最终使债权人得到较破产清算更多的清偿。通过重整程序，不仅可以防止出现企业连锁破产、职工失业以及由此引发的社会不稳定等问题，对于中国建立和谐社会具有重要的现实意义。

重整制度具有以下特点：

第一，重整申请时间提前、启动主体多元化。提出破产与和解申请，以债务人已发生破产原因为前提，而重整申请不仅在债务人已发生破产原因时可以提出，而且在其有发生破产原因之可能时就可以提出。不仅债务人、债权人可提出重整申请，债务人的股东也可在一定条件下提出申请。根据《企业破产法》第134条的规定，国务院金融监督管理机构也可以向人民法院提出对金融机构进行重整的申请。

第二，参与重整活动的主体多元化、重整措施多样化。债权人包括有物权担保的债权人、债务人及债务人的股东等各利害关系人均可参与重整程序的进行。重整企业可运用多种重整措施，达到恢复经营能力、清偿债务、避免破产的目的，除延期或减免偿还债务外，还可采取向重组者无偿转让全部或部分股权，核减或增加注册资本，向特定对象定向发行新股或债券，将债权转为股份，转让营业或资产等方法。重整的目的在于维持公司之事业，而不限于公司本身，故必要时还可采取解散原有公司，设立第二公司或公司分立与其他公司合并等方法。

第三，担保物权受限。在重整程序中，物权担保债权人的优先受偿权受到限制，这是其与破产法上其他程序的重大不同之处。限制担保物权的目的是为保证债务人不因担保财产的执行而影响生产经营，无法进行重整。

第四，重整程序具有强制性。根据中国破产法规定，只要债权人会议各表决组及股东组以法定多数通过重整计划，经人民法院批准，对所有当事人均具有法律效力。而且，在未获全部表决组通过的情况下，如重整计划草案符合法定条件，债务人或者管理人可以申请法院予以批准。人民法院可在保证反对者的既得利益不受损害等法定条件下强制批准重整计划，以避免因部分利害关系人的反对而使重整无法进行。

第五，债务人可负责制定、执行重整计划。除非债务人存在破产欺诈、无经营能力等情况，根据《企业破产法》规定，在重整期间，经债务人申请、人民法院批准，债务人可以在管理人的监督下制定重整计划，在重整计划批准后自行管理财产和营业事务，这可消除债务人对重整的抵触因素，保障其合理的既得利益，促使其在发生债务危机时尽早申请重整，以减少债权人的损失。

二、重整申请和重整期间

（一）重整制度的适用范围

中国重整制度的适用范围为企业法人，由于其程序复杂、费用高昂、耗时很长，故实践中主要适用于大型企业，中小型企业则往往采用更为简化的和解程序。

（二）重整原因

启动重整程序应当具备法律规定的重整原因。《企业破产法》第 2 条规定："企业法人不能清偿到期债务，并且资产不足以清偿全部债务或者明显缺乏清偿能力的，依照本法规定清理债务。企业法人有前款规定情形，或者有明显丧失清偿能力可能的，可以依照本法规定进行重整。"即重整原因为发生破产原因或者有明显丧失清偿能力之可能，即有发生破产原因的可能。将重整原因规定为发生破产原因或有发生破产原因之可能，是各国和地区立法之惯例。

（三）重整申请

《企业破产法》规定，债务人或者债权人可以依法直接向人民法院申请对债务人进行重整。债权人申请对债务人进行破产清算的，在人民法院受理破产申请后宣告债务人破产前，债务人或者出资额占债务人注册资本 1/10 以上的出资人，可以向人民法院申请重整。国务院金融监管机构可以向人民法院提出对金融机构进行重整的申请。但是，在无上述申请人提出重整申请的情况下，人民法院不得依职权裁定债务人重整。

对提出重整申请的时间，《企业破产法》限定在宣告债务人破产之前，这与重整程序之设置是为了避免债务人破产的立法目的是相一致的，这也与绝大多数国家之立法模式一致。

人民法院接到重整申请之后，应进行审查。首先，人民法院应进行形式审查，如确定法院有无管辖权、申请主体是否适格、申请书是否符合法律要求等。其次，应进行实质审查，目的是确认公司是否存在重整原因，有无重建希望。法院在对重整申请进行实质审查时，可依职权对债务人的情况进行必要的调查，包括向政府有关部门、其他有关机关和有关人员（如工会、职工代表等）调查情况、征询意见、召开论证会等。

人民法院经审查认为重整申请符合法律规定的，应当裁定债务人重整，并予以公告。人民法院经审查认为重整申请不符合法律规定的，应当裁定驳回对债务人的重整申请。

（四）重整期间

自人民法院裁定重整之日起至重整程序终止，为重整期间。重整期间仅指重整申请受理至重整计划草案得到债权人会议分组表决通过及人民法院审查批准，或重整计划草案未能得到债权人会议分组表决通过或人民法院不予批准的期间，不包括重整计划得到批准后的执行期间。

在重整期间，债务人的财产管理和营业事务执行有两种方式：

第一种是由债务人负责。《企业破产法》规定，经债务人申请，人民法院批准，债务人可以在管理人的监督下自行管理财产和营业事务。这时，管理人应当向债务人移交财产和营业事务，管理人的职权由债务人行使，管理人起监督之作用。

第二种方式是由管理人负责。在由管理人负责管理债务人财产和营业事务的情况下，可以聘请债务人的经营管理人员负责营业事务。管理人聘请这些经营管理人员的费用属于破产费用，从破产财产中随时清偿。

为保障重整目的的顺利实现，保证债务人能够继续利用设置担保物权的财产进行生产经营活动，《企业破产法》规定，在重整期间，对债务人的特定财产享有的担保权暂停行使。

在重整期间，债务人或者管理人为继续营业而借款的，可以为该借款设定担保，债务人在重整期间为重整进行而发生的费用，性质属于破产费用或共益债务。

《企业破产法》第77条规定："在重整期间，债务人的出资人不得请求投资收益分配。在重整期间，债务人的董事、监事、高级管理人员不得向第三人转让其持有的债务人的股权。但是，经人民法院同意的除外。"根据这一规定，如果债务人的董事、监事、高级管理人员不是向第三人转让其持有的债务人的股权，而是在彼此之间转让股权，则不受法律限制。

在重整期间，有下列情形之一的，经管理人或利害关系人请求，人民法院应当裁定终止重整程序，并宣告债务人破产。

（1）债务人的经营状况和财产状况继续恶化，缺乏挽救的可能性。这种状况表明债务人客观上已经不可能实现重整目标，自应终止重整程序。

（2）债务人有欺诈、恶意减少债务人财产或者其他显著不利于债权人的行为。这种状况表明债务人主观上不仅没有与债权人和解的愿望，反而恶意地进行损害债权人利益的行为，这是与重整目标背道而驰的，自然应当及时终止重整程序，以避免债权人的利益受到更大的损失。

（3）由于债务人的行为致使管理人无法执行职务。此项规定包括两种情况：其一是在由管理人负责管理财产和营业事务，并负责制订重整计划草案的情况下，债务人不履行法定配合义务或阻碍管理人行使法定职权的行为，致使管理人无法执行职务。其二是在债务人自行管理财产和营业事务，并负责制定重整计划草案的情况下，债务人拒绝管理人依法履行监督职责，导致其无法执行职务。

在发生上述情况时，有权请求人民法院裁定终止重整程序并宣告债务人破产的，是管理人或者利害关系人。所谓利害关系人包括债权人、债务人的出资人。在债务人为金融机构时，国务院金融监督管理机构也享有向人民法院提出终止重整程序的申请。此外，当债务人进行破产欺诈、恶意减少债务人财产等显著不利于债权人的行为时，债务人的担保人也应有权提出终止重整程序的申请。因为这时债务人财产的减少，将使债务人的担保人不得不对债权人承担更大的担保责任。

三、重整计划的制订与批准

（一）重整计划的制订

《企业破产法》规定，在当事人的重整申请被人民法院受理之后，应当在法定期限内提交重整计划草案。重整计划是重整程序能否顺利进行的核心环节，只有切实可行、科学合理的重整计划才有可能获得债权人会议的表决通过，并提高企业获得重整成功的概率。

重整计划是旨在促进企业再建更生，维持债务人之营业事业，解决债务清偿问题的综合性合同。

在重整计划由何人制订上，各国或地区立法规定并不一致，主要有单一主体制订的单元主义和由多方主体制订的多元主义以及在两者之间的折中主义。

我国破产法规定，债务人自行管理财产和营业事务的，由债务人制作重整计划草案；管理人负责管理财产和营业事务的，由管理人制作重整计划草案。这与各国在重整计划制订人的确定上，实行谁管理财产谁制订重整计划之原则是相一致的。

重整计划草案应当在法定期间内制订并提交。《企业破产法》规定，债务人或者管理人应当自人民法院裁定重整之日起 6 个月内，同时向人民法院和债权人会议提交重整计划草案，期限届满，经债务人或者管理人请求，有正当理由的，人民法院可以裁定延期 3 个月。债务人或者管理人未按期提出重整计划草案的，人民法院应当裁定终止重整程序，并宣告债务人破产。

（二）重整计划的内容

重整计划应当包括哪些内容，各国家与地区之破产立法均有详细规定。

《企业破产法》第 81 条规定："重整计划草案应当包括下列内容：（1）债务人的经营方案。（2）债权分类。（3）债权调整方案。（4）债权受偿方案。（5）重整计划的执行期限。（6）重整计划执行的监督期限。（7）有利于债务人重整的其他方案。"

从重整计划草案立法的规定来看，重整计划主要包括两部分内容，其一是对企业重整措施的规定；其二是对债权债务关系的解决。与企业重整措施相比，债权债务关系的解决要简单得多，一般就是减少清偿比例，减免部分债务（如利息）、延期清偿、提供担保等，只要不违背债权的优先清偿顺序，不违背同顺序债权人间平等的原则，一般不会发生理解与执行上的问题。

企业的重整措施主要包括资金筹集和营业继续两个方面，一方面，资金的筹集往往对企业重整之成败起到关键作用。通常，重整所需资金是通过在企业内部向股东发行股票，在企业外部借款、发行债券或新股等方式筹集。在重整的情况下，筹集资金是比较困难的，但是另一方面，依据重整程序的自动冻结原则，将停止所有旧债务的清偿，而新债权人则不受此约束，加之立法允许债务人为新发生的债权设置担保，所以只要债务人在重整期间有较好的现金流，新债权人的风险并不比平时更大。尤其是各国立法规定，重整程序中新发生的债务属于共益债务，在重整程序中可以优先从债务人财产中获得清偿，使企业的资金筹集更有保障。

（三）重整计划草案的表决与批准

重整程序的一个重要特点就是对重整计划草案不是采取集体的方式表决，而是采取分组的方式表决。对重整计划草案的分组表决在债权人会议上进行。分组表决机制可以更全面、准确反映不同利害关系人的意见，提高重整程序的整体效率，更好地维护债权人等利害关系人的正当权益。

根据《企业破产法》规定，债权人参加讨论重整计划草案的债权人会议，依照下列债权分类，分组对重整计划草案进行表决：(1) 对债务人的特定财产享有担保权的债权。(2) 债务人所欠职工的工资和医疗、伤残补助、抚恤费用，所欠的应当划入职工个人账户的基本养老保险，基本医疗保险费用以及法律，行政法规规定应当支付给职工的补偿金。(3) 债务人所欠税款。(4) 普通债权。

人民法院应当自收到重整计划草案之日起 30 日内召开债权人会议，对重整计划草案进行表决。债务人或者管理人应当向债权人会议就重整计划草案作出说明，并回答询问。

根据《企业破产法》规定，出席会议的同一表决组的债权人过半数同意重整计划草案，并且其所代表的债权额占该组债权总额的 2/3 以上的，即为该组通过重整计划草案。当各个表决组均表决通过重整计划草案时，重整计划即为通过。自重整计划通过之日起 10 日内，债务人或者管理人应当向人民法院提出批准重整计划的申请。人民法院经审查认为符合法律规定的，应当自收到申请之日起 30 日内裁定批准，终止重整程序，并予以公告。

为保障重整程序能够顺利进行，《企业破产法》还专门设置了人民法院强制批准重整计划草案的程序，该法第 87 条第 1 款规定："部分表决组未通过重整计划草案的，债务人或者管理人可以同未通过重整计划草案的表决组协商。该表决组可以在协商后再表决一次。双方协商的结果不得损害其他表决组的利益。

未通过重整计划草案的表决组拒绝再次表决或者再次表决仍未通过重整计划草案，但重整计划草案符合下列条件的，债务人或者管理人可以申请人民法院批准重整计划草案：

(1) 按照重整计划草案，本法第 82 条第 1 款第（一）项所列债权就该特定财产将获得全额清偿，其因延期清偿所受的损失将得到公平补偿，并且其担保权未受到实质性损害，或者该表决组已经通过重整计划草案。

(2) 按照重整计划草案，本法第 82 条第 1 款第（二）项。第（三）项所列债权将获得全额清偿，或者相应表决组已经通过重整计划草案。

(3) 按照重整计划草案，普通债权所获得的清偿比例，不低于其在重整计划草案被提请批准时依照破产清算程序所能获得的清偿比例，或者该表决组已经通过重整计划草案。

(4) 重整计划草案对出资人权益的调整公平、公正，或者出资人组已经通过重整计划草案。

(5) 重整计划草案公平对待同一表决组的成员，并且所规定的债权清偿顺序不违反本法第 113 条的规定。

(6) 债务人的经营方案具有可行性。

人民法院经审查认为重整计划草案符合前款规定的，应当自收到申请之日起30日内裁定批准，终止重整程序，并予以公告。

在债权人会议上，重整计划草案未获得通过，且未依照法律规定获得人民法院的强制批准，或者已通过的重整计划未获得人民法院批准的，人民法院应当裁定终止重整程序，并宣告债务人破产。

四、重整计划的执行、监督与终止

（一）重整计划的执行

重整计划由何人负责执行，因各国立法背景与价值取向有别而规定不同，主要有两种立法例，其一是以债务人为执行人，其二是以管理人为执行人。《企业破产法》规定，重整计划由债务人负责执行。即使原重整计划草案是由管理人负责制订的，在批准之后也要由债务人负责执行。为此，债权人在审查重整计划草案时，必须考虑重整计划草案中对债务人董事、监事、经理等高级管理人员中有违法行为者及不称职者的更换，以免重整计划在由债务人执行的过程中发生道德风险等问题。人民法院裁定批准重整计划后，已接管财产和营业事务的管理人应当向债务人移交财产和营业事务。

（二）重整计划的监督

对是否设置重整监督人，在不同国家和地区有不同的做法。在日本和美国，由于法院积极参与重整过程，直接行使监督职责，所以在法院之外不再另设监督机构；而在中国台湾地区，重整监督人是由法院所选派的法定必备监督机构。

《企业破产法》规定，在重整计划中应当规定计划执行监督期限。自人民法院裁定批准重整计划之日起，在重整计划规定的监督期内，由管理人监督重整计划的执行。在监督期内，债务人应当向管理人报告重整计划执行情况和债务人财务状况。

（三）重整计划的效力

经人民法院裁定批准的重整计划，对债务人和全体债权人均有约束力，包括对债务人的特定财产享有担保权的债权人。债权人对债务人的保证人和其他连带债务人所享有的权利，不受重整计划的影响，可以依据原合同约定行使权利。

债权人未依法申报债权的，在重整计划执行期间不得行使权利；在重整计划执行完毕后，可以按照重整计划规定的同类债权的清偿条件行使权利。据此，在重整程序中，债权人未申报债权的，在债务人向人民法院和债权人会议提交重整计划草案之前未依法补充申报的，在重整计划执行期间不得通过补充申报债权获得清偿权利，以免打乱重整计划中的债权调整与清偿方案，影响重整程序进行。

债务人不能执行或者不执行重整计划的，人民法院经管理人或者利害关系人请求，应当裁定终止重整计划的执行，并宣告债务人破产。据此，重整计划与和解协议一样，都是不具有强制执行力的。

人民法院裁定终止重整计划执行的，债权人在重整计划中作出的债权调整的承诺失去效力，但为重整计划的执行提供的担保继续有效。债权人因执行重整计划所受的清偿仍然有效，债权未受清偿的部分作为破产债权。在重整计划执行中已经接受清偿的债权人，只有在其他同顺位债权人同自己所受的清偿达到同一比例时，才能继续接受破产分配。

按照重整计划减免的债务，自重整计划执行完毕时起，债务人不再承担清偿责任。

第九节　破产清算

破产清算是《企业破产法》规定的与重整、和解并列的三大破产程序之一，依据当事人的申请和法院的破产受理与破产宣告裁定而发动，涉及破产财产的变价和分配、别除权的行使。破产程序的终结等诸多法律问题。

一、破产财产的变价与分配

（一）破产宣告

破产宣告是指法院依据当事人的申请或法定职权裁定宣布债务人破产以清偿债务的活动。人民法院依法宣告债务人破产，应当自裁定作出之日起 5 日内送达债务人和管理人，自裁定作出之日起 10 日内通知已知债权人，并予以公告。

债务人被宣告破产后，在破产程序中的有关称谓也发生相应变化，债务人称为破产人，债务人财产称谓破产财产，人民法院受理破产申请时对债务人享有的债权称为破产债权。

《企业破产法》第 108 条规定："破产宣告前，有下列情形之一的，人民法院应当裁定终结破产程序，并予以公告：（一）第三人为债务人提供足额担保或者为债务人清偿全部到期债务的；（二）债务人已清偿全部到期债务的。"

《澳门民事诉讼法典》第 1131 条规定："资产之清算须由破产管理人在检察

院指导下，按以下数条之规定作出。”第 1132 条规定：“清算应在 6 个月内完成；法官得应破产管理人请求，并经听取检察院意见后，将清算期间延长不超过 6 个月。”

（二）破产财产的变价与分配

破产财产的分配以货币分配为基本方式，所以，在破产宣告后，管理人应当及时拟定破产财产变价方案，提交债权人会议讨论。管理人应当按照债权人会议通过的或者人民法院依法裁定的破产财产变价方案，适时变价出售破产财产。

变价出售破产财产应当通过拍卖方式进行，但债权人会议另有决议的除外。实践中，虽然拍卖方式有助于保证公平，但有时不一定能够使破产财产以最高价售出，而且成本较高，耗时较长，所以，只要是债权人会议作出相应决议，就可以不采取拍卖方式处分财产。破产财产的变价出售必须以债权人利益最大化为原则，绝不允许以低价向购买者处分破产财产的方式换取其对破产企业职工的就业安置，以损害债权人利益的方式逃避政府应承担的财政支出、放弃其应尽的工作职责。

破产财产分配是指将破产财产按照法律规定的债权清偿顺序和案件实际情况决定的受偿比例清偿的程序。破产财产的分配应当遵守法定的分配顺序和分配方法。对破产财产可以进行一次性分配，也可以进行多次分配，需视破产财产的多少、变价难易等情况而定。依照破产财产分配进行的时间不同，可分为中间分配、最后分配和追加分配。中间分配是指在破产程序进行过程中，有可供先行分配的财产时所进行的分配。最后分配是指将全部破产财产对破产债权人完全分配完毕的分配。最后分配完毕后，破产程序终结。追加分配是在最后分配完成后，又发现可供分配的破产财产时进行的分配，如行使撤销权追回的财产。

破产财产的分配贯彻顺序、比例清偿的原则如下。《企业破产法》第 113 条规定：“破产财产在优先清偿破产费用和共益债务后，依照下列顺序清偿：（一）破产人所欠职工的工资和医疗、伤残补助、抚恤费用，所欠的应当划入职工个人账户的基本养老保险。基本医疗保险费用，以及法律、行政法规规定应当支付给职工的补偿金；（二）破产人欠缴的除前项规定以外的社会保险费用和破产人所欠税款；（三）普通破产债权。破产财产不足以清偿同一顺序的清偿要求的，按照比例分配。破产企业的董事、监事和高级管理人员的工资按照该企业职工的平均工资计算。”据此规定，破产财产分配时，在前一顺序的债权得到全额清偿之前，后面顺序的债权不予分配。同一顺序的债权不能得到全部清偿时，按照各债权的比例进行分配。

破产财产的分配应当以货币分配方式进行。但是，债权人会议另有决议的除外。在实践中，有些破产财产处分较为困难，或在变价过程中造成较大损失，有些破产企业的债权一时难以追回，在破产财产分配时，经债权人会议决议，可以进行实物分配、债权分配。

《企业破产法》第 115 条规定："管理人应当及时拟定破产财产分配方案，提交债权人会议讨论。破产财产分配方案应当载明下列事项：（一）参加破产财产分配的债权人名称或者姓名、住所；（二）参加破产财产分配的债权额；（三）可供分配的破产财产数额；（四）破产财产分配的顺序、比例及数额；（五）实施破产财产分配的方法。债权人会议通过破产财产分配方案后，由管理人将该方案提请人民法院裁定认可。"

澳门特别行政区对破产财产的变价和分配之规定，与中国内地之规定也有所不同。《澳门民事诉讼法典》第 1132 条规定："变卖破产财产须按照普通执行程序所定之方式为之。检察院有权在听取破产管理人意见后，指定变卖之方式，亦有权主持开启密封标书之程序。"第 1133 条规定了私人磋商的变卖方式："采用私人磋商方式之变卖，须由破产管理人作为破产财产之代理人为之。"

二、破产费用与共益债务

（一）破产费用

破产费用，是在破产程序中为全体债权人共同利益而支付的各项费用的总称。在破产案件中，为维护全体债权人的共同利益，会产生各种各样的费用支出。此外，为在必要时继续破产企业的营业、继续履行合同、进行破产财产的管理等，也可能会使破产财产负担一定的债务，这些债务通称为共益债务。这些费用与债务需要在破产程序中随时优先清偿，否则破产程序就难以进行。旧破产法将这些费用与债务统称为破产费用，对其性质没有作出区分，在清偿的顺序及方法上也一并处理，与各国破产立法的惯例不符。《企业破产法》专设第五章规定"破产费用和共益债务"，区分了两者的不同性质，并确定了它们在清偿顺序上的先后，更为科学合理。

《企业破产法》第 41 条规定："人民法院受理破产申请后发生的下列费用，为破产费用：（一）破产案件的诉讼费用；（二）管理、变价和分配债务人财产的费用；（三）管理人执行职务的费用、报酬和聘用工作人员的费用。"

（二）共益债务

共益债务，是指在破产程序中为全体债权人利益而由债务人财产负担的债务的总称。《企业破产法》第 42 条规定："人民法院受理破产申请后发生的下列债务，为共益债务：（一）因管理人或者债务人请求对方当事人履行双方均未履行完毕的合同所产生的债务；（二）债务人财产受无因管理所产生的债务；（三）因债务人不当得利所产生的债务；（四）为债务人继续营业而应支付的劳动报酬和社会保险费用以及由此产生的其他债务；（五）管理人或者相关人员执行职务致人损害所产生的债务；（六）债务人财产致人损害所产生的债务。"

破产费用和共益债务都是为全体债权人的共同利益而发生，并应由债务人财产中支付，具有优先受偿的效力，且无须债权申报。但是，两者也有一些不同之处，例如，破产费用一般为程序性费用，是可预测的常规性支出，而共益债务则是非程序性债务，往往是难以预测的非常规性支出。破产费用随破产程序的进行而由管理人从破产财产中随时支出，一般没有事先审查程序，仅由债权人会议在事后审查监督。而在破产程序中设定某些共益债务需经过事先审查程序，要经过债权人会议决议通过或者由管理人报告债权人委员会、人民法院，如决定债权人是否继续营业，是否解除双方当事人均未履行完毕的合同等。此外，两者的清偿顺序不同，破产费用优先于共益债务受偿。

（三）破产费用与共益债务的清偿

破产费用与共益债务均是以债务人财产为清偿对象，并享有优先于其他债权的受偿权。《企业破产法》第 43 条规定："破产费用和共益债务由债务人财产随时清偿。债务人财产不足以清偿所有破产费用和共益债务的，先行清偿破产费用。债务人财产不足以清偿所有破产费用或者共益债务的，按照比例清偿。债务人财产不足以清偿破产费用的，管理人应当提请人民法院终结破产程序。人民法院应当自收到请求之日起十五日内裁定终结破产程序，并予以公告。"

债务人财产虽然不足以支付所有破产费用和共益债务，但是破产案件的债权人、管理人、债务人的出资人或者其他利害关系人愿意垫付相关费用的，经人民法院同意，破产程序可以继续进行。这样可以避免因债务人财产不足，反而使债务人或者其董事、监事、经理等高级管理人员的转移财产、逃避债务等违法行为逃脱法律制裁。

在债权人或债务人等提出破产清算申请时，即发现破产人财产不足以支付破产费用、无财产可供分配的，人民法院在确认其属实之后，应当受理破产案件，并作出破产宣告，同时作出终结破产程序的裁定，而不应拒绝受理破产案件。这样可使当事人的债务关系得以合法终结，使债务人企业依法退出市场。

三、破产程序的终结

（一）破产终结程序

《企业破产法》规定的破产程序终结方式有三种：其一，因和解、重整程序顺利完成或全体当事人自行达成和解协议而终结；其二，因债务人的破产财产不足以支付破产费用而终结；其三，因破产财产分配完毕而终结。在破产清算程序中仅涉及后两种情况。

破产人无财产可供分配的，管理人应当请求人民法院裁定终结破产程序。在破产人有财产可供分配的情况下，管理人在最后分配完结后，应当及时向人民法院提交破产财产分配报告，并提请人民法院裁定终结破产程序。人民法院应当自收到管理人终结破产程序的请求之日起 15 日内作出是否终结破产程序的裁定。裁定终结的，应当予以公告。

管理人应当自破产程序终结之日起 10 日内，持人民法院终结破产程序的裁定，向破产人的原登记机关办理注销登记。

由于澳门特别行政区认可自然人破产，因此，在破产程序终结后的效力上与内地的规定有所不同。根据《澳门民事诉讼法典》第 1095 条规定："破产一经宣告，破产人不得管理及处分其现有及将有之财产，而该等财产即成为破产财产。在任何情况下，破产人均得透过工作获取维持生活所需之资源。"该法第 1099 条规定："如破产人或破产为法人时其行政管理机关成员完全缺乏维持生活所需之资源，亦不能透过工作获得该等资源，则法官得在听取破产管理人意见后向破产人发放一份津贴，作为其生活费，该津贴从破产财产之收益中支出。如有合理理由，得在破产程序之任何时刻，透过依职权或应破产管理人或任何债权人请求而作出之裁判，终止发放生活费。"

（二）遗留事务的处理

一般而言，管理人应于办理破产人注销登记完毕的次日终止执行职务。但是，破产案件存在诉讼或仲裁未决等情况时，管理人可以在破产程序终结后，继续办理破产案件的遗留事务。

在破产程序因债务人财产不足以支付破产费用而终结，或者因破产人无财产可供分配或者破产财产分配完毕而终结时，自终结之日起 2 年内，有下列情形之一的，债权人可以请求人民法院按照破产财产分配方案进行追加分配：

（1）发现在破产案件中有可撤销行为、无效行为，或者债务人的董事、监事和高级管理人员利用职权从企业获取非正常收入和侵占企业财产的情况，应当追回财产的。

(2) 发现破产人有应当供分配的其他财产的。

思考题

1. 分析、评价《企业破产法》关于破产原因的规定。

2. 如何理解破产案件受理裁定的法律效力?

3. 如何认识管理人的概念及其法律地位?

4. 如何完善对管理人的监督机制?

5.《企业破产法》对债务人财产构成范围是如何规定的?

6. 分析破产撤销权的构成要件。

7. 如何理解破产法上的取回权制度?《企业破产法》在这方面有哪些具体规定?

8. 何谓破产债权?破产债权具有哪些特征?

9. 如何理解债权人会议在破产程序中的地位和作用?

10. 和解协议是否具有强制执行力?

11. 重整期间,债务人的财产管理和营业事务如何执行?

12. 请结合破产法的规定,分析破产财产分配的原则。

参考文献

[1] 蔡荫恩．商事法概要 [M]．台北：三民书局，1980.

[2] 孙积禄，杨勤活，强力．保险法原理 [M]．北京：中国政法大学出版社，1993.

[3] 澳门政法法律翻译办公室．澳门商法典 [M]．北京：中国政法大学出版社，1999.

[4] 赵旭东．商法学 [M]．北京：高等教育出版社，2009.

[5] 冯心明．港澳民法概论 [M]．北京：经济科学出版社，2007.

[6] 米健．澳门法律 [M]．北京：中国友谊出版社，1996.

[7] 米也天．澳门民商法 [M]．北京：中国政法大学出版社，1996.

[8] 邓伟平．澳门特别行政区基本法论 [M]．北京：中山大学出版社，2007.

[9] 董安生．票据法 [M]．北京：中国人民大学出版社，2009.

[10] 谢怀栻．票据法概论 [M]．北京：法律出版社，2006.

[11] 王小能．票据法教程 [M]．北京：北京大学出版社，2001.

[12] 王欣新．破产法专题研究 [M]．北京：法律出版社，2002.

[13] 王欣新．破产法 [M]．北京：中国人民大学出版社，2002.

[14] 王欣新．破产法学 [M]．北京：中国人民大学出版社，2002.

[15] 齐树杰．破产法研究 [M]．厦门：厦门大学出版社，2005.

[16] 韩长印．破产法学 [M]．北京：中国政法大学出版社，2007.

[17] 王卫国，等．破产法——原理、规则、案例 [M]．北京：清华大学出版社，2006.

[18] 邹海林．破产程序和破产法实体制度比较研究 [M]．北京：法律出版社，1995.

[19] 付翠英．破产法比较研究 [M]．北京：中国人民公安大学出版社，2004.

[20] 范健．商法 [M]．北京：北京大学出版社，2007.

[21] 赵旭东．新公司法讲义 [M]．北京：人民法院出版社，2005.

[22] 赵秉志．澳门商法典 [M]．北京：中国人民大学出版社，1999.

[23] 陈卫忠．澳门公司法比较研究 [M]．广州：广东人民出版社，2006.